军都法学

第⑤辑

主　编

刘大炜　杨婷婷

中国政法大学出版社

2020·北京

图书在版编目（ＣＩＰ）数据

军都法学. 第五辑/刘大炜，杨婷婷主编. —北京：中国政法大学出版社，2020.8

ISBN 978-7-5620-9626-9

Ⅰ.①军…　Ⅱ.①刘…　②杨…　Ⅲ.①法学－文集　Ⅳ.①D90-53

中国版本图书馆CIP数据核字(2020)第154423号

书　名	军都法学（第五辑） JUNDU FAXUE DIWUJI
出版者	中国政法大学出版社
地　址	北京市海淀区西土城路 25 号
邮　箱	fadapress@163.com
网　址	http://www.cuplpress.com (网络实名：中国政法大学出版社)
电　话	010-58908466(第七编辑部) 010-58908334(邮购部)
承　印	北京九州迅驰传媒文化有限公司
开　本	720mm×960mm　1/16
印　张	17.5
字　数	270 千字
版　次	2020 年 8 月第 1 版
印　次	2020 年 8 月第 1 次印刷
定　价	75.00 元

特别鸣谢

张 弘	李 响	邱星美	韩 波	鲁 杨	洪道德	刘金华
杨秀清	许兰亭	倪 润	孙海波	姜登峰	孙 阳	陈 健
佘力焓	李玉香	崔永东	顾 元	李 倩	刘晓兵	程 滔
李 超	姜晓敏	高家伟	蔡乐渭	马怀德	刘 飞	张守东
张 力	王志远	王顺安	方 鹏	王桂萍	刘智慧	王 雷
寇广萍	尹志强	于程远	李 媚	庄敬华	郑佳宁	吴景明
金 晶	雷 磊	干新宇	赵雪纲	杨玉圣	赵一单	袁 钢
姚国建	秦奥蕾	吴日焕	孙 强	朱 铮	葛半亮	张 劲
李松锋	王 蔚	陈 征	耿佳宁	邬明安	罗晓军	于国旦
管晓峰	李 文					

感谢各位老师对军都法学论文大赛的支持，老师们无私的奉献精神、严谨的治学态度，是我们继续前进的动力！

序

　　为落实国家卓越法律人才培养计划，不断提高本科生培养质量，推进本科生培养体制改革，自 2011 年起，中国政法大学法学院秉承着营造学术氛围、活跃学术思想、提高科研能力、引发学术争鸣的初衷，每年在本科生中举办学术论文大赛。时至今日，"军都法学"论文大赛的举办经验日益丰富，活动机制日趋完善，已成为中国政法大学的精品活动，在中国政法大学论文比赛中已具有不可替代的作用。

　　法学院的学生通过参与"军都法学"论文大赛，增强了学术研究意识，强化了专业能力训练。法学院广大师生对论文大赛的举办给予了充分的支持、鼓励与关注，是论文大赛得以生生不息的动力。

　　继《军都法学》第一辑至第四辑出版后，法学院又成功举办了第八届论文大赛，共收到投稿论文 118 篇。我们从中选取了 14 篇优秀作品，集结成《军都法学》（第五辑）出版，以示对学生们的学术能力的肯定与鼓励，同时扩大学术论文的影响，给更多学生以启发和借鉴。

　　求学问道，亲近名师，浴伯牙风情；满腹经纶，论剑军都，悟学术精神。感谢广大师生的积极参与和支持，向追求学术的法学学子们致以美好的祝愿，对参与论文大赛的老师致以崇高的敬意！

　　本书稿历经多次修改订正，仍难免有错漏之处，敬请广大读者批评指正。

《军都法学》编委会

二〇一九年八月

目　录

初探唐代"和离"程序及其相关问题

——以"放妻书"为例

中国政法大学法学院 2016 级 1 班　陈　晗

指导老师：中国政法大学法律史学研究所教授　张德美

摘　要　"和离"是唐代的一项重要的离婚制度，并为后世所沿用。本文以敦煌"放妻书"为主要分析对象，兼采其他史料，以求能展示唐代"和离"程序的全貌。本文首先概述敦煌"放妻书"，接着简单梳理唐代"和离"的原因，再重点分析唐代"和离"的程序、效力及后续相关问题，最后简述其影响并对本文内容作出大致总结。唐代的"和离"程序在实践中形成了一个完整的范式，重点有三：一是制作"放妻书"，二是经双方亲属见证，三是官府登记。"放妻书"虽是千年前的和离文书，但其体现的精神仍然值得我们借鉴和学习。

关键词　唐代　和离　程序　"放妻书"

绪　论

在唐代以前，离婚主要有"七出"和"义绝"两种方式。关于"七出"的具体明文规定最早出现在汉代《大戴礼记·本命》中："妇有七去：不顺父母去，无子去，淫去，妒去，有恶疾去，多言去，窃盗去。"虽《大戴礼记·本命》中亦有"有所取无所归，不去；与更三年丧，不去；前贫贱后富贵，不去"这"三不去"的限制，但"七出"不需要考虑女方意志，男方单方面决定即可。《公羊传·庄公卷》亦言"妇人有七弃……无子弃，绝世也；淫泆弃，乱类也；不事舅姑弃，悖德也；口舌弃，离亲也；盗窃弃，反义也；嫉妒弃，乱家也；恶疾弃，不可奉宗庙也"。《礼记·杂记》规定了相关出妻的程序。至于"义绝"，则是政府强令休妻的一种方式，如《汉书·孔光传》中言："夫妻之道，有义则合，无义则离"，东汉《白虎通》中亦言："悖逆人伦，杀妻父母，废绝纲纪，乱之大者，义绝乃得去也"。可见"七出"和"义绝"至少在汉代均被礼法认可，虽未入汉律，但都算契于礼制的离婚方式，一直被遵行。而"和离"与前两种皆不相同，是夫妻双方合意的结果，与如今的协议离婚很是相像。虽有学者考究其渊源已久，如《周礼·地官·媒氏》中言："娶判妻……皆书之"，又如宋郑锷注云："民有夫妻反目，至于仳离，已判而去，书之于版，记其离合之由也"，[1]但其著名事例乃孟子妻与朱买臣妻，笔者认为"和离"在那时并不为礼法所重，甚至对其有轻视之意。但"和离"在唐代迎来了属于自己的辉煌时代。唐代第一次将"和离"明确写入律文中，且其突破了礼法的桎梏，为世人所灵活运用。而且这一制度，一直为后世所沿用，其意义不言而喻。

关于"和离"，唐代以前甚少出现相关的文献和相关契约文书。而自从敦煌出土了"放妻书"，才有了佐证和研究唐代"和离"的第一手资料。已有许多前辈大家对唐代"和离"进行了研究，而对敦煌"放妻书"的研究也不在少数。论著方面有谭婵雪与王斐弘，论文方面有日本学者仁井田　升的《敦煌发现唐宋时代之离婚书》，首次使敦煌"放妻书"出现在人们的视线中。较早且著名的研究人员有我国的杨际平、张艳云、刘文锁、乜小红，他们从不同方面分析敦煌"放妻书"，大大丰富了对"放妻书"和"和离"的研究；另外还有王岩华、耿静等人发表的相关研究；我国台湾地区学者林聪明教授亦有《唐代敦煌契约文书及其文学性质》一文，可以说在这一研究领域学者辈出，精彩纷呈。但是这些论著，对于"和离"程序的研究并不集中，散见于各大家的文章之中，因此本文以敦煌"放妻书"为重点研究对象，从中剖析唐代"和离"的程序过程、效果及其后续相关问题的处理，以期能从中获得启发。

本文拟从敦煌"放妻书"着手，通过对文献的搜集、分析，首先简单分

---

〔1〕 转引自高鹏："唐朝婚姻制度解除研究"，郑州大学 2012 年硕士学位论文。

析唐代"和离"的原因，再重点研究唐朝"和离"的程序问题。前车之鉴，后事之师，我国的离婚制度虽然适用时日已久，但在此过程中产生了许多问题。唐代的"和离"可以说是现代协议离婚的前身，凝结了古人的经验和智慧，其中有我们可以参考和借鉴的地方，我们也希望能够从唐代"和离"的研究之中汲取经验。

一、敦煌"放妻书"概述

清末之时，敦煌藏经洞被发现，出土了大量契约文书，涉及方面颇广，有佛典、史书、政书和官私文书等，它们呈现出来的年代构成大致是唐代中期至北宋初期，[1]而由于敦煌地区的闭塞和滞后，学界大多赞同这些文书能够反映唐代的政治法律制度和西北地区的社会状况，是研究我国中古时期历史、社会生活、经济文化、法律和政治制度等的第一手宝贵资料。在这浩如烟海的文书中，有一类文书特立独行，语意风雅，展示了唐代人开阔的胸襟、开放民主的婚姻观念和对女性的尊重。这一类文书，被后人称为敦煌"放妻书"。而其内容平和温柔，互尊互重，与"七出"或者"义绝"有本质的不同，可知是与此不同的另一类离婚文书，应属于"和离文书"，此点亦被学界认可。由此，敦煌"放妻书"成为研究唐代"和离"的重要史料。

（一）敦煌"放妻书"的辑录情况

1990年起，唐耕耦和陆弘基先生合编的《敦煌社会经济文献真迹释录》一书陆续出版，在此书的契据八：遗嘱、分书、放妻、放良书样式中，记载了七件较为完整的"放妻书"。之后，沙知先生在唐氏和陆氏两位前辈的基础上，又走访了各地的图书馆，完成了《敦煌契约文书辑校》一书，该书对"放妻书"的整理辑录更为全面，共收集了S.0343V、P.3730V、S.6537（1V）、S.6417V、S.5578、S.6537（6V）、Дx.3002、P3220[2]、P4525、P3212、P4001这十一件"放妻书"。笔者对敦煌"放妻书"进行检索搜集，

[1] 刘文锁："敦煌'放妻书'研究"，载《中山大学学报（社会科学版）》2005年第1期。

[2] 此件记载的时间为"宋开宝十年"，但学界一般认为，可以以此推断唐朝的"和离"情况。

除乜小红《对俄藏放妻书的研究》中引用的一篇"放妻书"Дх. 11038-3 是出自《俄藏敦煌文献》外，其余所引用研究的"放妻书"无有出此十一件者，因此本文便以此十二件"放妻书"为重点研究对象。[1]

（二）敦煌"放妻书"的概念

这十二件"放妻书"中，P3212 号题为"夫妻相别书"，P4001 号题为"女人及丈夫手书样文"，Дх. 3002 号题为"亲情放书"，其余题目中均有"放妻书"的字样。虽题目不同，但其大体内容则极为相似，因此，以"放妻书"统称有其道理，便于说明，又因皆出土于敦煌藏经洞，最终就直接以敦煌"放妻书"对此类文书进行统称。

关于"放妻"的说法，有学者认为"放妻"之称谓与敦煌民众笃信佛教有关，佛家有看破放下、放生、放参、放禅之说，该词可能是参考佛教用语而来。[2]笔者深以为然，敦煌"放妻书"中多有"因缘"之说，字里行间体现了浓厚的佛教思想，兼之南北朝至隋唐，佛教盛行，有很多宣传活动，上至达官贵族，下至普罗大众，都接受了很多佛儒混合的道德伦理观念，[3]而敦煌因生存条件恶劣，地理独特，是古代丝绸之路的重镇，历史上长期受少数民族政权的侵扰。唐朝中期的归义军时期之前，[4]河西地区（包括敦煌）长期被吐蕃掠夺蹂躏，民众生活艰难，佛教的传播有着深厚的基础。而归义

---

〔1〕 S. 5578 与 S. 6537（6V）基本一致，只有个别字词有出入，本文只分析更为全面的 S. 6537（6V）。

〔2〕 谭蝉雪：《敦煌婚姻文化》，甘肃人民出版社 1993 年版，第 189～190 页。转引自陈德胜："敦煌出土放妻书研究"，甘肃政法学院 2015 年硕士学位论文。

〔3〕 2002 年 10 月张国刚于厦门大学举办的"唐宋制度变迁与社会经济学术研讨会"上作发言，他认为："有些佛教伦理与儒家思想本来就是一致的；有些是佛教将儒家的伦理进一步系统化、具体化；有些则是通过佛教独特的宣传手段使儒家伦理通俗化、使儒家的'礼'下移之于庶民百姓家，获得普及和被推广开来。"参见张国刚："隋唐佛教通俗文献与民间信仰"，转引自张朝阳："佛教与唐律'和离'制度"，载《华中科技大学学报（社会科学版）》2015 年第 4 期。

〔4〕 安史之乱后，吐蕃乘机攻略河西诸州。从乾元元年（758 年）始，廓州、凉州、兰州、瓜州等地相继陷落。建中二年（781 年），沙州（即敦煌）沦陷，陷落后的河西人民惨遭吐蕃的蹂躏。直至咸通二年（861 年）3 月，张议潮方完全收复了沦落百余年之久的河西地区。参见百度百科，https://baike.baidu.com/item/张议潮/2001378? fr=aladdin#1_2，最后访问日期：2018 年 11 月 16 日。

军时期的节度使张议潮崇佛，他的家族也崇佛，敦煌石室遗书说，张议潮的孙女张戒珠，就在灵修寺出家为尼。可见沙州的世家大族崇佛，唐五代敦煌佛风炽盛。[1]敦煌从张议潮时期起凿窟绘像的活动更盛，莫高窟更是此种崇佛氛围的真实反映，"放妻书"出土于这些石窟，必然有此时代烙印。

而"书"可知是文书，"妻"亦是妻子，此二字没有争议，而"放"字何意，涉及对"放妻书"这一类文书的定义，学界颇有些争论。春秋战国以来，史籍平叙或当事人自叙解除婚姻关系时，或曰"离婚"，或曰"离绝"，或曰"仳离"。若是强制离异，称"离婚""离绝"等。若男方主动离婚，多用"出"，亦用"去""决""逐"，而宋元之后多用"休""休离"。若女方主动离婚则称"求离""求离婚""求去""告绝""请决"。[2]在大量的史籍中，"放妻"的说法并未出现。"放"在《康熙字典》的解释有："《說文》逐也。《小爾雅》棄也……《註》放者，受罪黜免，宥之以遠……《疏》據我釋之，則云放。"[3]现代解释有释放，解除拘束，使自由之义。敦煌还出土了"放良""放僮"的文书，"放"在其中有免贱为良之义，曾有学者以为"放妻"与其相类似，体现古代男尊女卑，妻子地位低贱。然杨际平教授认为"放"字有解脱约束或使之脱离的含义，本身并无明显贬义，进而认为是"放本归宗"之义。[4]乜小红教授则认为，"放"是解除婚姻关系之义，无须更多解读，因为"弃""逐""休"等亦有放本归宗之义，有明显贬义，敦煌"放妻书"舍弃前三种，而选择少见的"放"字，应有其进步性。[5]笔者也赞同乜教授的观点，将"放"解释为释放、解放即可，更能体现因"和离"而"放妻"，对女性的尊重。

---

[1] 参见杨青："从张议潮起义看他与佛教的不解之缘"，载《西北民族学院学报（哲学社会科学版·汉文）》1970年第1期。

[2] 参见杨际平："敦煌出土的放妻书琐议"，载《厦门大学学报（哲学社会科学版）》1999年第4期。

[3] 参见汉典网站，http://www.zdic.net/z/1a/kx/653E.html，最后访问日期：2018年11月16日。

[4] 杨际平："敦煌出土的放妻书琐议"，载《厦门大学学报（哲学社会科学版）》1999年第4期。

[5] 参见乜小红："对俄藏敦煌放妻书的研究"，载《敦煌研究》2008年第3期。

二、唐代"和离"的原因

唐律中言："诸犯义绝者离之，违者，徒一年。若夫妻不相安谐而和离者，不坐。如妻妾擅去者，徒二年，因而改嫁者，加二等。"[1]和，即两愿，相通之义，与"强"相对。据《户婚律》卷第十四疏文解释文中的"和离"说："两愿离者。"[2]可见，"和离"并不是任一方可随意进行的，须双方达成合意，方可进行，但其真实情况如何，有待考量。欲研究"和离"程序，其前置原因自然也是不可忽视的。

（一）敦煌"放妻书"中所述原因

十二篇"放妻书"中，除Дx.3002号亲情"放妻书"未曾写明"和离"缘由外，其余皆有提及，我们可从中窥得一斑。

（1）单纯夫妻不和。S.0343V号中言"比是怨家，故来相对。妻则一言十口，夫则贩（反）木（目）生嫌。似猫鼠相憎，如狼犬一处"，[3]S.6537（1V）号中言"三年有怨，则来催隙。今已不和，想是前世怨家，反目生嫌，作为后代增嫉"，[4]S.6417V号中言"今生自从结为婚□，不曾善面相看。猫鼠为催，参商结怨，二心有异，反目相嫌，定互各自生情，终久难成活道"，[5]P3220号中言"何乃结为夫妻，六亲聚而成怨，九族见而含恨。酥乳之合，上（尚）恐异流，猫鼠同窠，安能见久"。[6]另P.3730V、P4001，Дx.11038-3三件，用语遣词及大意与前四件相类，便不再赘述。十一件中有七件皆是由于夫妻双方情感不和，互生嫌隙，且此种单纯的夫妻不和导致双方近如仇敌，已经严重影响到正常的家庭生活，甚至有可能危及下一代，无法再继续共同生活，所以才"和离"。虽文书中可能存在夸大的成分，但由此可见，所指的"夫妻不相安谐"须得达到一个比较严重、紧迫的程度，双方才能"和离"。

---

〔1〕 钱大群：《唐律疏议新注》，南京师范大学出版社2007年版，455页。

〔2〕 钱大群：《唐律疏议新注》，南京师范大学出版社2007年版，452页。

〔3〕 沙知：《敦煌契约文书辑校》，江苏古籍出版社1998年版，第475页。

〔4〕 沙知：《敦煌契约文书辑校》，江苏古籍出版社1998年版，第479页。

〔5〕 沙知：《敦煌契约文书辑校》，江苏古籍出版社1998年版，第481页。

〔6〕 沙知：《敦煌契约文书辑校》，江苏古籍出版社1998年版，第470~471页。

（2）家庭贫困。S. 5578、S. 6537（6V）、P4525 这三件"放妻书"，虽也提及夫妻不和这一重要原因，但更涉及了家庭贫困的情况。S. 5578 与 S. 6537（6V）基本一致，只有个别字词有出入，但无伤大雅，便只提及更为全面的 S. 6537（6V）："更若流连，家业破散，颠铛损脚，至见宿活不残。擎鏊筑瓮，便招困弊之苦。男饥耕种，衣结擎鏊筑瓮，便招困夫若举口，妇便生嗔。"[1] P4525 中言："家资须却少多，家活渐渐存活不得。"[2]可见家庭贫困导致夫妻不和，也是"和离"的原因之一。

（3）不敬长辈。P3212 号中言："今则夫妇无良，便作互逆之意。不敬翁嫁（家），不敬夫主，不事六亲眷属。污辱桌门，连累兄弟父母。"[3]从中可见，离婚原因是互不敬对方父母，又不好好侍奉六亲眷属，招致兄弟父母之间都产生了嫌隙，家族内部不和。在古代宗法制的家族中，这种不睦给双方带来的影响无疑是巨大的。双方无法再继续生活下去，便要求和离。

但《唐律疏议》卷第十四户婚中有"七出者，依令：一无子，二淫泆，三不事舅姑，四口舌，五盗窃，六妒忌，七恶疾"。既妻已有不事姑舅的情形，为何不以不需妻子同意的"七出"出之，而要以需要妻子同意的"和离"离之？笔者猜测原因可能有三：一是女方的不事姑舅情节轻微，未达可"七出"的程度，男方亦有理亏之处；二是虽家族已不睦，但毕竟旧有情分，不忍出之使女方及其家族没有脸面；三是由合"七出"，然《唐律疏议》中又言："'虽犯七出，有三不去'，三不去者，谓：一，经持舅姑之丧；二，娶时贱后贵；三，有所受无所归。"因女方符合"三不去"的情况，故男方不得休弃。所以最终两方合意而和离。

（二）其他史籍提及的原因

除了敦煌"放妻书"中所展现的事由，唐代的其他史籍中亦有相关记录，与"放妻书"重复的原因便不在此赘述。

（1）政治避祸。唐玄宗的幸臣李林甫不喜太子李亨，迫害太子妃的兄长，

---

[1] 沙知：《敦煌契约文书辑校》，江苏古籍出版社 1998 年版，第 486~487 页。
[2] 沙知：《敦煌契约文书辑校》，江苏古籍出版社 1998 年版，第 473 页。
[3] 沙知：《敦煌契约文书辑校》，江苏古籍出版社 1998 年版，第 489~490 页。

太子为避祸"上表自理，言与妃情义不睦，请离婚，玄宗慰抚之，听离"。[1]又《大唐新语》卷三《公直》载："魏元忠男升娶荥阳郑远女，升与节愍太子谋诛武三思、废韦庶人，不克，为乱兵所害，元忠坐系狱。远以此乃就元忠求离书。今日得离书，明日改醮。"[2]可见存在以夫妻不和为名进行"和离"，却行政治避祸之实。

（2）女方求离。唐代虽然开放宽容，但本质上仍是男权社会，男尊女卑仍是基本的社会情况。但"和离"终究为女性提供了一个理论上可行的主动求离的途径，而且史籍中确有实例。

①与公婆不和。在敦煌所出的《齚齿可书》说，齚齿可新妇整日与婆婆"斗唇阖舌，务在喧争，欺儿同婿，骂詈高声"，一日在与翁婆争吵后，"新妇乃索离书，废我别嫁，可会夫婿"。男方乘机放妻别嫁，"翁婆闻道色（索）离书，忻忻喜喜。且与缘房衣物，更别造一床毡被。乞求趁却，愿更莫逢相值"。[3]

②侍养亲生父母。《旧唐书》卷一百九十三《列女传》："刘寂妻夏侯氏，滑州胙城人，字碎金。父长云，为盐城县丞，因疾丧明。碎金乃求离其夫，以终侍养。"[4]

③其他。牛志平先生总结了四种情形：一是因夫坐罪而要求离婚；二是因夫死而提出离异；三是因丈夫患病而离异；四是民间女子因不愿随夫过穷日子而弃夫离婚。[5]可见妻子求离的原因较多。

通过以上的分析可知，唐代的"和离"虽只有短短的一句条文，但是因为"夫妻不相安谐"的说法能适用于多种情况，而其深层原因多种多样，使得"和离"在现实中的适用非常广泛，从而成为唐代一项重要的婚姻制度。既如此，"和离"经历哪些程序方能生效，便是一个值得关注的问题。

---

〔1〕 刘昫等：《旧唐书》卷五十二《后妃传下》。参见国学导航，http://www.guoxue123.com/shibu/0101/00jts/055.html，最后访问日期：2018年11月16日。

〔2〕 刘玉堂："唐代'和离'制度的法律透视"，载《汉江论坛》2011年第5期。

〔3〕 王重民等：《敦煌变文集》（第七卷），人民文学出版社1957年版，第858页，转引自刘玉堂："唐代'和离'制度的法律透视"，载《汉江论坛》2011年第5期。

〔4〕 刘玉堂："唐代'和离'制度的法律透视"，载《汉江论坛》2011年第5期。

〔5〕 牛志平：《唐代婚丧》，三秦出版社1996年版，第85~86页，转引自刘玉堂："唐代'和离'制度的法律透视"，载《汉江论坛》2011年第5期。

三、唐代"和离"程序

有关唐代"和离"的具体程序，史料中并没有明确的规定，《唐令拾遗》中有几条规定："娶妾仍立婚契（开元二十五年令）；不还娉财；诸弃妻须有七出之状……皆夫手书弃之。男及父母伯姨舅，并女之父母伯姨舅，东邻西邻，及见人皆署。若不解书，画指为记。（开元二十五年令）。"[1]我们可以依此进行推断，"和离"需要写"放妻书"，需要由亲邻见证。但这些都是推测，实情如何，需结合敦煌"放妻书"进行分析。

（一）一方提出"和离"

"和离"须有一方主动提出，之后与对方达成一致，方能进行。然"放妻书"皆是从第三人的角度进行叙述，并无明显的倾向，难以判断是由哪一方先提出的。结合上文对"和离"原因的分析，再加上唐朝仍为男权社会的事实，推测应仍由男子提出居多，但仍旧不乏如《齚齿可书》中和"刘寂妻夏侯氏"那般由女子主动提出"和离"的情况。

（二）制作"放妻书"

十二件敦煌"放妻书"的出土便可以印证"和离"须订立书契的推测。而且有七篇的标题为"放妻书样文（文样）"，样文（文样）自是可以广泛传抄的，可见订立"和离"书契是普遍的做法。

从"愿妻娘子相离之后""相隔之后，更选重官双职之夫"等言，且唐朝仍是男尊女卑，可知"放妻书"应由夫书写。然张艳云认为"和离"以男子为主来决定夫妻关系是否存续，[2]笔者以为从文书由夫书写便得出如此结论，太过轻率。男方书写有当时社会理念的影响，且表示其亦同意，并不能直接认为"和离"由其主导。

但以上还不能有力证明"和离"必须制定"放妻书"。从另一点看，既有样文，"和离书"有其规范的格式，内容不可随意书写，需得满足一定的条

---

[1] [日]仁井田 升：《唐令拾遗》，栗劲等译，长春出版社1989年版。转引自刘文锁："敦煌'放妻书'研究"，载《中山大学学报（社会科学版）》2005年第1期。

[2] 张艳云："从敦煌放妻书看唐代婚姻中的和离制度"，载《敦煌研究》1999年第2期。

件，才能被称为"放妻书"。除此之外，还有四点印证了制作"放妻书"是"和离"的必要程序，接下来对此进行详细阐述。

1. "放妻书"具有格式

放妻书样文（S.0343V）[1]

某专甲谨立放妻手书

盖说夫妇之缘，恩深义重，论谈共被之因，结誓幽远。凡为夫妇之因，前世三年结缘，始配今生夫妇。若结缘不合，比是怨家，故来相对。妻则一言十口，夫则贩（反）木（目）生嫌。似猫鼠相憎，如狼犬一处。既以二心不同，难归一意，快会及诸亲，各迁本道。愿妻娘子相离之后，重梳蝉鬓，美扫娥媚，巧逞窈窕之姿，选聘高官之主，解怨释结，更莫相憎。一别两宽，各生欢喜。

时△年△月△日谨立手书

放妻书样文（S.6537（1V））[2]

盖以伉俪情深，夫妇语义重，幽怀合函邑（卺）之欢，欢念同牢之乐。夫妻相对，怀似鸳鸯双飞，并膝花颜，共坐两德之美。恩爱极重，二体一心。生同床枕于寝间，死同棺椁于坟下。三载结缘，则夫妻相合。三年有怨，则来雠隙。今已不和，想是前世怨家，反目生嫌，作为后代增嫉。缘业不遂，见此分离。聚会二亲，以俱一别。所有物色书之。相隔之后，更选重官双职之夫。弄影庭前，美逞琴瑟合韵之态。械（解）想（怨）舍结，更莫相谈。千万永辞，布施双喜，三年依（衣）粮，便献柔仪。伏愿娘子千秋万岁。

时△年△月△日，△乡百姓△甲放妻书一道

由这两件"放妻书"样文，我们便可看出"放妻书"内容的一般程式：首先，论述成为夫妻是宿世因缘，应当恩爱情深，表达幸福美满的希冀或追忆。其次，描述夫妻间不和产生了巨大的矛盾和恶劣的影响，已经无法相处。再次，表明聚众见证"和离"。最后，表述分开后不再相互埋怨指责，及分开

---

[1] 沙知：《敦煌契约文书辑校》，江苏古籍出版社1998年版，第475页。
[2] 沙知：《敦煌契约文书辑校》，江苏古籍出版社1998年版，第479页。

之后双方生活更加幸福的美好祝愿。

其余几篇的内容也是基本如此,在这个框架里略有改变。S.6417V 和 Дx.3002 少了最后对双方的祝愿,S.6537(6V)、P4525、P3212 和 Дx.11038-3 这几件则在最后增加了双方"和离"不许反悔的内容,如"故勒手书,千万永别。忽有不照验约,倚巷曲街,点眼弄眉,思寻旧事,便招解脱之罪"。[1]

敦煌出土的"放妻书"整体都是这种风格,若只是民间如此约定,难免不可思议,毕竟各村县都有自己不同的风俗,亦有不同的实情。况总共只有十二件,应来自不同的时间和地区,其范围较大,但内容的程式却惊人地相似。另外每篇"放妻书"的措辞都显得极其文雅,若是平民百姓很难会有如此文化水平,就算找人代笔,亦有一些大段语句重复,不免让人想到一种可能性:"放妻书"的格式和措辞由官方制定,民间百姓自由采用,王岩华和刘文锁认为这具有格式合同的特点,[2]笔者亦以为可取。

另外关于"放妻书"的内容,刘文锁认为,文书行文尤其是在最后的祝福中透露男子的幽怨情绪,且措辞表达有损男子尊严,推断是男方入赘所致。[3]笔者不能赞同此种说法,且不提何以看出男子的幽怨情绪,且看"放妻书"的内容格式,其应为官方制定,而唐代虽开放,但毕竟始终是男权社会,女性享有的权利有限,若由官方制订,何以会选择此种表达?退一步讲,即使"放妻书"由民间自行制订,其制订者也应是男子,且其应用广泛,何以无人反对并进行更改?笔者以为,"放妻书"真正体现了那个时代宽容自信的风气,这种健康的心态,体现了大唐盛世的风骨。

2. "放妻书"的定分止争

如果"放妻书"只是一纸文书,写明双方"和离"之事,而无其他功能,则其就会可有可无,但从敦煌"放妻书"来看,其并不是只给双方当事人看的,还具有对世效果。

如 S.6537(6V)中写道:"故勒手书,千万永别……为留后凭,谨立";

---

[1] 来自 S.6537(6V)号"放妻书"。

[2] 参见王岩华:"从敦煌文书浅析唐代和离制度",载《科学之友(B 版)》2008 年第 12 期。刘文锁:"敦煌'放妻书'研究",载《中山大学学报(社会科学版)》2005 年第 1 期。

[3] 刘文锁:"敦煌'放妻书'研究",载《中山大学学报(社会科学版)》2005 年第 1 期。

P4525 中言："恐后无信，勒此文凭，略述尔由，用为验约"；P4001 中写："立此文书者。押指节为凭。押"；Дx.3002 中言："一任执此放书，将□后无凭，书纸为记"；Дx.11038 – 3 中言："便任将凭官断，则之（知）皂帛（白）"。从这些词句来看，"放妻书"更是夫妻分离的凭证。虽然"放妻书"看似只是夫妻双方分开的证明，但它明显具有官方的色彩，一旦有正式的"放妻书"，则表明夫妻关系已经宣告终结，夫妻双方又回到结婚前的状态。[1]一旦"和离"之后发生纠纷，不管是"和离"后夫妻双方之间的纠纷，还是第三人与夫妻间任一人的纠纷，夫妻双方均可以"放妻书"为凭证，让官府进行决断。"和离"后对方与他人产生纠纷的，他人不能再找己方寻债，若没有"放妻书"，则两人的"和离"无任何证明，是不被承认的。

3. 再娶再嫁须有"放妻书"

男子可再娶自不用多说。虽然传统礼教并不允许妇女改嫁，如东汉《女诫》提出"《礼》：夫有再娶之义，妇无二适之文"，唐人贾公彦为《礼记》作疏，又提出：女子嫁夫，"壹与之齐，终身不改，故夫死不嫁"。[2]但唐代社会，对妇女再嫁、改嫁其实是一种比较宽容甚至于鼓励的态度。如唐贞观二年二月曾诏令："男年二十，女年十五已上，及妻丧达制之后，媚居服纪已除，并须申以婚媾，令其好合。……刺史县令以下官人，若能婚姻及时，鳏寡数少，量准户口增多以进考第。如导劝乖方，失于配偶，准户减少附殿。"[3]而唐代近 300 年间，公主里再嫁者有 28 名，其中有 3 人嫁了三次。[4]在前文中《太平广记》的故事里，提及妇女欲持书再嫁，十二件"放妻书"中也多有提及对双方之后再遇良人的祝福。由此可见，再嫁应是唐代比较普遍的情况。

但唐代对再嫁再娶也有严格的规定，如《唐律·户婚律》中规定："诸有

---

〔1〕 陈德胜："敦煌出土放妻书研究"，甘肃政法学院 2015 年硕士学位论文。

〔2〕《礼记注疏》卷三十《特效性》，台湾商务印书馆影印文渊阁四库全书 1983 年版。转引自杨际平："敦煌出土的放妻书琐议"，载《厦门大学学报（哲学社会科学版）》1999 年第 4 期。

〔3〕《唐会要》卷八十三《嫁娶》，中华书局 1955 年版。转引自杨际平："敦煌出土的放妻书琐议"，载《厦门大学学报（哲学社会科学版）》1999 年第 4 期。

〔4〕 根据《新唐书》中《诸帝公主卷》所记整理。其中唐睿宗女凉国公主应嫁两次，而书中漏记，此处一并算上。唐代公主再嫁应有夫坐罪和离、夫死等几种情况。

妻更娶妻者，徒一年；女家，减一等。若欺妄而娶者，徒一年半，女家不坐。各离之"；[1]"妻妾擅自者，徒二年；因而改嫁者，加二等"。[2]若没有经过合法的离婚程序，没有在官府变更相关情况的前提下进行再嫁再娶，官府会进行严厉的处罚。《太平广记》中《杨志坚》一文载："颜真卿为抚州刺史，邑人有杨志坚者，嗜学而居贫，乡人未之知也。其妻以资给不充，索书求离。志坚以诗送之……其妻持书，诣州公煤，以求别适。真卿判其牍曰：'……专学买臣之妇，厌弃良人。污辱乡间，伤败风教，若无惩诫，孰遏浮冀？妻可答二十，任自改嫁。'……自是江表妇人，无敢弃其夫者。"在这个故事中，男方写了一首意表和离的诗，女方以其诗请求官府认可并改嫁，官府予以驳斥。可见"和离"后欲再嫁，双方需持有正式的离婚文书。

此处可见双方再嫁再娶须有有效的"放妻书"，且似乎从侧面表现了官府在婚姻方面的影响。

综合以上的分析，我们可知"和离"程序中，制作"放妻书"是必不可少且极为重要的一步。

(三) 双方亲属见证

"和离"须由双方亲属见证，是这十二件"放妻书"的内容中最为统一相明确的关于"和离"的重要程序。敦煌"放妻书"的具体相关内容见表1。

表1　十二件"放妻书"关于双方亲属见证的具体内容[3]

"放妻书"编号	须双方亲属见证的内容
S. 0343V	"快会及诸亲，各迁本道"
S. 6537（1V）	"聚会二亲，以俱一别"
S. 6417V	"近再会两家亲眷"
S. 5578 和 S. 6537（6V）	"今诸两家父母、六亲眷属"

---

〔1〕 钱大群：《唐律疏义新注》，南京师范大学出版社 2007 年版，第 435 页。

〔2〕 钱大群：《唐律疏义新注》，南京师范大学出版社 2007 年版，第 455 页。

〔3〕 根据本文提及的十二篇"放妻书"所制。

续表

"放妻书"编号	须双方亲属见证的内容
P.3730V	"聚会二亲夫与妻物色"
P3212	"今对两家六亲眷属，团坐亭腾商量，当便相别分离"
Дx.3002	"见在兄弟合门居卷（眷）"
P3220	"今对六亲，各自取意"
P4001	"今见父娘诸眷属等，以各自当投取散意，逐欢便得开之门"
P4525	"今亲姻村老等与妻阿孟对众平论，判分离别遣夫主留盈讫"
Дx.11038-3	"遂会六亲，以俱一别"

虽有"二亲""诸亲""六亲"等不一的表述，但夫妻间的"和离"必须要有双方父母参与，在此基础上可增加其他亲邻。但须注意的是，双方父母见证，绝非简单告知，只令其到时见证。"聚会""再会""今对""商量""平论"等语，表明届时夫妻双方需进行陈述，双方亲属商量后皆予以认同，最后方见证二人的"和离"。此举亦颇有公示之意。

另外，P4001更为特殊的一点是，在这件"放妻书"的文题名和文末处，都有一个"押"字。之前亦言："诸弃妻，皆丈夫手书弃之，男及父母伯姨舅，并女父母伯姨舅，东邻西邻及见人皆署，若不解书，画指为记。"[1]虽只有这一件"放妻书"中有"押"字，可这亦体现了"和离"虽与休弃不同，但仍必须要经过双方亲属见证画押，这是律法所规定的必经程序，若不经见证，是无效的。在此处，民间契约与官方法律相衔接，似乎亦从侧面体现了官方的影响力。

（四）官府介入

虽"和离"看上去只需夫妻双方同意，并得双方亲属见证即可，是私事，但其实若最终没有官府的登记，整个程序也是不完整的，是不被认可的。此处官府介入和"义绝"中的官府强令双方离婚不同，在"和离"中，官府主

---

[1] ［日］仁井田　升：《唐令拾遗》，栗劲等译，长春出版社1989年版，第162页。转引自陈德胜："敦煌出土放妻书研究"，甘肃政法学院2015年硕士学位论文。

要起辅助作用，但最后才需要其强制介入，赋予"和离"相应的效力。

（1）官府见证。P3220号的文末有"宰报云"三字，"宰"应当是地方官名，如县令等。可见在"和离"过程中，一般是双方亲属见证即可，但也存在比较棘手、复杂的情况，需要由官府出面解决。笔者以为此处的官府出面，是建立在双方已决定"和离"的基础上的，但过程中双方有冲突和纠纷时，需要官府予以调解止纷，以保证整个程序能够顺利平和地进行。

（2）官府登记。官府登记应当是整个"和离"程序中的最后一步，其重要性在于使双方的户籍产生变动，正是这一步使"和离"发生效力，意即只有变动户籍，"和离"程序才真正结束。

敦煌"放妻书"并没有明确表示须经官府登记方能使"和离"发生效力，从"用以验约""将凭官断"等语句也难以认为文书须经过官府认可才能产生效力，但此点有其他史料予以佐证。我国不迟于战国时期，就有严格的户籍管理制度，"四境之内，丈夫女子皆有名于上，生者著，死者削"。[1]《睡虎地秦墓竹简》亦言："弃妻不书，赀二甲。其弃妻亦当论不当？赀二甲"；"女子甲为人妻，去亡，得及自出，小未盈六尺，当论不当？已官，当论；未官，不当论"。[2]而唐代对户籍的管理也较为严苛，武德七年在"令岁造帐，三年一造籍"的同时，复令籍册造成后，"州县留五比，尚书留三比"，"县以籍成于州，州成于省，户部总而领焉"，又有"乡别为卷"的规定，可知唐朝对户籍的管理甚是严密，由乡到县，由县到州，由州到尚书省，最后由户部专权负责。[3]除此之外，日本明法家在解释基本借鉴《唐户令》的日本《养老令》中的"凡弃妻……皆夫手书弃之，与尊属近亲同署"时，认为"手书进官司，以计账时除弃耳"。[4]这一解释，有敦煌出土的户籍手实中女

---

[1]　《商君书》卷五《境内》，上海人民出版社1974年版。转引自杨际平："敦煌出土的放妻书琐议"，载《厦门大学学报（哲学社会科学版）》1999年第4期。

[2]　《睡虎地秦墓竹简》，文物出版社1978年版，第222页、第224页。转引自杨际平："敦煌出土的放妻书琐议"，载《厦门大学学报（哲学社会科学版）》1999年第4期。

[3]　周秀女："从敦煌户籍残卷看唐代籍帐制度"，载《浙江师范学院学报（社会科学版）》1984年第2期。

[4]　杨际平："敦煌出土的放妻书琐议"，载《厦门大学学报（哲学社会科学版）》1999年第4期。

子因婚嫁而除附的实例予以证实。[1]同时。在敦煌吐鲁番籍帐文书中，寡妇"归宗合籍"的例子也很多。所谓"归宗合籍"，就是指把寡妇的户籍归宗登记在娘家相关亲属的户籍中。[2]寡妇归宗合籍多是因为在婆家已经没有亲属，不得已只能归入娘家。而"和离"后女方更是与男方家族没有任何关系，其户籍应当转入娘家。《元典章》卷十八亦有记载，至元八年规定："以夫出妻妾者，分朗写立休书，赴官告押执照，即听归宗，依礼改嫁，以正夫妇之道。"此条非元朝创新，推断唐朝应有相关条文。[3]

笔者以为，"和离"程序中的官府登记即是官府审查"放妻书"，予以认可后，对男女双方进行户籍变动的行为，[4]此时"和离"的程序才真正完结。若未经官府登记，户籍一直没有变动，则"和离"是不被承认的。而前面所言的"放妻书"的解纷功能以及再娶再嫁须持"放妻书"，亦与官府的登记紧密相连。只有"和离"经过相关程序后正式生效，和离文书方具有解纷功能，双方方能再娶再嫁，否则其程序是否正当及真实性都难以被确定，缺乏相应的证明效力。

四、唐代"和离"程序的后续相关问题

"和离"程序完成后，夫妻关系终结，两方的姻亲关系也随之终止。但后续还有财产归属和子女归属等"和离"后必须要解决的问题。若不解决这些财产和身份问题，"和离"程序亦不能真正终结。然史籍和"放妻书"中并没有对"和离"中的这些问题详细说明，所以在此结合"七出"和"义绝"

---

〔1〕 出土文书多是西魏大统十三年至吐蕃占领敦煌时期（8世纪末至9世纪前半期）时的文书，具体如西魏大统十三年籍王皮乱户即记有："息女女亲辛丑生年两拾柒中女出嫁受（寿）昌郡民泣陵申安。息女丑婢丙辰生年拾两中女出嫁效谷县斛斯已奴党王奴子。"唐开元四年（716年）敦煌县慈惠乡籍王妙智户下亦记："户主王妙智年伍拾陆岁，寡，先天二年籍后出嫁，入县内敦煌乡临池里户主张有仁为妻。""女杨王年壹拾捌岁中女开元三年帐后出嫁，入里内户主余善意孙男伏保为妻"，而同籍余善意户亦记："保妻杨年壹拾捌岁丁妻，开元三年帐后，娶里内户主王妙智女杨王王为妻。"转引自杨际平："敦煌出土的放妻书琐议"，载《厦门大学学报（哲学社会科学版）》1999年第4期，第38页。

〔2〕 张新国："唐代前期寡妇户籍'合籍'现象探析——以敦煌吐鲁番籍帐文书为例"，载《敦煌学辑刊》2013年第3期。

〔3〕 曹景雯："唐代和离制度研究"，湘潭大学2011年硕士学位论文。

〔4〕 笔者以为男方户籍上变为无妻，女方从男方户籍上除去。

的相关资料予以分析。

（一）财产归属

关于财产，唐代法律规定祖父母、父母在世的情况下，不允许分割家产。《唐律疏议》中言："诸祖父母、父母在，而子孙别籍、异财者，徒三年。"[1]但唐户令又规定"凡弃妻，……皆还其所赍见在之财，若将婢有子亦还之"，[2]《宋刑统》卷十二"卑幼私用财"条引唐开元年间户令云："妻家所得之财，不在分限。"[3]白居易亦有一首《去妇词》言："以比憔悴颜，空持旧物还。"由此可知，妻子的随嫁财产应是妻子的特有财产，"和离"后，女方可带回其仍存的陪嫁物，男方不得阻止。

女子除了陪嫁财物，可有其他财产归属其名下？在敦煌"放妻书"中，有"三年依（衣）粮，便献柔仪"，"所要活业，任意分将。奴婢驱驰，几□不勒"，"所有物色书之"等语句，可见男方可给予女方一定的财物补偿。《龁齿可书》言："且与缘房衣物，更别造一床毡被。乞求趁却，愿更莫逢相值。"为了庆贺女方离开，公婆更另送了一床毡被。《旧唐书》卷一百三十二《李澄附元素传》载："初，元素再娶妻王氏……及贵，溺情仆妾，遂薄之。且又无子，而前妻之子已长，无良，元素寝疾昏惑，听谮遂出之，给与非厚。妻族上诉，乃诏曰：'……访闻不曾告报妻族，亦无明过可书，盖是小忿忤相，遂至于此。胁以士命，当日遣归，给送之间，又至单薄。不唯王氏受辱，实亦朝情悉惊。如此理家，合当惩责。宜停官，仍令与王氏钱物，通所奏数满五千贯。'"[4]此处所言给予丰厚，并非律法规定，而是朝廷知悉李元素娶时贫贱后贵，反而遣妻时对其待遇甚薄，致王氏受辱的情况，于情于理不

---

〔1〕 钱大群：《唐律疏义新注》，南京师范大学出版社 2007 年版，第 399 页。

〔2〕 唐令已佚，此据日本《令集解》卷一《户令》。日本户令多参考唐令。其弃妻条关于"七出""不去""义绝"的定义皆见于《唐律疏议》卷十四《户婚律》所引唐户令，文字亦几无差别。转引自杨际平："敦煌出土的放妻书琐议"，载《厦门大学学报（哲学社会科学版）》1999 年第 4 期。

〔3〕《宋刑统》卷十二，郑显文：《唐代律令制研究》，北京大学出版社 2004 年版，第 195 页。

〔4〕《旧唐书》卷一百三十二《李澄附元素传》，参见国学导航，http://www.guoxue123.com/shibu/0101/00jts/135.htm，最后访问日期：2018 年 11 月 16 日。

合，对其加重了处罚。[1]可见"和离"时男方应根据家境情况，给予女方一定的经济补偿，但是这种补偿是一种象征性的，并不能保证女方接下来的生活，而且也没有法律规定强制补贴，应属自愿行为。

（二）子女归属

在十二件敦煌"放妻书"中，均没有提及离婚后子女的归属问题。但在古代的男权社会中，子女皆随父姓，离婚后的子女按惯例应当是随父生活，这是一般情况。当然也有其他的例外情况，如由于政治原因随母避祸，[2]如考虑到女儿的权益和未来的生活环境，可由母亲抚养。[3]夷坚丙志记载一富人王八郎，因与一娼妓交好而欲出其妻。其妻告到官府，王八郎希望其幼女能由自己来抚养，妻子恳切陈述夫之恶行，告知官府若幼女随其夫肯定不会得到好的照顾。县令遂将幼女判由王八郎妻抚养。[4]另《太平广记》有"王氏乃生前之妻，粗率多力……二女一男，悉随母归矣"。[5]此处子女归母乃是因为女方凶悍泼辣，虽罕见但仍应考虑。而《大唐故陈夫人墓志铭》载："夫人讳照，字惠明，颍川长社人，陈后主叔宝之玄孙也……始以外王母所归故东海徐文公，有子曰崐，无几为伯父所夺，改嫔于卢氏……崐之好学识文，由夫人慈诱所立……即以天宝四载岁次乙酉十月乙酉朔廿五日己酉归窆于河南郎山卢氏先茔。"此处携子改嫁，应是男方家世不如女方，且离婚时幼子尚在哺乳期，故子女归女方抚养。

虽然前文列举多为出妻、夫死等情况，但可推测也适用于本质相似的"和离"制度，所以在子女归属方面，一般子女仍应随父生活，偶有特殊情况，可随母生活。

---

〔1〕 此处杨际平教授认为，还可能有相当部分是妻之陪嫁，未曾归还，笔者亦赞同。

〔2〕 杨际平教授持此种观点，见杨际平："敦煌出土的放妻书琐议"，载《厦门大学学报（哲学社会科学版）》1999年第4期。

〔3〕 陈鹏：《中国婚姻史稿》，中华书局1990年版，第653页。转引自陈德胜："敦煌出土放妻书研究"，甘肃政法学院2015年硕士学位论文。

〔4〕 陈德胜："敦煌出土放妻书研究"，甘肃政法学院2015年硕士学位论文。

〔5〕 （宋）李昉：《太平广记》卷三百七十一《曹惠》。参见中国古典文学网站，http://www.zggdwx.com/taiping/371.html，最后访问日期：2018年11月16日。另此处是宋朝人记录的唐朝的志怪故事，故事中王氏为南朝齐谢朓之妻。虽有跨度，但应仍可推断唐代情况。

（三）身份关系

"和离"之后，夫妻双方的夫妻关系消灭，两方的姻亲关系也归于消灭，但与子女等人的关系，并不直接消灭。

（1）与子女关系。由于"和离"后随父生活是主流，此处仅探讨女方与子女的关系。

首先，虽子女已随父生活，但父母与子女之间的血缘关系是天生不可更改的，其血亲关系是不能被人为断绝的。"骨肉之亲，出于天性，自不能以父母之仳离，而绝母子之性。"[1]所以唐代的礼制和法律对其采变通之策：

一是服丧，《仪礼·丧服》曰："'出妻之子为母。'传曰：'出妻之子为母期。'疏曰：'母子至亲，无绝道也'。"[2]可见"和离"后，子女仍应为母守丧。[3]

二是恩荫，即指夫妻离婚后，若母亲因事获罪，要受到刑事处罚时，能够受到儿子的官爵品位的庇护。《唐律疏议·名例律》规定："其妇人犯夫及义绝者，得以子荫。注：虽出亦同。疏议：妇人犯夫及与夫家义绝，并夫在被出，并得以子荫者，为母子无绝道故也。"[4]关于此，白居易曾有一例判文："甲去妻后，妻犯罪，请用子荫赎罪，甲怒不许。判云：二姓好合，义有时绝，三年生育，恩不可遗。风虽阻于相鸣，乌岂忘于反哺，旋观鸳偶，遽抵明刑……想《茅茨》之歌，且闻乐有其子，念《葛藟》之义，岂忍不庇于根？难抑其辞，请敦不匮。"[5]可见去妻仍受子荫是被普遍认可的。

三是封赠。封赠是古代皇帝给予其下属官员及其近亲属的荣誉或恩典。《唐六典》卷二司封郎中条记有"凡庶子有五品以上封，皆封嫡母；无嫡母，

〔1〕 陈鹏：《中国婚姻史稿》，中华书局1990年版，第654页。转引自秦影影："唐代的婚姻解除制度研究——以《唐律疏议》为对象"，西南政法大学2014年硕士学位论文。

〔2〕 孔子：《仪礼》，彭林译注，中华书局2012年版，第377页。转引自秦影影："唐代的婚姻解除制度研究——以《唐律疏议》为对象"，西南政法大学2014年硕士学位论文。

〔3〕 又说被休弃的妻子的儿子作为父亲的继承人后，就不能为被休弃的母亲服丧服。然"和离"是否也是如此？暂存疑，此处不表。

〔4〕 钱大群：《唐律疏义新注》，南京师范大学出版社2007年版，第66页。

〔5〕 顾学颉校点：《白居易集》，中华书局出版社1979年版。转引自高鹏："唐朝婚姻制度解除研究"，郑州大学2012年硕士学位论文。

19

即封生母"。[1]宋代《庆元条法事类·职制门·封赠令》规定："诸母被出若改嫁，非曾受后夫封赠者，听封赠。"可见儿子有官位品级的，已经"和离"的母亲在符合某些条件的情况下，可以享受封赠。

（2）与其他亲属的关系。照理说，双方既已"和离"，与对方亲属应当没有任何关系了，但唐代法律对此有一些特殊规定。一是姑婆关系，就刑事责任而言，若子妇与已经和公公离异的婆婆相犯，视为儿媳和亲母相犯。[2]《唐律疏议》中言："姑虽被弃，或已改醮他人……若与子妇相犯，理依亲姑之法。"[3]二是女方不得再嫁原夫祖免亲[4]内的亲属，亦即男方不得娶祖免亲内亲属的离异妻子。《唐律疏议》规定："诸尝为祖免亲之妻而嫁娶者，各杖一百；缌麻及舅甥妻，徒一年；小功以上以奸论。妾各减二等，并离之。疏：其被放出，或改适他人，即于前夫服义并绝，奸者依律只是凡奸；若其嫁娶，亦同凡奸之坐。"[5]

五、唐代"和离"对后世的影响

唐代是我国古代极为重要的一个时代，不仅其经济繁荣，法律制度也极为完善，有很多条文都被后世沿用。纪晓岚说："《唐律》中的规定大多是根据礼制中的规定而制定的，可以为以后断案提供依据，所以宋代在多数情况下沿用唐律中的规定。元代每次判案时，也是引用唐律中的相关规定。明朝洪武初年，皇帝命令精通儒学的四个大臣向刑事方面的官员讲授《唐律》，后来又命令刘惟谦等人详细制定《明律》，它的篇目是依据唐代的法律制定的。"[6]而唐代首次将"和离"写入法律条文，其影响甚大，相关内容直至元明清仍旧

---

[1] 田禾："唐代品官命妇封赠制试探"，载《社会纵横（新理论版）》2009年第2期。虽是宋代条文，但宋多承唐律，应有关联。

[2] 此处应是母子关系的延伸。

[3] 钱大群：《唐律疏义新注》，南京师范大学出版社2007年版，第719页。

[4] 按照疏议的解释，属于祖免亲的亲属有：高祖父的兄弟、曾祖的伯叔兄弟、祖父的隔二代的堂兄弟、父亲的隔三代的堂兄弟、本人的隔四代的堂兄弟。见钱大群：《唐律疏义新注》，南京师范大学出版社2007年版，第446页。

[5] 钱大群：《唐律疏义新注》，南京师范大学出版社2007年版，第446~447页。

[6] 杨廷福：《唐律研究》，上海古籍出版社2012年版，第137页。转引自秦影影："唐代的婚姻解除制度研究——以《唐律疏议》为对象"，西南政法大学2014年硕士学位论文。

被沿用, 只有少部分被予以细化或改变。例如, 宋代宗室 "和离" 须经宗正司审查, 《宋史·礼志》有载: "宗室离婚, 委宗正司审察, 于律有可出之实, 或不相安, 方听, 若无故捃拾者劾奏, 如许听离, 追完, 赐予物给还, 嫁资再娶者不给赐, 非袒免以下亲, 与夫离婚再嫁者, 委宗正司审核。"[1]而清代要求官员 "和离" 上报削去诰封, "国初凡官员因夫妇不和, 欲出其妻, 已受封者, 先呈明吏部削去所封, 赴刑部呈明, 差人押令离异, 询明情由, 系两愿者, 听, 若兵民出妻, 任其自便"。[2]可见后世对于 "和离" 的规定略有差异但大体相同。

唐代的 "和离" 是一次总结前人经验的伟大创举, 这也得益于当时的文化氛围和社会环境。但是随着时代的改变, "和离" 制度原先适用的社会基础也有所改变, 因此在后代甚难发挥出在唐代时的巨大作用。

结 论

唐代的 "和离" 虽在《唐律疏议》中只有短短的一句条文, 但在当时的运用极为广泛, 是唐代不可忽视的一项重要的婚姻制度。虽其表面要求夫妻不和, 然其深层原因却各式各样。敦煌 "放妻书" 的发现, 使我们有了更加真实的史料去研究唐代的 "和离"。"和离" 的程序经历了实践的积累和官府的引导后, 逐渐有了定式, 形成了一套较为完整的离婚程序, 为后世提供了可供参考的范本。而 "和离" 的效力又与 "七出" 和 "义绝" 相互联系, 相互补充, 最终构成了唐代离婚制度的全貌。"和离" 作为自唐始明确的婚姻制度, 一直为后世沿用, 更见唐代法律的完备和实用。

如今, 敦煌的 "放妻书" 已经成为历史的遗迹, 其所反映的唐代 "和离" 程序也逐渐被淹没在历史的长河之中, 但跨越千百年的时光来看唐代的 "放妻书", 仍然能被其字里行间所透露的温情和淳厚所感动。即便在婚姻之中产生了极大的摩擦和矛盾, 作为 "和离" 样文的文书, 却依旧祝福对方, "放妻书" 中的精神在现代, 是极有借鉴意义的。而在一段婚姻的尽头, 是否能给彼此多一丝宽容和祝福, 从此一别两宽, 各生欢喜?

---

〔1〕 崔兰琴: "唐以降传统法定离婚制度探究", 中国政法大学 2009 年博士学位论文。

〔2〕 《钦定大清会典·事例》(卷七五六)。转引自崔兰琴: "唐以降传统法定离婚制度探究", 中国政法大学 2009 年博士学位论文。

公司担保中相对人的审查义务

中国政法大学法学院 2016 级 1 班　齐瀚葳

指导老师：中国政法大学中欧法学院公司法与投资保护研究所副教授　王　军

摘　要　公司担保由于其较高的风险性和易产生代理成本的问题在实践中引发了大量的争议，客观上给市场的运行带来了不小的风险，是我国公司法必须正视的问题。目前学界的关注焦点主要在于相对人在公司担保中的审查义务问题，不少学者试图通过相对人的审查义务抑制越权担保行为，因此赋予了相对人较重的审查义务。笔者认为，从解释的角度看，相对人的审查义务及其强度必须通过对相对人"善意"的判断决定；从风险防范和利益衡量的角度看，公司担保问题本身还是公司内部问题，况且公司利益可以通过信义义务制度得到一定的弥补。因此相对人的审查义务问题还是要更多地考虑从维护交易安全、促进公司正常的担保行为的角度出发，应当对相对人赋予较为轻缓的审查义务。

关键词　公司担保　审查义务　"善意"的判断　信义义务

绪　论

公司担保问题一直是我国公司法上讨论的焦点问题之一，虽然随着新《公司法》的颁布实施，有关公司担保能力问题的争议已尘埃落定，[1]但新的问题又浮出水面，自 2005 年以来，关于公司担保问题的争议主要是对违反

---

[1]　参见张迪忠："有限责任公司对外担保的效力认定"，载《法律适用》2009 年第 10 期。《公司法》修订以前，不少学者对公司担保能力持否定态度。参见白菲莱："关于公司为他人债务担保弊端的思考"，载《法律适用》2002 年第 3 期。

《公司法》第16条的公司担保行为的效力应当如何认定，具体而言该争议聚焦在两方面：一是《公司法》第16条的规范性质问题，二是相对人的审查义务问题，即相对人是否要负审查义务以及审查义务范围的问题。时至今日，关于第一个焦点的争议虽尚未有定论，但学界、法院均已达成一定共识，即便存在分歧也基本不影响对公司担保行为效力的认定。[1]但关于第二个问题则仍然争议不断，这一问题具体而言又包括两方面，一是相对人是否应当负审查义务，虽然学界似乎以相对人负一定的审查义务的观点为主流，但这种观点似乎尚未被法院全面接受。从近些年的案例来看，法院似乎分成了认可相对人负审查义务[2]与不认可相对人负审查义务[3]的两派。二是相对人审查义务强度的问题，虽然多数学者认为相对人应该负形式审查义务，但对形式审查义务的范围未有定论。

这些争议之所以难成共识是由于公司担保问题的复杂性。一方面公司担保问题在公司法上虽仅有《公司法》第16条这一条规定予以规范，但需横跨公司法、担保法、合同法的相关规则而综合适用。[4]另一方面公司担保问题涉及众多利害关系者，包括公司（内含公司经营者与股东、大股东与中小股东间不同的利益诉求）、主债务人、担保债权人、公司的一般债权人等，因此在其中进行利益分配也必须慎之又慎。因此，笔者首先从公司担保行为的性质出发，试图厘清公司担保行为的商业性质和法律性质，以为相对人审查义务及其强度的确定和解释提供基础。

此外，公司担保问题的复杂性还表现在公司担保行为本身的多样性上，亦即公司担保行为可能因涉及的担保类型、相对人类型、提供担保的公司的

---

〔1〕 从笔者整理的2014~2018年最高人民法院的30个判例来看，所有法官都认可违反《公司法》第16条的担保行为并不当然无效并会进一步援用《合同法》第50条进行判断，这也与学界的主流观点契合。

〔2〕 典型的有："招商银行股份有限公司大连东港支行与大连振邦氟涂料股份有限公司、大连振邦集团有限公司借款合同纠纷案"（2012）民提字第156号，"中国光大银行深圳分行与创智信息科技股份有限公司借款保证合同纠纷上诉案"（2007）民二终字第184号等。

〔3〕 典型的有："中建材集团进出口公司诉北京大地恒通经贸有限公司、北京天元盛唐投资有限公司、天宝盛世科技发展（北京）有限公司、江苏银大科技有限公司、四川宜宾俄欧工程发展有限公司进出口代理合同纠纷案"（2009）高民终字第1730号，"青海贤成矿业股份有限公司等诉周亚民间借贷纠纷案"（2014）民一终字第270号，等等。

〔4〕 参见高圣平："公司担保相关法律问题研究"，载《中国法学》2013年第2期。

类型不同而产生不同的情形，司法上亦应据此做出不同的利益权衡。但是，以往的文献大多选择对这些复杂性视而不见，而抽象出一条对所有公司担保情形皆适用的审查义务标准，且多数学者认为相对人应当承担形式审查公司章程的义务。笔者不赞同这类观点，公司担保作为一个法律问题，要对其做出判断，自然应当有一条一以贯之的逻辑（"善意"的判断），但这并不妨碍在同一逻辑下依不同情形产生不同的结果，事实上正确适用相对人"善意"判断的逻辑就应该依不同情形产生不同的结果，本文第二部分着重探讨这一问题。

基于上述问题的现状，笔者试图结合已有学者的论述以及近年来最高人民法院的一些判例，进一步探究相对人审查义务的界定标准，以期获得有益的思考。

一、相对人审查义务的基础——公司担保行为的性质

（一）公司担保行为的法律性质与相对人审查义务的解释路径

关于《公司法》第16条的法律性质，司法实践中主要有规范识别说（又分为管理性规范一体说[1]与一般担保和关联担保规范性质识别说[2]）与内部关系说[3]两种观点。[4]笔者支持内部关系说的观点。其一，关于违反法律规定的效力问题，应将法条的规范目的、相冲突的法益以及规范对象等综合起来进行考量，[5]简单地冠以效力性与管理性的区分并无意义，且有给予法官过度自由裁量权的风险。[6]其二，从法律适用的逻辑上看，内部关系说区分公司内部决议行为和对外提供担保行为两个不同的法律行为进行判断，《公司法》第16条所规范的对象是公司内部决议的行为，[7]先通过《公司

---

[1] 这种观点目前仍然是我国司法裁判中的主流观点。

[2] 参见孙晓光："加强调查研究，探索解决之道——就民商事审判工作中的若干疑难问题访最高人民法院民二庭庭长宋晓明"，载《人民司法》2007年第13期。

[3] 参见钱玉林："寻找公司担保的裁判规范"，载《法学》2013年第3期；梁上上："公司担保合同的相对人审查义务"，载《法学》2013年第3期。

[4] 亦有学者主张所谓代表权限制说，但这种观点在我国目前的司法判例中非常少见。

[5] 参见王泽鉴：《民法总则》，北京大学出版社2009年版，第21页。

[6] 参见胡旭东："公司担保规则的司法续造——基于145份判决书的实证分析"，梁慧星主编：《民商法论丛》（第50卷），法律出版社2012年版，第85页。

[7] 如果一定要给《公司法》第16条的规范性质下个定论，那么从这一角度看，《公司法》第16条无疑是效力性强制性规范。

法》第 22 条判断内部决议行为的效力，再援用相关规范[1]判断对外提供担保行为的效力，能为公司担保的效力判断提供完整的法律适用逻辑，因此笔者大体上采纳内部关系说的观点。[2]

总之，内部关系说的理论将公司担保行为效力的判断引向了对相对人"善意"的判断，而相对人"善意"的判断则为确定相对人是否应该承担审查义务提供了法理上的基础，同时这也意味着判断相对人应该承担何种程度的审查义务只能从"善意"的解释出发，突破"善意"的一般解释而赋予相对人过高的审查义务是不合理的。

（二）公司担保行为的商业性质与相对人审查义务的来源

（1）公司担保行为的利益衡量。"如果说信贷是现代商业发展的'发动机'，那么，担保就是使这台发动机正常运转的'润滑剂'。"[3]随着商事活动的发展，公司对外担保因其能增强融资能力，降低交易成本，增强企业竞争力而发挥着越来越重要的作用。[4]但公司担保行为又有其与一般商事活动不同的风险性，一方面公司担保往往没有直接的对价，而是着眼于未来潜在的利益，自然有一定的风险性；更重要的是，公司担保往往引发代理成本问题，不容忽视。因此，美、英、日等各国均对公司担保行为加以不同程度的限制，以防止公司资产因随意担保而流失，以保护公司、股东和债权人的利益。[5]

笔者认为，我国公司法对公司担保行为的规制必须立足于公司担保价值

---

〔1〕 值得注意的是，依据公司越权担保行为的不同类型，援用的法律规范亦应当不同。如果是法定代表人越权提供担保，则直接援用《合同法》第 50 条："法人或者其他组织的法定代表人、负责人超越权限订立的合同，除相对人知道或者应当知道其超越权限的以外，该代表行为有效。" 如果是违反《公司法》第 16 条规定的条件做出的担保，则援用《最高人民法院关于适用〈中华人民共和国公司法〉若干问题的规定（四）》第 6 条："股东会或者股东大会、董事会决议被人民法院判决确认无效或者撤销的，公司依据该决议与善意相对人形成的民事法律关系不受影响。" 援用上述条款判断公司对外提供担保行为的效力更加妥当。

〔2〕 关于内部关系说的批评主要在于内部关系说难以解释相对人负审查义务的原因。参见周伦军："公司对外提供担保的合同效力判断规则"，载《法律适用》2014 年第 8 期。

〔3〕 曾荣鑫："论商事担保的近现代发展趋势"，载《中国商法年刊》2012 年版。

〔4〕 参见宋冰、张斌："论公司对外担保中的中小股东保护——以我国现行《公司法》的规定为视角"，载《法学杂志》2009 年第 1 期。

〔5〕 参见周伦军："公司担保的法律解释论"，载奚晓明主编：《商事审判指导》2012 年第 4 辑（总第 32 辑），人民法院出版社 2013 年版，第 31～44 页。

与风险的双重性质上，所追求的效果应该是有益地保护和促进公司的正常担保行为。我国公司法修订时已充分认识到了公司担保行为的商业性质，采用了对公司提供担保决议方式加以限制的办法，在赋予公司章程一定的自治空间的同时对"公司为公司股东或者实际控制人提供担保"的情形作出了更严格的程序限制，力图在促进与管制之间达到平衡，可谓用心良苦。不过，新《公司法》似乎忽视了风险发生后的不利益如何分配的问题，导致司法中的裁判很不统一，因此必须进一步对公司担保问题涉及的各方利益加以衡量。

公司担保的法律效果问题涉及两方利益，一方是债权人利益以及交易安全和信赖利益的保护，一方是公司利益以及股东利益的保护。[1]就这两方利益孰重孰轻的衡量而言，学界又分成相反的两派，[2]笔者无意加入两派的争议，事实上这正证明了一个不容忽视的事实，即这两方利益的大小难以判断，因此在立法和司法上绝不能对其中任何一方倾斜保护，[3]否则必然导致利益分配的不均衡。正是因为"一边倒"的倾斜保护并不可取，相对人的审查义务作为一种平衡双方利益的手段成为公司担保效力判断的核心问题之一。笔者认为，相对人审查义务的来源之一正是其对风险发生后双方利益的平衡作用，不过对相对人的审查义务强度的确定也必须谨慎，不能因过度的审查义务导致法律的保护再度向公司一方倾斜。

（2）公司担保行为的风险防范。相比于利益平衡，规范公司担保问题更

---

〔1〕 有学者认为公司担保问题还要考虑公司其他债权人的利益，参见罗培新："公司担保法律规则的价值冲突与司法考量"，载《中外法学》2012 年第 6 期。笔者认为，担保的设立固然会对其他债权人的利益带来损害，但从《公司法》第 16 条的规制方式以及立法背景来看，公司的其他债权人并不是《公司法》第 16 条的主要保护对象。

〔2〕 一派认为中小股东是市场存在的基础，因此中小股东权益的保护在公司担保问题上应被置于较之债权保护更为重要的地位。参见曹士兵："我国法律对公司为其股东提供担保的限制——司法对行政监管的支持"，载《法律适用》2005 年第 5 期。另一派认为，从价值引导上判断，由于公司的股东已经得到有限责任制度的保护，不应再认为公司股东权利保护优于公司外部的债权人保护和交易安全秩序。参见刘贵祥："公司担保与合同效力"，载《法律适用》2012 年第 7 期。

〔3〕 从我国司法实践看，我国目前似乎仍存在对担保债权人倾斜保护的问题，在李游博士整理的 458 份案例中法院判定担保有效的样本数有 402 个，比例高达 87.77%。参见李游："公司越权担保效力判定路径之辨识"，载《河北法学》2017 年第 12 期。而在早期司法实践中，我国司法上似乎却又存在对公司及其股东倾斜保护的问题，在罗培新教授整理的 2007~2010 年的 50 个案例中，法院判决无效的有 35 个，比例达 70%。参见罗培新："公司担保法律规则的价值冲突与司法考量"，载《中外法学》2012 年第 6 期。

重要的是防范滥保行为的发生，这是因为不符合商业判断的担保行为一旦发生，无论把不利益分配给相对人或是公司中的哪一方，都会对市场的运作带来不容忽视的冲击。因此，相对人的审查义务又成为防范滥保行为的一大"利器"而备受学界青睐，多数学者也由此认为相对人应该对决议和公司章程负有形式审查义务。但笔者认为赋予相对人过高的义务并不合理，除上文已经提到的法律解释和利益衡量两方面的理由外，另一重要原因是《公司法》第16条的本意是规制公司内部的决议行为，相对人负审查义务的原因仅在于对公司担保行为风险性的审慎和对不符合营利性原则的担保行为的警惕，因此赋予相对人过高的审查义务相当于是将公司的代理成本转嫁给外部的相对人承担。

其实，抑制公司滥保行为的"重任"不但本应由相对人一方承担，公司也完全有有效抑制滥保行为的途径。一方面公司可以采取事前监督，通过对公司高级管理人员的选任、监督等制度抑制滥保行为；另一方面公司可以通过信义务制度向越权的股东、董事或高管追责，获得事后救济。笔者认为，就公司法对担保问题的调整而言，信义务制度在公司担保问题中的应用对抑制滥保行为意义重大。[1]具言之，对于不符合一般商业判断而为的公司担保行为，无论是由于董事、高管的疏忽大意[2]还是由于控股股东、董事、高管的个人利益与公司利益不一致，[3]公司都可以依据信义务制度向相关

---

〔1〕 虽然我国公司法对控股股东信义务和董事、高级管理人员的信义务的规定都比较模糊，相关司法实践经验也不丰富，但这不应该成为妨害信义务规则作为公司法律关系中的核心规则之一发挥作用，这也是我国公司法必须努力的方向。参见张学文："封闭式公司中的股东信义务：原理与规则"，载《中外法学》2010年第2期；梁爽："董事信义务结构重组及对中国模式的反思——以美、日商业判断规则的运用为借镜"，载《中外法学》2016年第1期；朱兹蕴：《公司法原论》，清华大学出版社2011年版，第283页。

〔2〕 如特拉华州最高法院判决的影响深远的史密斯诉梵高克一案（Smith v. Van Gorkom, 488 A. 2d 858），参见朱锦清：《公司法学》（下），清华大学出版社2017年版，第81~104页。但这种情况下法院需要谨慎地做出判断，如果法院给董事会、高级管理人员的义务标准过高，很有可能导致其对经营管理中的固有风险所带来的赔偿责任产生心理顾虑，打击其开拓精神。

〔3〕 美国法学会《公司治理原则：分析与建议》第4.01条（c）规定："在下列情况下，以善意作出商业判断的董事或经理即履行了他（她）在本条项下的职责：（1）与商业判断事项没有利害关系；（2）对有关商业判断的事项了解的程度达到董事、经理在相同情况下会合理地相信为适当的程度；（3）合理地相信此项商业判断符合公司的最佳利益。"一般有没有利害关系比较容易判断，难以判断的是第（2）项、第（3）项，因此关联担保情形属于违反商业判断的情形。

人员追责，一方面可以填补一定的损失，另一方面则能对做出担保行为的相关人员追责，有助于从源头上有效抑制滥保行为的发生。

总之，就风险防范方面，我们可以看到相比由相对人承担较重的审查义务而言，由公司内部对滥保行为加以防范更具有正当性，也能起到良好的效果，因此法律上对相对人的审查义务应当适当减轻。

二、相对人审查义务的强度

由于公司担保行为关涉的两方的利益大体相当，因此赋予相对人的审查义务的强度也必须慎重，过高或过低的审查义务同样会导致利益保护的失衡。根据相对人审查义务要求的不同强度，笔者将其整理为五种类型（如表1所示）。

表1　相对人审查义务类型及其范围

审查类型	无审查义务（一般审查义务)	较低标准的形式审查义务	中等标准的形式审查义务	较高标准的形式审查义务	一定程度的实质审查义务
审查范围	仅需形式审查公司法定代表人签名和公章〔1〕	需额外审查公司担保决议（董事会决议或股东会决议)〔2〕	需额外审查公司章程和对应机关担保决议〔3〕	需额外审查公司章程、对应机关的决议、担保金额等〔4〕	除形式审查义务外，还需审查公章、签名等的真实性〔5〕

值得注意的是，五种不同强度的审查义务在不同程度上都有学说和判例

〔1〕　参见钱玉林："寻找公司担保的裁判规范"，载《法学》2013年第3期。

〔2〕　参见李游："公司担保中交易相对人合理的审查义务——基于458份裁判文书的分析"，载《政治与法律》2018年第5期。

〔3〕　参见高圣平："公司担保中相对人的审查义务——基于最高人民法院裁判分歧的分析和展开"，载《政法论坛》2017年第5期。

〔4〕　参见华德波："论《公司法》第16条的理解与适用——以公司担保债权人的审查义务为中心"，载《法律适用》2011年第3期。

〔5〕　参见李游："公司担保中交易相对人合理的审查义务——基于458份裁判文书的分析"，载《政治与法律》2018年第5期。李游博士根据提供担保的公司的类型和相对人类型赋予了相对人不同强度的审查义务，对于非上市公司采较低标准的形式审查义务，对上市公司采较高标准的形式审查，而如果担保债权人又是银行机构的则采一定程度的实质审查义务。

的支持，〔1〕如此分歧，成因何在？是在寻找一个统一的审查义务标准的过程中尚未达成共识，亦是干脆就不存在一个所谓统一的审查义务标准，而应该区分不同的情况呢？笔者认为，由于公司担保问题存在复杂的情形（担保类型不同、公司类型不同、相对人类型不同等），难以抽象出一条统一的标准，所以在法律上判断相对人审查义务的标准时必须对相对人的"善意"进行个案判断。

（一）相对人一定承担审查义务吗？——担保类型与相对人类型的区分

从近些年学界的观点来看，绝大多数学者主张相对人应当承担一定的审查义务，并指责法院的判决过分偏重合同法价值本位，袒护担保债权人，助长了公司担保的乱象。〔2〕笔者认为，无论是从利益衡量的角度还是从"善意"判断的角度出发，对相对人的审查义务都要区分不同的情形判断，因此不分情形对相对人施加审查义务并不合理。

（1）一般担保与关联担保的本质区别。首先要明确的是，所谓关联担保到底是指何种程度的"关联"，绝大多数学者认为《公司法》第16条第1款规定的为一般担保（或称普通担保），第2款为关联担保，因此所谓"关联担保"仅指"公司为公司股东或者实际控制人提供担保"的情况。〔3〕笔者不赞同这种观点。〔4〕简单地说，难道实务中最常见的法定代表人越权为自己的债务提供担保的情况不属于一种关联担保吗？其实关联担保的问题涉及公司治

---

〔1〕 采无审查义务的典型案件如"中建材集团进出口公司诉北京大地恒通经贸有限公司、北京天元盛唐投资有限公司、天宝盛世科技发展（北京）有限公司、江苏银大科技有限公司、四川宜宾俄欧工程发展有限公司进出口代理合同纠纷案"（2009）高民终字第1730号；采较低标准形式审查义务的典型案件有"江西宏安房地产开发有限责任公司诉南昌县兆丰小额贷款股份有限公司等借款合同纠纷再审案"（2017）最高法民再209号；采中等标准审查义务的典型案件如"招商银行股份有限公司大连东港支行与大连振邦氟涂料股份有限公司、大连振邦集团有限公司借款合同纠纷案"（2012）民提字第156号；采一定程度的实质审查义务的案件有"东莞银行股份有限公司常平支行与莫建英、东莞市富源顺安防科技有限公司金融借款合同纠纷案"（2015）东三法常民二初字第326号；采较高标准的形式审查义务的判例笔者没有检索到。
〔2〕 参见吴飞飞："公司担保合同行为的最佳行为范式何以形成——公司越权担保合同效力认定的逆向思维"，载《法学论坛》2005年第1期。
〔3〕 参见高圣平："公司担保相关法律问题研究"，载《中国法学》2013年第2期。
〔4〕 虽然学者可能只是用"一般担保"和"关联担保"分别来指代《公司法》第16条的第1款和第2款，并非赋予其实际意义，但笔者认为这种用词方法极有可能带来误解。

理中两类最重要的代理成本问题。其一是股东与公司管理者之间的利益冲突（即法定代表人、董事会越权担保），其二是大股东与小股东的利益冲突（即《公司法》第 16 条规制的"关联担保"）。[1]而正如郭丹青教授指出的"中国公司治理的主要问题集中在内部人控制和一股独大"，[2]这两类冲突问题在当今中国仍旧比较严重，都有必要加以防范。因此，笔者认为只要实质上涉及这两类代理成本问题而提供的担保都属于关联担保的范畴，故在对《公司法》第 16 条的理解上应该对"关联担保"的"关联"适当地予以扩大解释。[3]首先，《公司法》第 16 条第 2 款只是对第二类代理成本问题的规制，所谓关联担保自然也包括为公司的董事或法定代表人（或其他与公司股东、董事、高管有利益关系的人）提供担保的情况，因此第 16 条 1 款规制的也可能包含关联担保的情况。从公司法修订的背景来看，也不难发现《公司法》第 16 条整体主要规制的就是关联担保。[4]其次，区分适用第 1 款还是第 2 款的程序不能如公司法规定的那样简单地依被担保的对象而定，而是要看被担保对象是否与股东或实际控制人的个人利益关联，凡与股东或实际控制人利益关联的都应适用第 2 款规定。最后，第 16 条第 1 款和第 2 款的区别在于对涉及公司

---

〔1〕 参见罗培新："论商事裁判的代理成本分析进路"，载《法学》2015 年第 5 期。

〔2〕 [美] 唐纳德·C. 克拉克（郭丹青）："独立董事与中国公司治理——兼评《关于上市公司建立独立董事制度的指导意见》"，载张穹主编：《新公司法修订研究报告》，中国法制出版社 2005 年版，第 305 页。

〔3〕 但这里的关联还不属于广义的"关联"。广义的"关联"是指发生于有关联的或间接关联企业之间的担保。它不仅包括形式上符合关联方要求的关联企业之间的担保，还包括形式上可能并不完全符合关联方要求，但实质上还是属于关联方相互担保的情形，如潜在关联的上市公司互相担保、间接的连环担保等。参见容缨："我国上市公司关联担保的立法规制与完善"，载《法律适用》2005 年第 5 期。笔者认为广义上关联企业之间的担保虽然也有其风险性，但也对公司经营有着重要意义，并不涉及代理成本问题，通常亦不违反公司的营利性原则，故不属于本文中定义的关联担保。

〔4〕 《公司法》修订期间，由上市公司关联担保和随意担保而引发的区域性金融风险呈现出明显的多发和频发状态。据国家权威机构 2001 年统计，我国 1000 多家上市公司中超过 40%的上市公司为其大股东提供担保，滥保现象严重。因此公司法立法过程中有些常务委员会委员提出，公司为他人提供担保，可能给公司财产带来较大风险的，需要慎重。实际生活中这方面发生的问题较多，公司法对此需要加以规范。参见曹士兵："公司法修订前后关于公司担保规定的解读"，载《人民司法》2008 年第 1 期；全国人大法律委员会副主任委员洪虎："全国人大法律委员会关于《中华人民共和国公司法（修订草案）》修改情况的汇报"，载 http://www.npc.gov.cn/wxzl/gongbao/2005-10/27/content_ 5343119. html，最后访问日期：2019 年 8 月 4 日。

的股东或实际控制人的利益提供担保的情况下，由于大股东对公司的实际控制能力更强，因此需要股东（大）会决议和通过限制其表决权来进一步规制。因此笔者将《公司法》第 16 条第 1 款定义为"简单担保"，将第 16 条第 2 款定义为"特别担保"。[1]

从保护公司股东的角度来看，一般担保和关联担保的性质完全不同，公司一般担保往往是出于正常的商业利益的考虑，虽然公司对外担保往往没有直接的对价，但市场"没有免费的午餐"，某公司愿意为他人担保，往往是基于此获得的远期或者间接的各种商业利益，[2]即便公司承担风险也是基于所有股东共同利益的考量。而在关联担保的情形下，控股股东或实际控制人、董事、法定代表人等都可能利用公司担保实现自身利益，因此损害公司及（其他）股东的利益。[3]因此，一般担保和关联担保的风险性是不同的，一般担保给公司带来的是一般商业风险，关联担保则有可能给公司带来代理成本的风险，而一般的商业风险不值得特别保护。从现代法律的发展趋势和别国立法例的比较来看，公司对外提供一般担保应当属于普通的商业决策。[4]

（2）相对人是否负审查义务的判断。正如上文所述，相对人的形式审查义务实质上来源于公司担保行为本身的风险性，因此对于一般担保和关联担保两种不同情况，自然有理由予以区别对待。当然，这并不意味着一般担保中相对人就无须承担形式审查义务了，由于相对人审查义务的判断依据必须紧扣相对人的"善意"，这就涉及相对人能否信赖公司法定代表人的代表行为的问题。由于《公司法》第 16 条明确排除了法定代表人做出公司担保决定的可能性，多数学者认为法律经公布并生效，就理所当然地对任何人产生效力，任何人无论其是否实际知悉了法律所规定的内容，都将被一视同仁地推定为

---

[1] 也有学者将这两款分别称为"一般担保"和"特殊担保"。参见曹士兵：《中国担保制度与担保方法——根据物权法修订》，中国法制出版社 2008 年版，第 79 页。但这种叫法又有可能与债法上一般担保和特殊担保的普通意义相混淆。

[2] 参见李建伟："公司非关联性商事担保的规范适用分析"，载《当代法学》2013 年第 3 期。

[3] 参见宋冰、张斌："论公司对外担保中的中小股东保护——以我国现行《公司法》的规定为视角"，载《法学杂志》2009 年第 1 期。

[4] 参见朱锦清：《公司法学》（上），清华大学出版社 2017 年版，第 246~251 页。

其已确定无误地知悉了法律所规定的内容（法律的公开宣示效力理论）。[1] 笔者并不认可这种观点：其一，这一观点的来源是罗马法上的法谚"不知法者不免责"，这一法谚虽起源于罗马市民法，但其在民法上的应用有其时代原因，随着社会发展这一原则主要应用在刑法上，而在现代社会中，这一准则在刑法上的正当性也面临质疑。[2] 事实上，随着社会经济的发展，每个人都面临着日益复杂的经济生活，"善意"的判断中如果也引入所谓的"不知法者不免责"就相当于给每个交易人赋予了相当高的交易成本，公司法作为一种技术性极强的法律，其"善意"的判断不应引入"不知法者不免责"原则。其二，"民法典预设的读者应该是民事法官，而不是民事交易者。人民既不必'使由之'，也就不必'使知之'"。[3] 既然公司担保行为不涉及公共利益，《公司法》第 16 条也非针对公司对外担保行为的强制性规范，那么公司担保的相关规定就应该同一般的私法规范一样，其功能只在于节省交易成本或指导交易。[4] 因此，相对人的"善意"并不是要求相对人完全按照法律要求进行交易，而是要求相对人基于诚实信用谨慎交易。[5] 其三，《公司法》第 16 条规制的对象是公司内部决议行为，没有直接赋予相对人审查义务，而且对相对人是否承担审查义务的问题学界、司法裁判上都尚有分歧。

因此，相对人的"善意"要在个案中进行实质判断，具体而言判断相对人是否负审查义务的标准在于其是否可以"善意"地信赖法定代表人的代表行为，这取决于商事实践中的一般观念。美国公司法对公司担保的限制是"直接益处"标准，即公司为他人担保必须对自己有直接[6]的好处，[7] 这实

---

[1] 参见王冠宇："浅析公司章程的对外法律效力——兼议新《公司法》第十六条"，载《金融法苑》2009 年第 1 期。

[2] 参见劳东燕："'不知法不免责'准则的历史考察"，载《政法论坛》2007 年第 4 期。

[3] 苏永钦：《民事立法与公私法的接轨》，北京大学出版社 2005 年版，第 20 页。

[4] 参见苏永钦：《走入新世纪的私法自治》，中国政法大学出版社 2002 年版，第 14~20 页。

[5] 有学者认为，善意制度是诚实信用原则的组成部分，笔者赞同这种观点。参见曾江波："民事善意制度研究"，载《北大法律评论》2003 年第 00 期，第 494~495 页。

[6] 美国法对"直接"的解释是十分宽松的，比如在 Woods Lumber Co. V. Moore，191 P. 905，907（Cal. 1920）一案中，服装公司为可能购买其服装的一家电影戏剧公司所欠木头公司的债务提供担保，也得到了法律的认可。

[7] 参见朱锦清：《公司法学》（上），清华大学出版社 2017 年版，第 251~252 页。

际与笔者所主张的"善意"的判断思路契合,因为在公司担保中判断相对人能否信赖法定代表人的代表行为,一个关键标准就是公司法的营利性原则。在一般担保情况下,由于一般担保行为没有特殊的风险性,相对人有理由认为公司的担保行为可以给公司带来潜在的利益,因而相对人有理由信任法定代表人的代表行为。不过,《公司法》第16条明确排除了法定代表人做出公司担保行为的权利,这意味着我国公司法和美国公司法对公司一般担保行为性质的认识是不同的。因此,法官在个案中具体裁判时还需要进一步区分相对人类型进行判断。如果相对人是自然人或一般的商事主体,由于其难以认识到公司担保行为在法律上的特殊性,一般不宜赋予其审查义务。[1]相反,如果相对人是有一定担保经验甚至专门从事信贷担保活动的公司,则可以认为其有审查义务,这是因为这类商事主体更熟悉交易规则,更了解交易风险,自然应当要比一般主体负更高的审查义务。[2]当然,对于一般相对人在一般担保中的"善意"只是一种推定,如果提供担保的公司认为个案中一般类型的相对人有理由能够认识到公司担保行为的特殊性,则根据举证责任的一般原则,对真实信息的不知系属一消极事实,对消极事实,主张者并不对之承担举证责任。[3]因此,此时应由提供担保的公司承担举证责任。

同样,根据相对人"善意"的个案判断方法,我们可以判断在关联担保中,即便是一般类型相对人也能认识到担保行为的特殊性,因为关联担保很可能有违营利性原则,而从一般的社会常识判断,一个合理经营的公司不会轻易为一个负债累累的股东(或实际控制人)、董事或者法定代表人、经理等提供担保,相对人有理由对这种情况抱有更高的注意,[4]这时可以认为相对人需要负审查义务。

---

〔1〕 这方面的典型案例有:"濮阳龙宇化工有限责任公司等诉张同青民间借款担保合同纠纷再审案"(2016)最高法民再232号;"江西宏安房地产开发有限责任公司诉南昌县兆丰小额贷款股份有限公司等借款合同纠纷再审案"(2017)最高法民再209号。

〔2〕 参见朱珍华:"公司对内担保的债权人审查义务",载《中南民族大学学报(人文社会科学版)》2014年第6期。

〔3〕 参见吴国喆:"善意认定的属性及反推技术",载《法学研究》2007年第6期。

〔4〕 这方面典型的案例如:"寿光广潍汽车销售服务有限公司等诉王龙江等民间借贷纠纷再审案"(2016)最高法民再207号。

（二）相对人审查义务是否及于公司章程

（1）相对人的审查义务原则上不宜及于公司章程。如果在已经判断相对人应当负审查义务的情况下，相对人自然需要审查公司提供担保的决议，但相对人的审查义务是否及于公司章程呢？多数学者认为相对人审查范围应该包括公司章程，笔者并不认同这种观点。第一，支持相对人审查公司章程的理由，不论是特殊内部行为的"溢出效应"、[1]"胃镜式"的特定公示、[2]将债权人"指引"向该公司决议，[3]其基础都是法律的公开宣示效力，这种基础首先就不可采，笔者上文已经论述了相对人"善意"的判断基础是商事实践的一般观念，而非法律的规定。此外，以此种解释方式肯定相对人负审查章程的义务还有体系解释上的矛盾。[4]第二，审查公司章程的成本问题不容忽视。法院的判决直接影响经济行为，因此法院必须了解其判决的经济后果，减少进行交易的资源耗费。[5]我国《公司法》没有规定公司章程公示制度，[6]相对人查阅公司（尤其是有限责任公司）章程成本仍然较高。第三，在已经赋予相对人审查决议的义务下，只要决议真实，一般就不存在越权担保的问题。如果决议是伪造的，那么相对人审查公司章程也很可能无济于事，因此赋予相对人审查章程的义务效益并不明显。第四，"经登记公示的章程条款，可以为第三人提供公司的必要信息，第三人可以信赖经登记公示的事项，但不负有查阅的义务；未经登记公示的条款，仅仅是内部的规定，自然不得

---

[1] 参见梁上上："公司担保合同的相对人审查义务"，载《法学》2013年第3期。

[2] 参见郭志京："中国公司对外担保规则特殊性研究——兼论民法商法思维方式的对立统一"，载《当代法学》2014年第5期。

[3] 参见李建伟："公司非关联性商事担保的规范适用分析"，载《当代法学》2013年第3期。

[4] 参见崔建远、刘玲伶："论公司对外担保的法律效力"，载《西南政法大学学报》2008年第4期。

[5] 参见［美］罗纳德·哈里·科斯："社会成本问题"，载科斯：《企业、市场与法律》，盛洪、陈郁译，格致出版社2009年版，第117页。

[6] 《公司法》第6条第3款："公众可以向公司登记机关申请查询公司登记事项，公司登记机关应当提供查询服务"，只是公司登记事项的公示，而非公司章程的公示。公司章程登记事项是公司章程的必要记载事项，在我国主要包括公司名称、住所、法定代表人姓名、资本、公司类型、经营范围、股东及其出资额。

拘束第三人"。[1]这是公司法上的一般原则，不能轻易突破，如果单从风险防范[2]或利益衡量的角度出发就在《公司法》第 16 条设置这一规定。

总之，相对人可以信赖公司提供的决议而无须审查公司的章程，即便公司担保问题具有其特殊性，相对人审查公司章程的确能够帮助其更好地了解公司的决议行为是否有瑕疵，但公司章程不得对抗相对人作为禁止公司反言原则的延伸，在保护交易便捷与安全上意义重大，应该得到广泛的尊重，公司担保问题亦不宜突破这一原则。

（2）简单担保中相对人是否应该审查章程的问题。相对人无须审查公司章程可能涉及一个问题，由于《公司法》第 16 条第 1 款规定"依照公司章程的规定，由董事会或者股东会、股东大会决议"，那么简单担保中的相对人需要负审查决议义务的情况下，如果不审查公司章程，如何判断是审查股东会决议还是董事会决议呢？笔者认为，正如全文所贯穿的思路一样，相对人是否应该审查公司章程还应该落到相对人"善意"的判断中来，这就涉及所谓"股东会中心主义"与"董事会中心主义"之争，即简单担保中公司董事会是否当然有权做出担保决定的问题。[3]如果采"股东会中心主义"的观点，则董事会做出担保决定成为了一种特别授权，使得董事会同法定代表人一样，被排除出相对人的合理信赖之外，这时如果公司提供的决议是董事会决议，[4]相对人就有义务审查公司章程以验证董事会的权限。相反，如果采所谓"董事会中心主义"则不存在这一问题。笔者认为董事会依其性质享有做出担保决定的权限，而非基于股东会授权。其一，我国公司法没有明确规定"股东会中心主义"，只是划分了股东会和董事会的权限，就公司法和公司章程未规

---

[1] 陈进："公司章程对外效力研究"，载《甘肃政法学院学报》2012 年第 5 期。

[2] 吴飞飞博士认为相对人审查章程义务的基础是相对人具有降低法律风险的成本优势。参见吴飞飞："公司担保案件司法裁判路径的偏失与矫正"，载《当代法学》2015 年第 2 期。不过，笔者认为相对人和公司究竟哪一方降低法律风险的成本更低也殊难判断。

[3] 这一问题上学界又分为观点鲜明的两派，认为董事会无权做出担保决定的观点，参见徐海燕："公司法定代表人越权签署的担保合同的效力"，载《法学》2007 年第 9 期；曾大鹏："公司越权对外担保的效力研究——基于法律解释方法之检讨"，载《华东政法大学学报》2013 年第 5 期。认为董事会有权做出担保决定的观点，参见冉克平："论公司对外担保合同的效力——兼评《公司法》第 149 条第 3 款"，载《北方法学》2014 年第 2 期。

[4] 由于上文已经否认了公司章程的对外效力，如果公司提交的是股东会决议，即便公司明确规定了由董事会决定公司担保事项也不能对抗善意第三人。

定事项，是否皆属股东会权限，仍有解释余地。[1]而由于"董事会中心主义"能实现"企业家能力和财富的合作"，[2]我国公司法虽暂时未彻底采"董事会中心主义"的立法态度，但"董事会中心主义"乃大势所趋，[3]从比较法的角度来看，大多数国家公司法也均允许董事会就公司对外担保作出决议。其二，要求必须由股东会来决议对外担保，不仅成本高昂，而且也不利于适应市场经济瞬息万变的复杂情势，相反"董事会中心主义能体现公司的专业化经营优势"，[4]在公司担保问题上更能做出符合公司利益的判断。其三，和公司法上其他必须由股东（大）会决议的对外事项相比，[5]公司一般担保行为的特殊性和风险性明显较小，而对于简单担保中的关联担保问题，通过董事会决议的程序足以解决。因此，在简单担保的情况下，相对人也完全可以直接信赖公司董事会的决议，而不必查看公司章程作何规定。

因此，对于负形式审查义务的相对人，其审查范围也仅限公司的决议而已，不应该包括公司的章程。不过这并不意味着相对人完全不受公司章程的约束了，"善意"指"知道或应当知道"，如果提供担保的公司能够证明相对人实际已经查看或了解该公司的章程，则相对人就需要受章程规定的约束。[6]另外，如果相对人类型是银行等金融机构，那么就有理由认为其负有审查公司章程的义务，因为不管是证监会的特别规定[7]还是一般商事实践中要求银行作出审慎性的判断，都认为银行提供担保之前"应当知道"公司章程的内容。

---

〔1〕 参见许可："股东会与董事会分权制度研究"，载《中国法学》2017年第2期。

〔2〕 张维迎：《理解公司：产权、激励与治理》，上海人民出版社2013年版，第181页。

〔3〕 参见刘俊海：《新公司法的制度创新：立法争点与解释难点》，法律出版社2006年版，第378页。

〔4〕 叶敏、周俊鹏："从股东会中心主义到董事会中心主义——现代公司法人治理结构的发展与变化"，载《商业经济与管理》2008年第1期。

〔5〕 如《公司法》第121条："上市公司在一年内购买、出售重大资产或者担保金额超过公司资产总额百分之三十的，应当由股东大会作出决议，并经出席会议的股东所持表决权的三分之二以上通过。"

〔6〕 典型案例如"江西宏安房地产开发有限责任公司诉南昌县兆丰小额贷款股份有限公司等借款合同纠纷再审案"（2017）最高法民再209号；"林俨儒等与林梅灼股权转让合同纠纷上诉案"（2015）民二终字第176号。

〔7〕 中国证监会《关于规范上市公司对外担保行为的通知》（证监发〔2005〕120号）。

(三) 小结：相对人审查义务的具体判断

相对人审查义务的判断归根结底是对相对人"善意"的判断，也就是所谓"知道或应当知道"的判断，"善意"要求的是行为人在"交易上尽到必要的注意义务"，[1]而非完全知晓法律而行事，这就需要法院在个案中综合考虑各种因素再做出判断。一般来说，对于一般担保，自然人（或某些规模很小的有限责任公司）类型的相对人很难意识到该担保行为的特殊性，因此不宜推定其"应当知道"而需要负审查义务。对于相对人（银行等金融机构除外）需要负审查义务的情形，审查义务的范围也不应及于公司章程。对于相对人"知道"的情形，就需要法院根据举证责任的一般规则，在个案中分配双方的举证责任，再根据双方当事人提供的证据具体判断。

结　论

综上，笔者认为对相对人审查义务的界定必须紧扣相对人"善意"的解释，而相对人的"善意"并不取决于《公司法》第16条的规定，而是取决于一个在交易中尽到一般注意义务的相对人能否信赖公司的代表人和公司决议。相对于多数学者的观点，笔者的判断有两点不同。其一，由于商事活动的复杂性，公司担保中的相对人审查义务必须区分具体情况进行判断，尤其是一般担保和关联担保因其风险性本质上是不同的。因此，应赋予不同的审查义务；其二，笔者认为由于公司担保问题本质上是公司内部的问题，而且公司损失可以通过信义义务制度得到一定的弥补。因此，无论是从解释论上还是利益衡量上均应当赋予相对人较轻的审查义务，即一般担保的情况下一般类型的相对人（自然人和一般商事主体）不应负审查义务，关联担保情况下相对人一般负审查义务，但相对人（银行等金融机构除外）的审查义务范围仅限于公司董事会或股东会的决议。

---

〔1〕　陈卫佐译注：《德国民法典》，法律出版社2010年版，第93页。

"基于同一事实"的诉的合并实证研究

——以《民诉法解释》第 221 条的适用为中心

中国政法大学法学院 2016 级 1 班　应江楠

指导老师：中国政法大学民商经济法学院教授　韩　波

摘　要　诉的合并一直是民事诉讼中的难题。我国立法中并没有对其进行统一的规范，其散见于各级规范性文件中，且所规定的内容十分简单，不能满足民事诉讼的需求。在《民诉法解释》修订后，第 221 条作为新增条款，对诉的客观合并进行了规定。第 221 条虽仅有一款，但是对该条中的"同一事实""可以合并"等表述，理论与实践中都存在困惑。本文在对我国诉的客观合并理论的现状进行介绍后，将结合案例，对法条进行深入解读。同时，思考该条解释所规定的诉的客观合并与共同诉讼、本诉与反诉的合并、第三人参加之诉等既存诉的合并规范之间的关系，发现其对诉的客观合并制度中空白的填补功能，明确《民诉法解释》第 221 条在实务中对法官合并审理的规范与指导作用。

关键词　诉的客观合并　同一事实　诉讼标的

绪　论

诉的合并在我国缺乏统一的制度规范，其散见于《中华人民共和国民事诉讼法》（以下简称《民事诉讼法》）、最高人民法院关于适用《中华人民共和国民事诉讼法》的解释（以下简称《民诉法解释》）以及最高人民法院的各类意见之中。立法中诉的合并制度的不完善，直接导致司法实践中合并审理困惑丛生。但是学界中对于诉的合并制度的研究向来较少。以张晋红、李龙等学者为代表，其针对诉的合并发表了多篇具有影响力的文章。如张晋红教授对诉的合并的界定、合并的作用、合并的管辖以及其他程序等多方面提出了较为成熟的意见。2015 年《民诉法解释》修订，新增诉的客观合并条款，是我国立法中对于诉的合并规范的又一进步。自修订以来，在北大法宝中检索适用该条解释进行审判的裁判文书，多达 1230 多篇。笔者以其中的再审以及二审判决书为主要研究对象，对近一百个案例进行阅读和整理。结合诉的合并的理论知识，对司法实践的概况进行分析，以期厘清其与修订前已存在的诉的合并规范的关系与区别，明晰《民诉法解释》第 221 条的独特价值，从而为司法实践以及日后的制度建立提供参考意见。

一、诉的客观合并

诉的合并是指法院将两个或两个以上彼此之间有牵连的诉合并到同一法院管辖，适用同一个诉讼程序审判。[1]通说认为诉的合并有广狭两义之分，广义的诉的合并包括诉的主观合并和诉的客观合并。张晋红教授认为诉的合并本旨就是对"事"而言的，其本身与当事人的数量没有直接关系，即诉的合并不应包括主体的合并，而专指客体的合并。[2]当事人合并应当由当事人制度进行调整。笔者在本文中，也仅对诉的客观合并进行讨论。以下所称"诉的合并"，均仅指诉的客观合并。

讨论诉的合并，首先要弄清如何识别一个独立的"诉"。关于一个独立的"诉"的构成要素，在我国民事诉讼法学界有过"二要素论""三要素论"和"四要素论"的争论；[3]而在西方大陆法系民事诉讼法学界，通说认为诉讼由主观要素和客观要素两个方面构成。[4]主观要素为案件的双方当事人；客观要素就是诉讼标的。两个要素中有其中之一是多数时，其就被称为复合之

---

〔1〕 沈德咏主编：《最高人民法院民事诉讼法司法解释理解与适用（上）》，人民法院出版社 2015 年版，第 574 页。

〔2〕 张晋红："诉的合并有关问题的思考——兼论提高民事诉讼效率的有效途径"，载《广东商学院学报》2002 年第 4 期。

〔3〕 李龙："民事诉讼诉的合并问题探讨"，载《现代法学》2005 年第 2 期。

〔4〕 李龙："民事诉讼诉的合并问题探讨"，载《现代法学》2005 年第 2 期。

诉或合并之诉。尽管我国《民诉法解释》第 247 条第 1 款第 3 项规定，当事人只要提起"诉讼请求不同"的诉，也非重复诉讼。但若诉讼请求基于同一诉讼标的而提出，也应当认为是同一个诉。因此对于诉讼请求的合并，并非全为诉的合并。是否为独立的诉，应以诉讼标的为判断标准。一个诉讼标的为一个诉，不同诉讼标的的合并是为诉的客观合并。

而关于诉讼标的的理论众多，主要有旧实体法说、新实体法说、诉讼法说等观点。讨论我国诉讼标的理论，应以实体法规范以及实务中的操作为准。最高人民法院在对《民诉法解释》第 247 条进行注释时，提到依实体法诉讼标的理论（即旧实体法说）来理解诉讼标的，比较符合我国民事诉讼的实际状况，这与我国民事诉讼实践中长期以来对审判对象的理解也是一致的。[1] 旧实体法说以实体请求权作为衡量诉讼标的的标尺，[2] 即将诉讼标的理解为当事人在实体法上的权利义务或者法律关系。但是，在特殊情况下，若一场诉仅解决一个实体请求权，可能既不经济，又不利于法院查明事实、分配责任。因此，出于审判公正与效率的需要，诉的合并不可避免。

二、对《民诉法解释》第 221 条的解读

在我国《民事诉讼法》《民诉法解释》以及司法解释性质的规范性文件中，均有关于诉的客观合并的规定，但不成体系。如《最高人民法院关于在经济审判工作中严格执行〈中华人民共和国民事诉讼法〉的若干规定》[3]（以下简称《经济审判中执行民诉法规定》）第 2 条规定，当事人基于同一法律关系或者同一法律事实而发生纠纷，以不同诉讼请求分别向有管辖权的不同法院起诉的，后立案的法院在得知有关法院先立案的情况后，应将案件移送先立案的法院合并审理。又如知识产权领域《关于当前经济形势下知识产权审判服务大局若干问题的意见》第 20 条提到，对于涉及同一法律事实或者同一法律关系的关联案件，需要移送的，应当依照法律规定移送管辖和合并

---

〔1〕 沈德咏主编：《最高人民法院民事诉讼法司法解释理解与适用（上）》，人民法院出版社 2015 年版，第 635 页。

〔2〕 陈杭平："诉讼标的的理论的新范式——'相对化'与我国民事审判实务"，载《法学研究》2016 年第 4 期。

〔3〕 该规定已于 2019 年 7 月 8 日失效。

审理。同时，《民事诉讼法》中的共同诉讼、本诉与反诉的合并、第三人参加之诉，均涉及诉的客观合并。《民诉法解释》的修订，特意新增第 221 条，作为诉的客观合并的规范，以回应实务中诉的合并所产生的各种问题和困惑。但是对该条的解读，本身就存在一定争议。法条看似简单，但是越为简单的法条其解释的空间也就越大。在实务和学理上，主要对两个问题进行探讨：一是何为"同一事实"，二是何为"可以合并"。

（一）"同一事实"

对不同的判决进行梳理，可以发现对是否为"同一事实"的判断并不简单，不同判决的判断标准似乎也并不相同。参考其他关于诉的客观合并的规范，《经济审判中执行民诉法规定》第 2 条使用了"法律事实"的概念。《关于当前经济形势下知识产权审判服务大局若干问题的意见》第 20 条也规定，对于涉及"同一法律事实"或者同一法律关系的关联案件，应当依法合并审理。《〈关于商标法修改决定施行后商标案件管辖和法律适用问题的解释〉的理解与适用》一书提到，如果被警告人或者利害关系人已经提起确认不侵权之诉，权利人又就"同一事由"提起侵害商标专用权诉讼的，受诉法院应该将两案合并审理。其中又采用了"同一事由"的说法，那么"法律事实""事实""事由"是否意义相同，范围相同呢？

借鉴反诉中对"同一事实"标准的讨论，在《民诉法解释》还未规定反诉所需满足的要件时，有学者就提出，"同一事实"的叙述是极为模糊的，它为法官的自由裁量权留下了极大的空间。[1]在诸概念中，"法律事实"应当是最具有明确性的，其指法律规范所规定的能够引起法律关系产生、变更或消灭的现象。[2]而"事实"显然具有更大的包容性，其包括生活事实和法律事实。而生活事实不同于法律事实，并非可以予以清晰地切割与分离。以下将结合实务中法官的裁量，以各中级或高级人民法院如何判断案件是否基于"同一事实"来展开讨论。

在笔者整理的案例中，多份合同能否合并审理问题较为普遍。一是基于

---

[1] 房保国："论反诉"，载《比较法研究》2002 年第 4 期。

[2] 沈德咏主编：《最高人民法院民事诉讼法司法解释理解与适用（上）》，人民法院出版社 2015 年版，第 575 页。

同一份合同发生的纠纷。如在融资租赁合同履行过程中，由于被告到期不支付租金，原告向法院起诉，同时，由于原告为了及时止损而按照合同的约定收回了租赁机械，被告向法院另诉要求原告承担因强制收回租赁机械导致的巨大经济损失。[1]尽管各自请求权所依据的法律事实并不相同，但法院认为两诉的产生本质上均是由于"双方存在大型机械租赁"这一事实。"租赁合同"这一前提事实，将在合同履行过程中所发生的一系列纠纷紧密联系起来，其均在合同履行这一过程中产生，于是法院将其整合为"同一事实"。二是对于合同及其补充协议所产生的纠纷。如确认合同无效之诉中，法院认为先后于不同地点、不同时间内签订《协议书》及《补充协议》属于"同一法律事实"。[2]该说法并不太准确。合同及补充协议并非同时签订，如何能认为其为"同一法律事实"呢？其中一份合同无效也并不必然导致另一份合同无效，其应当是相互独立的法律事实。但二者是否属于"同一事实"，就有讨论的余地了，因为两份协议签订的原因与事实前后相互关联。三是同一当事人签订的多份合同，法院也可认为其为"同一事实"。如提供混凝土的某公司与买方相隔约一个月先后签订了两份合同，并且卖方后续提供的混凝土已超出合同约定的供应范围，买方也已实际接受。[3]法官认为双方买卖混凝土的事实真实存在，并将"时断时续"的混凝土提供视为同一事实，将两份合同合并审理。又如在某制药公司与某科技公司的 200 万预付货款及两份借款合同纠纷中，法院认为预付货款 200 万元系两公司《产品推广合作协议》约定的生效条件，借款 20 万元、16 万元均系双方围绕产品推广合作发生的经济往来。基于双方产品推广合作这一事实发生的纠纷，一审法院予以合并审理并无不当。[4]但是"产品推广合作"这一事实无论是时间跨度、空间跨度都是可以极大延伸的，将其视为同一事实，是否合适呢？

在侵权相关案件中，认定是否为同一事实也存在较大的裁量空间。某广告公司与东道公司侵害商标权及不正当竞争纠纷案中，法院认为尽管原告东道公司提出的诉讼请求包括侵害商标权纠纷、侵害企业名称（商号）权纠纷

---

[1] 参见 (2017) 赣 02 民辖终 94 号。
[2] 参见 (2017) 青 02 民终 359 号。
[3] 参见 (2016) 新民终 329 号。
[4] 参见 (2016) 闽 08 民终 1479 号。

和侵害网络域名纠纷等多个案由，但是被告官方网站上使用"〔東道·广告〕"和"东道广告"标识、企业名称中使用"东道"、注册使用域名 dong-daoad.com 的行为属于同一被控行为，即原告的请求基于同一事实，因此合并审理并不程序违法。[1]法官在此将侵权人在不同场合、以不同方式使用受害人商标或企业名称的行为抽象为"使用'东道'及其拼音商业标识的行为"，严格来说，其也是对具有相同性质的多个事实进行的打包处理。又如李某与设备制造公司财产损害赔偿纠纷中，法院认为制造公司蓄水池渗漏、双方房屋与墙壁间夹道排水不畅等多种原因导致原告房屋损坏是"基于同一事实"，属两因一果，可以合并审理，并驳回原告请求分开审理的主张。[2]法院在此处以"损害结果同一"为基础，将相关联的不同原因事实组合起来一同审理，以厘清当事人责任分配。又如保险公司与李某等机动车交通事故责任纠纷中，保险公司对被保险人是否应当将受损车辆所有权交给自己产生纠纷，法院于是将交通事故责任纠纷与保险合同纠纷合并审理。[3]保险公司认为该程序违法。此处保险合同纠纷所依据的事实和交通事故纠纷所依据的事实并不完全重叠，但是保险纠纷事实大部分被包含在交通事故的事实当中。于是法院认为程序并无不当之处。

在对"同一事实"的外延进行探讨时，可以发现很多法官在进行合并审理时，极大地延伸了"同一事实"的覆盖范围，拉长了同一事实的时间跨度和空间跨度。很多案件中的所有事实很难被解释进人们日常所理解的"同一事实"的语义当中。最高人民法院对此进行了说明，该处的事实并不局限于"同一"，即各个单纯之诉所依据的事实关系或者法律关系并非必须具有一致性，具有重叠性的事实也可以被视为"同一事实"而进行合并审理。[4]而多大程度的重叠可以被认为是"同一事实"呢？

除了对"事实"进行时空范围上的延伸，法院在引用该条款时，也将"事实"扩大解释为"法律关系"。如最高人民法院注释中所提及的，各个诉的当事

---

〔1〕 参见 (2017) 鄂民终 660 号。

〔2〕 参见 (2017) 冀 11 民终 1116 号。

〔3〕 参见 (2018) 豫 17 民终 72 号。

〔4〕 沈德咏主编：《最高人民法院民事诉讼法司法解释理解与适用（上）》，人民法院出版社 2015 年版，第 575 页。

人诉求指向同一法律关系，如基于同一个合同关系；或各个诉之间涉及的法律关系存在主从关系，如第三人提供担保的借款合同纠纷与担保合同纠纷。[1]但是从"同一事实"的解释中得出其可以包含"法律关系具有牵连性"是否过于勉强？其实可以发现，凡是同一或者相互牵连的法律关系，其发生的事实几乎都具有一致性或重叠性。在此，笔者认为仍应当以"同一事实"的基本语义为基准进行把握，法官应基于事实间的关联程度或重叠程度进行适当裁量。

那么法官应当如何进行裁量呢？此时应探寻至源头，从诉的合并制度的根本目的出发。诉的合并有多重目的，民事诉讼法规定诉的合并的立法意图主要有三：一是为了实现诉讼经济，提高诉讼效率；二是为了查明案件事实，厘清当事人责任；三是为了避免作出相互矛盾的判决。有学者认为提高诉讼效率应当是诉的合并制度的主要立法意图，[2]因此将其放置于第一位。但对效率的追求应该不能以牺牲公正为代价。合并是为了提高效率，但是不能抛弃诉讼本身对公正的要求。法条特别强调以"同一事实"为基础，强调事实之间的相互牵连性，其实旨应是为了查明案件事实。若两诉之间事实的重叠部分过小，其合并审理的必要性也就随之降低，即使将其分开审理，对于当事人责任的确定也不会产生重大影响，矛盾判决产生的可能性也较小。如尽管上文中提到，当事人之间不同时间签订的多份合同可以基于持续的交易活动，被评价为"同一事实"，但在实务中，同一天内相同当事人间写下的两份欠条，法院基于案件事实已经清晰的理由，也可以将之切分为两个事实，而拒绝当事人的合并申请。

因此，与其称《民诉法解释》第 221 条所规定的合并的基础为"同一事实"，不如称之为"案件事实"。我们可以把"案件事实"作为一个变量，其是一个"整体性的生活历程"，[3]包含了一次纠纷中相关联的所有事实。此与美国民事诉讼标的理论中的"纠纷事件"具有一定的相似性。美国并不像大陆法系国家用"诉讼标的"之类的专门术语指称诉讼审判对象，其用"纠

---

〔1〕 沈德咏主编：《最高人民法院民事诉讼法司法解释理解与适用（上）》，人民法院出版社 2015 年版，第 575~576 页。

〔2〕 张晋红："诉的合并有关问题的思考——兼论提高民事诉讼效率的有效途径"，载《广东商法学学报》2002 年第 4 期。

〔3〕 卢佩："多数人侵权纠纷之共同诉讼类型研究——兼论诉讼标的之'案件事实'范围的确定"，载《中外法学》2017 年第 5 期。

纷事件"作为衡量这种程序"容量"的基准。[1]这种做法有利于在同一诉讼程序中解决当事人之间的多个请求，实现一次性彻底解决有关当事人之间的纷争的理想。[2]但是在看到将纠纷相关事实一并审理的必要性的同时，也要避免将关联性较弱的事实全部纳入同一诉讼中审理可能造成的程序冗杂。因此关联性事实的范围应以裁判的需求出发，以查明案件的需要和当事人"实体上责任关系是否具有整体性"为外延。[3]若是可以单独明确责任的案件，那么对互相粘连的生活事实进行切分，也无害裁判的公正。

（二）"可以合并"

实务中对于"可以合并"也有多种理解。问题主要有二：一是由谁提出合并？二是由谁决定合并？

最高人民法院认为，诉讼的启动权是在当事人手中的，当事人对程序问题具有处分权。但是为了保证诉讼的公正及效率，法院对诉讼程序有控制权，即法院可以对程序事项进行裁决，同意或驳回当事人的申请。[4]在此框架下，可以理解为依据《民诉法解释》第221条对诉进行合并，应由当事人提出申请，法院最终决定，即需要经过当事人和法院的双重同意。

但是最高人民法院随即提到，在当事人未申请合并的情况下，法院认为有必要合并的，也可以自行合并审理。[5]民事诉讼法中诉的合并规范可以被分为强制合并规范和任意合并规范。[6]属于强制合并的几个诉，人民法院必须将其纳入同一诉讼程序，不能分别审理，其是基于诉与诉之间的联系紧密、

---

〔1〕 陈杭平："诉讼标的理论的新范式——'相对化'与我国民事审判实务"，载《法学研究》2016年第4期。

〔2〕 陈桂明、吴如巧："美国民事诉讼中的诉讼合并制度评介及对我国的启示"，载《政治与法律》2010年第5期。

〔3〕 陈桂明、吴如巧："美国民事诉讼中的诉讼合并制度评介及对我国的启示"，载《政治与法律》2010年第5期。

〔4〕 沈德咏主编：《最高人民法院民事诉讼法司法解释理解与适用（上）》，人民法院出版社2015年版，第576页。

〔5〕 沈德咏主编：《最高人民法院民事诉讼法司法解释理解与适用（上）》，人民法院出版社2015年版，第576页。

〔6〕 张晋红："诉的合并有关问题的思考——兼论提高民事诉讼效率的有效途径"，载《广东商学院学报》2002年第4期。

实现公平保护和避免相互矛盾判决等需求进行的诉的合并。而诉的任意合并指几个有联系的诉的合并，其仅仅是基于提高诉讼效率的意图进行的诉的合并。但是从上文对于"同一事实"的分析来看，《民诉法解释》第 221 条显然指向具有较大牵连关系的诉的合并，该合并绝不仅仅出于效率的考虑。那么，若当事人分别提起的诉讼中，其所涉及的事实之间具有高度的一致性与重叠性的，即使当事人没有申请合并审理，法院也可以强行合并，而不考虑当事人的真实意愿。张晋红教授指出，如果法律没有明确的要求，那么当事人是在同一诉讼程序中合并提出几个诉，还是分别向法院提起不同的诉，属于当事人自由处分的范畴。[1]但《民诉法解释》第 221 条恰好属于"法律明确要求"的情形，因此在此种情况下，法院控制权可以超越当事人的处分权。从实务中法院的判决理由也可以看出，其基本坚持最高人民法院的立场。不少法院在当事人上诉主张应对案件分开审理时，均驳回其主张。

因此，法院在适用该条时，其需要进行二阶段的裁量。首先判断不同诉讼是否基于"同一事实"，其次判断是否必须合并审理。第一层次的判断，决定是否应该适用该法条。即使"基于同一事实"，在部分情况下，当事人未申请或者不同意时，法院也不可以强制合并。第二层次的判断，则直接对当事人的处分权进行干预。法院可以不顾当事人意愿而自行合并。此时便需要在查明案情的审理需求与保障当事人处分权之间进行平衡。当分开审理可能影响到审判公正时，当事人损失的可能不仅为程序上的利益，还有实体利益。笔者也赞同，只有在案情清晰、权责明确的前提下，当事人意思自治与自由处分价值才拥有更高的价值位阶。[2]但是原则上，法院不应当将审判效率或诉讼经济的考量置于对当事人处分权的尊重之前。属于任意合并的诉讼，合并时法官必须经由当事人同意。若当事人分别提起的诉讼中，案件事实之间的关联性或重叠性并没有达至必须合并审理的程度，法院便不应在当事人未提出申请时自行合并。

在对法官自行合并的职权范围进行限制时，同时需要思考的是，在这类

---

〔1〕　张晋红："诉的合并之程序规则研究"，载《暨南学报（哲学社会科学版）》2012 年第 8 期。

〔2〕　卢佩："多数人侵权纠纷之共同诉讼类型研究——兼论诉讼标的之'案件事实'范围的确定"，载《中外法学》2017 年第 5 期。

程序问题处理方面，法院是否掌握了完全的最终决定权。《民诉法解释》第221条的明确规定，影响当事人处分权的同时，也应对法院的决定权产生规范作用。若基于同一事实当事人分别起诉后主动申请合并审理，或当事人一开始即基于同一事实将包含多个诉讼标的的诉合并提起，法院是否能够基于法条规定——"可以合并"，非必须合并，而直接拒绝合并，告知当事人另行起诉呢？如双方就同一份租赁合同向同一法院分别提起诉讼，或者一方起诉主张解除合同，另一方另诉主张继续履行并请求支付租金时，若当事人申请合并审理，法院是否应当合并？或只有基于足够充分的理由，如两案审理程序不同，才能驳回当事人申请？

应当认识到，对当事人而言，在同一诉讼程序中期待法院的合并审理是其诉讼利益选择的结果，这种诉讼利益就是求得在同一诉讼程序中获得公平保护或一并解决纠纷的机会。若合并审理的最终决定权始终在法院手中，那么法院阻却当事人合并审理的期待就变得非常容易。[1]从《民诉法解释》第221条的立法意旨来看，在面对事实高度同一但诉讼标的不同的各诉时，从查明案件事实、保证审判公正的角度考虑，法院可以违背当事人意愿强制合并。那么，当事人若基于高度重合或紧密关联的事实而合并提出不同诉讼标的的各诉时或者申请合并时，法院应当合并审理而非可以任意驳回。此番解读，立足于本条规范查明案情、明确权责的立法目的，对当事人和法院都具有规范作用，在满足法院审理需求的同时，也保护了当事人的诉讼利益。

三、《民诉法解释》第221条与既存的合并审理制度的关系

上文提到，《民事诉讼法》中涉及诉的客观合并制度的有共同诉讼、本诉与反诉的合并以及第三人参加之诉等。实务中，大多数法院对《民诉法解释》第221条与已有的客观合并制度的适用较为混乱。该条解释作为新增条文，其功能定位和已有的共同诉讼、第三人之诉等并不相同。下文中，笔者将结合该条解释在司法实践中的适用，将其与既存的共同诉讼等诉的客观合并制度进行比较，以厘清这些制度的适用范围和功能。

---

[1] 张晋红："诉的合并制度的立法缺陷与立法完善之价值分析"，载《法学评论》2007年第4期。

（一）共同诉讼与《民诉法解释》第221条

（1）必要共同诉讼。共同诉讼又分为必要共同诉讼与普通共同诉讼。部分裁判文书在必要共同诉讼中也引用了该条文对不同的诉进行合并，如继承、共有物分割等纠纷。必要共同诉讼与普通共同诉讼不同，其诉讼标的是合一的，显然其并非两个独立之诉的合并，而是基于诉讼标的同一，当事人必须一同作为原告或者被告，其合并是对当事人主体适格的要求。法院在审理共有物分割纠纷案件过程中，发现新的共有人时，必须将其追加进来，而非予以分开审理，这也是《民事诉讼法》明确规定的。但是，当原告针对同一共有物对不同的共有人分别提起诉讼时，法院是否可以将身处另案中的被告追加进一案中，即将多案合并审理呢？依据必要共同诉讼的理论基础，其显然应当对其进行合并，否则当事人主体不适格，无法进行诉讼。在原告分别起诉被告时，法院在审理过程中应主动进行审查，若发现同一原告于相同或不同法院分别起诉被告人，法院应当对原告进行释明，要求其合并起诉或移送合并等。简言之，该合并由当事人制度进行调整，而不应适用《民诉法解释》第221条。

（2）普通共同诉讼。普通共同诉讼是指两人以上的当事人就同一种类的诉讼标的的案件在同一法院起诉或者应诉。合并该类案件，需要经过当事人和法院的双重同意。普通共同诉讼的提出可以基于同一事实，也可以基于不同事实。同一事实而合并审理的情况，如基于同一交通事故，可能有多个受害人和责任人，同时成立多个人身损害赔偿法律关系，基于我国的诉讼标的理论，可以成立多个诉讼。[1]但考虑到事实认定及对当事人在侵权事件中的责任比例划分的一致性，宜合并审理。不同事实而合并审理的情况，如十四名原告和某一公司签订了《土地承包经营权流转合同》，尽管合同分别签订，承包的土地位置不同、面积不同，但是法院考虑到审理的经济性和效率性，可以在当事人要求合并审理时，将其十四个诉讼一同审理。[2]

---

〔1〕 沈德咏主编：《最高人民法院民事诉讼法司法解释理解与适用（上）》，人民法院出版社2015年版，第574~576页。

〔2〕 参见（2017）苏09民终3971号。但是在该案中，法院以其不属于同一诉讼标的，即非必要共同诉讼以及不是"同一事实"，即不满足第221条的法律要件为由，驳回了原告合并审理的申请。

《民诉法解释》第 221 条的适用范围在此与普通共同诉讼产生了交叉，即诉讼标的为同一种类的诉，依据《民事诉讼法》第 52 条第 1 款，当事人向相同或者不同法院提起诉讼，法院在基于当事人同意的情况下，可以合并审理。而《民诉法解释》第 221 条则更进一步，即诉讼标的同类且"基于同一事实"、牵连关系更为紧密的诉，人民法院可以合并审理。在此法院就可能不经当事人同意而自行合并。简言之，对于同种类的普通共同诉讼，法院若要合并审理，必须经过当事人同意。但是基于"同一事实"的同种类诉讼标的，法官在一定情况下就可以决定是否合并审理。因此，判断是否为"同一事实"，对当事人处分权的限制也随之不同。但实务中对非基于同一事实的普通共同诉讼，在当事人表示反对的情况下，法官仍强行合并的情况时有发生。法官应克制自身职权的行使，对非基于同一事实的普通共同诉讼，需充分尊重当事人的意愿，保障当事人的处分自由。

（二）本诉和反诉与《民诉法解释》第 221 条

《民诉法解释》第 232 条和第 233 条具体规定了提出反诉的条件。被告在案件受理后、法庭辩论结束前提出的反诉，可以合并的，人民法院应当合并审理；反诉与本诉的诉讼请求需基于相同法律关系，或具有因果关系，或基于相同事实。可见其与《民诉法解释》第 221 条也存在交叉适用的可能。民事诉讼法将反诉限于被告在本诉中提出，而不包括被告另行起诉。结合《经济审判中执行民诉法规定》第 2 条与《民诉法解释》第 221 条，本诉中的被告向另一法院提出的基于"同一法律事实或同一法律关系"的"反诉"以及向同一法院提出的基于"同一事实"的"反诉"，法院可以将案件移送并合并。至于基于"同一法律关系"向同一法院提出的"反诉"，按照上文分析，《民诉法解释》第 221 条的"同一事实"可以直接包含基于"同一法律关系"所发生的相互牵连的事实。简言之，《民诉法解释》第 221 条与《经济审判中执行民诉法规定》第 2 条对于被告另行提起的属于反诉性质的诉讼，能否将之合并到本诉中进行审理，提供了规范根据。但是现行立法对于被告基于"具有因果关系"向相同或不同法院提起的诉没有规定是否可以合并审理，限于篇幅，该问题在本文中不予讨论。

（三）第三人参加之诉与《民诉法解释》第 221 条

第三人包括有独立请求权和无独立请求权的第三人。有独立请求权第三人的加入，意味着将现在的两个诉合并审理，而无独立请求权第三人的加入，则是将一个已经开始的诉和一个今后可能发生的潜在诉讼合并审理。[1]法院对有独立请求权第三人的申请进行审查时，是审查其对该诉讼标的是否具有独立的请求权，并非是否基于"同一事实"。但是实务中存在法院以第三人所提之诉与本诉不基于"同一事实"，而拒绝将两案合并的情形。如杨某诉拆迁公司房屋补偿合同纠纷案中，杨某要求拆迁公司给付其补偿款，刘某甲与刘某乙主张该份拆迁补偿合同无效，以及自己为案涉拆迁财产的实际所有人。拆迁公司因为刘某二人的异议而中止补偿款的发放。[2]法院基于二诉并非由于"同一事实"，认为两案不应合并审理，其显然将《民诉法解释》第 221 条与第三人参加之诉混同。二者虽同为诉的客观合并，但是制度功能与理念区别巨大。第三人只能主动加入诉讼程序，法院不可以进行追加。其与《民诉法解释》第 221 条的适用范围重叠程度非常之小。

四、《民诉法解释》第 221 条对诉的客观合并制度的空白填补

现行法律规范对"同一法院"受理的基于同一事实发生的不同的诉讼是否可以合并审理，在上述普通共同诉讼、反诉等制度中有所规定。在其基础之上，《民诉法解释》第 221 条对客观合并的条件和程序进行进一步的明晰和规范，对基于"同一事实"的诉讼给予了法院更多的控制权。在厘清《民诉法解释》第 221 条与既存的客观合并制度间的关系后，还可以发现该法条同时也解决了部分之前无法律根据的诉的合并问题。在解释修订之前，对于当事人向同一法院分别提起的诉讼标的为不同种类的诉，是否可以合并审理并无规定。修订后，在"基于同一事实"的前提条件下，对前述情况的各诉，法官也可以予以合并审理。

基于篇幅考虑，本文仅对原告为单一主体时的不同情形进行讨论，并将

---

〔1〕 全国人大常委会法制工作委员会民法室编：《〈中华人民共和国民事诉讼法〉条文说明、立法理由及相关规定》，北京大学出版社 2012 年版，第 85 页。

〔2〕 参见（2017）最高法民再 334 号。

必要共同诉讼的当事人也视为单一主体。多主体原告的情形可以进行类推分析。那么，原告方单一时，当事人分别提起的诉讼标的为不同种类的诉，主要有以下几种案件类型。

第一种类型为原告和被告分别提出不同种类诉讼标的的诉，如基于同一个合同关系，合同甲方请求支付价款，合同乙方主张履行不符合约定，甲方应赔偿损失。对于此类型，在反诉部分已经进行过讨论，在此不再赘述。

第二种类型为双方当事人均为单一主体时，基于同一事实，原告对被告基于不同的法律关系，可以提起本质不同的诉讼请求。如离婚诉讼中对离婚关系、子女抚养关系以及财产分割关系的审理。在侵权案件中，单一的受害人可以对单一的侵权人拥有多项不同的实体请求权。如在饮料食品有限公司诉椰树集团有限公司一案中，被告提起管辖权异议的上诉，称本案包含侵犯商标权纠纷及不正当竞争纠纷两部分，应分别移送至有管辖权的人民法院审理。上诉法院认为，被告生产、销售的产品上使用的"椰汁"标识及包装、装潢，侵害被上诉人商标权并构成不正当竞争提起诉讼，系基于同一侵权事实发生的纠纷，人民法院可以合并审理。[1]该案中，被侵权人既可以依据侵犯商标权请求损害赔偿，也可以依据反不正当竞争法请求损害赔偿。有观点认为此时该两项请求权发生竞合，当事人仅能在立案时择一进行诉讼。但是依据2013年《商标法》第57条、第58条以及1993年《反不正当竞争法》第5条，假冒他人注册商标从事市场交易的行为可能并不能完全被侵犯商标权所涵盖，也可能构成不正当竞争。二者在事实认定和责任承担上可能产生部分竞合，但是两项请求权基础并非非此即彼的关系，应允许当事人就两项请求权同时提起诉讼。

第三种类型为原告对于多位被告，基于同一事实，但由于不同的法律关系，产生不同的实体法请求权。如第三人担保时，借款担保中的借款合同纠纷和担保合同纠纷，债权人可以依据两份合同同时起诉债务人与担保人。又如合同履行过程中，第三人侵权时，债权人可以基于合同关系请求债务人继续履行，同时基于侵权关系请求第三人停止侵害、排除妨害。以土地承包合同为例，某村十八户村民分得承包土地近2.7垧，村委会与原告协商，取土3

---

[1] 参见（2017）粤06民辖终2007号。

年后复垦耕种，但镇政府将待复垦还田的取土坑作为垃圾场，且村委会3年过后并未复垦，村民起诉村委会复垦并继续履行承包合同的同时，要求镇政府停止侵害、排除妨害、清除垃圾并承担损失。[1]

除此之外，各诉的当事人之间存在不真正连带之债也是该类型的典型案情。产生不真正连带之债是因为存在不同的法律关系，但基于同一损害事实，数个债务人对债权人负有同一给付义务。不真正连带之债的责任形式在法律中并没有明确规定，且该类债务在诉讼中也存在很多困惑，其发生常常基于同一生活事实或者关系紧密的系列事实。不真正连带之债本身就极具争议性，其主要形成于侵权案件中。本文便以该类不真正连带之债展开讨论。杨立新教授将侵权案件中的不真正连带责任进一步分为四类：典型的不真正连带责任、先付责任、补充责任和并合责任。[2]后三种责任类型因其责任人之间并不产生内部求偿权，所以其是否为不真正连带之债，学理上存在争议，笔者在此暂且不予讨论。

典型的不真正连带之债，例如雇员在进行工作时，因工作原因遭受第三人的人身损害，则其可以基于侵权行为向第三人主张赔偿，同时可以基于雇佣关系，向雇主主张赔偿，雇主赔偿后可以向第三人追偿。解释出台之前，法院在审理该类案件时，在受害人向同一法院同时起诉第三人与雇主的情况下，认为该诉包含了两项实体法请求权，两类不同的法律关系，即不同种类的诉讼标的，因此不能根据已有规范进行合并。[3]受害人若向同一法院起诉，需择一起诉或分别起诉。但是对于该类诉讼，择一或分别起诉均存在一系列问题。受害人向其中一位被告提起诉讼后，在法院审理期间，其可否向法院以其他侵权人为被告另行起诉？又因不真正连带责任中，侵权人之间承担连带责任，法官是否极可能在两个案件中都判决被告赔偿原告全部损失？若两个诉讼都获得胜诉判决，该如何执行？或受害人在向被告之一提起诉讼并获得胜诉判决后，因被告无偿付能力而实际没有获得全部赔偿，其是否可以再次起诉其他侵权人？当其他侵权人对其损失已经进行填补的情况下，在先前起诉的被告有能力偿付后，其是否能够要求继续执行原先的胜诉判决？可见，

---

[1] 参见（2017）吉03民终926号与（2017）吉03民终925号。

[2] 杨立新："论不真正连带责任类型体系及规则"，载《当代法学》2012年第3期。

[3] 罗恬漩、王亚新："不真正连带责任诉讼问题探析"，载《法律适用》2015年第1期。

不真正连带之债应该进行合并审理而非分别审理，否则就容易出现双重受偿或难以及时受偿的情形。

而在笔者所整理的一百多个案例中，未有典型的不真正连带之债的案例。但遇一案例，供读者参考，能够帮助读者进一步理解"基于同一事实"的合并审理。此案为劳务者受害责任纠纷。六名合伙人在未按照法律规定取得建筑施工资质的情况下组建合伙，共同承揽浇筑混泥业务。事发时受害人周某在三楼楼面施工，其他合伙人在楼下负责操作。过程中吊运水泥材料的吊机突然倒塌导致周某从现浇楼面摔到地面而受伤。[1]法院认定，吊机倒塌既有安装的原因亦有操作的问题，同时周某摔伤也有自身未尽注意谨慎义务的原因。因此六名合伙人在浇筑混泥（即执行合伙事务）时存在过错。受害人周某基于《最高人民法院关于审理人身损害赔偿案件适用法律若干问题的解释》第10条[2]，可以向定作人张某请求损害赔偿。因为张某作为定作人，对没有取得相应资质的六位合伙人的选任存在过失。但对于因该过失，导致承揽人在完成工作过程中造成自身损害的，定作人承担的是一般侵权责任还是特殊侵权责任，学理上存在争议。笔者倾向于认为其承担的是因为自己的过错而导致损害的一般侵权责任，即定作人与其他合伙人构成共同侵权，均承担一般侵权责任。但对于其他合伙人，除承担一般侵权责任外，在学理上，周某还可依据合伙关系，或者说合伙人之间共享利益共担风险的法理基础，要求其他合伙人进行适当的损害赔偿。可以看到，此案件中，受害人周某可以根据不同的请求权基础向不同的侵权人或利害关系人请求赔偿。依据我国诉讼标的理论，此案中诉讼标的并不相同，将之进行分别审理并不具有法理上的障碍。但是在五位合伙人提出抗辩，要求法院将承揽关系与合伙关系分开进行审理时，法院驳回了当事人的申请。对该案进行分析后发现，其并不是对承揽关系与合伙关系的合并审理，而是对一般侵权与合伙关系的合并审理。但即使法院没有对其中的法律关系进行准确定性，也并不妨碍法官因纠纷基于同一事实产生，而对其进行一并审理，从而对当事人责任作出更加合理的分配。

---

[1] 参见（2017）赣02民申26号。
[2]《最高人民法院关于审理人身损害赔偿案件适用法律若干问题的解释》第10条："承揽人在完成工作过程中对第三人造成损害或者造成自身损害的，定作人不承担赔偿责任。但定作人对定作、指示或者选任有过失的，应当承担相应的赔偿责任。"

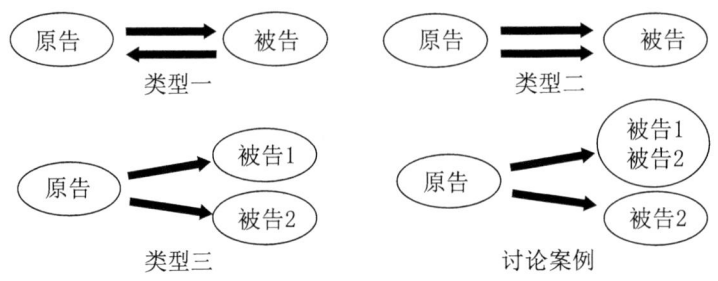

图1　三种类型的诉的当事人情况

我国的诉讼标的理论长期采旧实体法说，只要实体法上的请求权不同，就为不同的诉。这是考虑到现实情况下我国当事人的法律知识较为欠缺，时常无法基于一次纠纷，在一个诉中提出全部的实体法请求权。因此采旧实体法说，若当事人有本应于第一次诉讼中提出而未提出的请求时，仍给予当事人再次提出请求的机会，以实现案件的实体公正。[1]但是较小的诉讼标的范围也不可避免地存在一定缺点，如在处理基于同一事实发生的纠纷时会导致一系列问题。《民诉法解释》第221条是关于诉的客观合并的规范，但是从另一角度解读，也许其也是对我国以实体法请求权为诉讼标的的修正。如此处理，既坚持了旧实体法说，又缓和了较小的诉讼标的范围所带来的案情难辨、矛盾判决、诉讼资源浪费等问题。

结　论

民事诉讼中对于诉的合并审理依然存在很多问题。其或因为法官对于法条的理解不够到位，或因为本就缺失了相应的法律规范。在诉的客观合并中，《民诉法解释》第221条在已有的客观合并规范的基础上再往前走了一步，同时也为过去法官不敢合并的一类诉提供了合并的依据。法官应当适当把握对"同一事实"的认定，并谨慎行使强制合并的职权，使诉的合并满足该客观合并规范所追求的目的，即查明案件事实、厘清当事人责任、防止矛盾判决、促进诉讼经济。关于诉的客观合并，还有诸多需要深入讨论的内容，如法官的释明权的行使、管辖权的确定、判决程序设计等。对此，实践中的做法依

---

[1]　袁琳："基于'同一事实'的诉的客观合并"，载《法学家》2018年第2期。

旧较为混乱,立法中对于诉的客观合并的规范也依然过于简单,有待学者和法官们继续深入研究。

附录　对适用《民诉法解释》第 221 条的案例整理

表 1　适用《民诉法解释》第 221 条的案例整理情况表

是否基于同一事实	诉讼标的种类	案情类型	是否合并审理	案例数量	
同一事实	同一种类诉讼标的	原告被告分别起诉	是	1	
		原告向同一被告提出	是	4	
		原告向不同被告提出	是	5	
	不同种类诉讼标的	原告和被告分别起诉	是	8	
			否	8(理由:①本案事实已经清楚;②不会产生矛盾的事实认定;③法院并非必须合并;④当事人未申请;⑤合并审理会拖延诉讼)	
		原告向同一被告提出	是	6	
		原告向不同被告提出	否	3	
非同一事实	同一种类诉讼标的		是	经当事人同意	3
				未经当事人同意	3
			否	5	
	不同种类诉讼标的		否	8	

《民诉法解释》自 2015 年实行以来,引用该解释第 221 条的判决书有 1230 份。笔者选择了再审与二审的 126 份判决,筛除了其中劳动者和用人单位均不服劳动争议仲裁委员会的同一裁决向同一人民法院起诉的判决,因为其由《最高人民法院关于审理劳动争议案件适用法律若干问题的解释(二)》第 11 条特别规定,在此不予讨论;同时筛除将该法条与必要共同诉讼、第三人之诉等错误适用的判决,并将合并审理的多份判决视为一个案例,整理如上。

对于"基于同一事实",不同种类诉讼标的案例中,原被告分别起诉时,

50%的法院拒绝合并审理。从笔者上文中对于法条"可以合并"的解读来看，法院拒绝合并时应充分说明理由，于是在此将法院理由进行简要分类，予以展示。但是部分说理是否足够充分，存在讨论空间。

可以发现，实务中，对于基于同一事实而分别起诉的案件，无论诉讼标的是否同类，在新增了《民诉法解释》第221条后，法院大多数进行了合并审理。在认定非同一事实，不同种类诉讼标的情况下，法院几乎不会合并审理；在同种类诉讼标的的情况下，由普通共同诉讼制度进行规范，双方都同意时才能合并审理。但可以发现，部分法院在当事人反对合并的情况下，仍强行合并审理，此应属程序违法。

不当得利之无法律上原因的判断标准

——"规范权益归属说"

中国政法大学法学院 2016 级 1 班　胡慰龙

指导老师：中国政法大学法律硕士学院教授　刘智慧

摘　要　法谚有云："损人而利己乃违反衡平。"不当得利制度起源于罗马法中的个别诉权，经过两千年的演变与进化，成为各国立法普遍接受的一项重要制度。因其特有的调整"无法律上原因"权益归属的作用，被加藤雅信教授形象地称为"财产法体系的反射体"。然而为缓解其机能的宽泛性与现代法律的明确性要求之间的激烈碰撞，法学研究者们力图对其构成要件进行更精细化的研究，以期揭开制度之面纱，让其"庐山真貌"显现于司法实务中。"无法律上原因"作为不当得利制度的基本构成要件之一，学说上分别有统一说与非统一说之争，然统一说与非统一说两者并非非此即彼的关系，应以规范权益归属说来描述该构成要件之一般意义，再往返于规范与事实之间，确定各种"无法律上原因"之规范类型模版为宜。不当得利制度是民法中的裁判规范，通过与它规范的体系性衔接，在不同事实中发挥其统一规范的机能。其中关键，在于它规范能否与权益归属秩序产生共鸣，此有赖于法律解释方法对有"法律上原因"与它规范目的的梳理。可通过"规范保护目的理念"确定它规范所保护的权益范畴与权益归属，进而判断案件事实是否因违反权益归属而不具有法律上之原因。

关键词　无法律上原因　统一说与非统一说　规范权益归属说　规范保护目的

一、无法律上原因概述、学说理清

各国立法均将无法律上原因作为不当得利的构成要件，罗马法谓无原因，瑞士债务法谓无适法之原因，德日及我国台湾地区皆谓无法律上原因。[1]我国《民法通则》谓之"没有合法根据"，《民法总则》改称为"没有法律根据"。本文采"无法律上原因"一说。

罗马法学家 Pomponius 提出的不得损人利己的格言，被认为是不当得利制度思想源泉的衡平思想，即所谓"不当得利的基础在乎公平，而与社会良心的正义所不许"。[2]衡平思想对应在不当得利构成要件中的侧重点，毫无疑问乃"无法律上原因"，因为无法律上原因的判定蕴含着规范背后的公平、正义理念。

学者对"无法律上原因"的解读有：史尚宽教授认为，"无法律上原因，非就权利取得或财产取得，谓无直接原因之法律要件，乃谓无受利益之法律原因"；[3]黄茂荣教授则从反面予以解读，"法律上原因指变动财产利益之归属的法律上依据"；[4]刘言浩法官称，"不当得利法中的原因指得利人依有效之法律行为或使其保有所得利益的正当理由"。[5]上述学者对"无法律上原因"的解读，可总结为受益人缺乏法规范上保有利益的正当性或称合理理由。然而，正是由于"无法律上原因"乃衡平理念的规范意义上的象征，对其认识不应止步于此。对究竟何谓"无法律上原因"的追问，产生了学说上对立的统一说与非统一说两大阵容。前者认为此一问题与不当得利之基础观念有密切之关联，不当得利之基础应有统一的观念；后者以为不当得利各异基础，无法律上原因不得统一概括，而因区分不同类型，确定不同要件。

---

〔1〕 史尚宽：《债法总论》，葛支松校勘，中国政法大学出版社 2000 年版，第 76 页。

〔2〕 郑玉波：《民法债编总论》，中国政法大学出版社 2004 年版，第 107 页。转引自王泽鉴：《不当得利》，北京大学出版社 2009 年版，第 15 页。

〔3〕 史尚宽：《债法总论》，葛支松校勘，中国政法大学出版社 2000 年版，第 76 页。

〔4〕 黄茂荣：《债法通则之四　无因管理与不当得利》，厦门大学出版社 2014 年版，第 49 页。

〔5〕 刘言浩：《不当得利法的形成与展开》，法律出版社 2013 年版，第 293 页。

（一）统一说

统一说内部实际上也并不统一，具有代表性的观点分别有以下几种：

（1）公平说，也称衡平说，认为不当得利之基础来自于公平正义的自然观念。此外，亦有求之于正义之观念，如法国学者劳艾斯特谓："对于两个财产间所生之不均衡，命裁判官予以调整者，乃自然法之原则也。一人为另一人不受任何报偿，而牺牲其利益时，乃正义之所不容。"[1]

（2）正法说，认为不当得利的基础在于所谓的"真正的法"，即达成共同生活之法的共同观念。其区别于成文法，类似于自然法与成文法之区别。该说认为不当得利请求权可以发挥其调节作用，以解决形式安全带来的实质性不公正。所谓无法律上原因，指不合正法之要求。[2]

（3）债权说，社会中财产利益的归属状态是建立在权利人与社会之间的关系的基础之上，此种利益之移转必须在有特殊关系时方为正当。如果欠缺此种特殊关系或相对关系而获利益，即为无法律上之原因。[3]该说认为受益人受益的正当根据在于受益人和受害人之间存在的财产转移的债权关系或相对关系，若欠缺这一条件，即构成不当得利。与该说类似的观点还有日本学者米栖三郎所提倡的个人意思自治原则说，他认为财产的移转应以当事人的意思自治为前提，基于个人意思自治的债权关系是法律上的原因。不当得利返还请求权的设立出于民法对权利的静的安全的保护目的，是个人意思自治原则的消极表现。[4]

（4）权利说，日本学者中岛玉吉在修正债权说的基础上提出，"法律上之原因，即权利之意，不当得利乃不本于权利，而由他人财产得利之谓"。[5]简言之，是否发生不当得利，须检验受益人是否享有得保有其所受利益的法律上的权利，该权利无须被法律明确规定，可从法规目的进行判断。

日本学者加藤雅信认为不当得利"无法律上原因"的内容是贯穿于整个

---

〔1〕 郑玉波：《民法债编总论》，中国政法大学出版社 2004 年版，第 96 页。

〔2〕 郑玉波：《民法债编总论》，中国政法大学出版社 2004 年版，第 96 页。

〔3〕 ［日］我妻荣：《债权各论》（下卷一），中国法制出版社 2008 年版，第 42~43 页。

〔4〕 ［日］松坂佐一：《事务管理·不当得利》，有斐阁 1973 年版，第 114 页。转引自刘言浩：《不当得利法的形成与展开》，法律出版社 2013 年版，第 296 页。

〔5〕 ［日］松坂佐一：《事务管理·不当得利》，有斐阁 1973 年版，第 113 页。

民法典中法律关系的投影体。他通过系统整理日本明治时期以来与不当得利有关的判例，对不当得利的"无法律上原因"的内容进行了具体分析，提出了箱庭说，即区分民法典不同领域法规，对不当得利之"无法律上原因"进行具体解读。该说实质是权利说的细化，加强了权利说的可把握性。

（5）法律规定与法律行为说：该说以法律规定与当事人之间的法律行为作为法律上的原因。法国司法实践中，因缺乏对何谓无法律上原因的统一定义，多认为若"得利"源于法律规定或有效的法律行为，即"得利"有法律上原因。[1]

（二）非统一说

非统一说主张不能为"无法律上原因"构建一般标准，只能区分各类型，为它们构建不同的构成要件。其总的分类方式主要有二：其一，德国学者温德赛氏认为不当得利应区别为基于损失者意思之得利与不基于损失者意思之得利，而加以说明；其二，德国学者韦利浦氏认为不当得利应区别为本于给付之得利与本于给付以外事由之得利，而加以说明。[2]

管见以为，前一种分类的标准取决于损失者之意思有无，与后一种分类相比，不足有三。

第一，该标准划分的界限不明，基于损失者之意思实在是一个太含糊的说辞。首先，该意思确定的时点并不明确。以给付不当得利中给付目的嗣后消灭为例，可认为损失者的意思包含给付目的，那么若以受损人在作出给付行为时的意思为准，将划归为前一种类型；若以受损人在得利事件发生后的意思为准，又会划归于后一种类型。其次，损失者之意思是损失者的近端直接意思，还是更远端的动机呢？最后，损失者的意思应如何确定亦是难题。

第二，不论是基于损失者之意思得利与不基于损失者意思之得利，两种类型的内部难以寻得支持该分类合理性的相同因子。很难说"非债清偿"与"承租人为租赁物主动修缮"两种不当得利情形在客观构造上有何相同点，而按此分类方法，仅依损失者之意思，却可将它们统归于"基于损失者意思不当得利"中。易言之，这种分类方法缺乏技术性的合理考量。

〔1〕 刘言浩：《不当得利法的形成与展开》，法律出版社2013年版，第298页。
〔2〕 郑玉波：《民法债编总论》，中国政法大学出版社2004年版，第97页。

第三，不当得利法的目的在于调整不当的利益移转，实现规范权益归属的功能。损失者之意思如何固然重要，但并不具决定性意义。其分类的着眼点应是客观上利益移转的样态，并通过对客观事件的评价，得出受益人是否得保有其受益之结论。因此，温氏主张的分类方式过度关注损失者之意思，与不当得利法的规范目的不符。

相比而言，韦利浦氏的后一种分类方法区分本于给付事由不当得利与本于非给付事由不当得利，关注客观上的利益移转样态，明确"给付"之概念，自不会出现意义不明的问题。且其使"给付关系"这一特殊法律模型贯穿不当得利分类始终，与温德赛氏分类法相比，具明显的技术性优势。另外，正如王泽鉴教授敏锐地指出："以给付概念来认定不当得利的当事人，绝不是概念法学的推论，而是一种利益衡量，给付关系本身就是一种信赖关系，旨在维护当事人间的抗辩，避免承担第三人破产的风险，具保护交易活动的功能。"[1]在处理涉及三人以上存在给付关系的不当得利认定问题里，使用"给付关系"为原点审视事实，往往比使用"受损者意思"更符合利益平衡。最后，该分类方法揭示不当的利益移转的实质，便于对症下药，符合不当得利法的规范目的。

韦利浦氏的分类方法已成为德国及我国台湾地区的通说，本文亦从之。

1. 得利本于给付者

何谓给付？根据贝克尔的观点，给付就是直接减损自己财产利益的法律行为，作出此等法律行为的人必有其目的，这一目的的存在证明了减损其利益的正当性，在目的没有达到时，直接减损自己财产利益的当事人就应当获得救济。[2]由此可见，在给付关系中，给付目的决定了得利之正当性。正如郑玉波教授言："故本于给付之不当得利，其无法律上原因一语，乃指无给付之原因而言。"[3]王泽鉴教授亦称："给付不当得利请求权可调整欠缺目的的财产变动，以补救失败的交易计划。"[4]然先对给付目的或称给付原因进行解读。

---

〔1〕 王泽鉴：《不当得利》，北京大学出版社 2009 年版，第 63 页。

〔2〕 娄爱华："不当得利'没有合法根据'之概念澄清——基于'给付'概念的中国法重释"，载《法律科学（西北政法大学学报）》2012 年第 6 期，第 110~117 页。

〔3〕 郑玉波：《民法债编总论》，中国政法大学出版社 2004 年版，第 98 页。

〔4〕 王泽鉴：《不当得利》，北京大学出版社 2009 年版，第 27 页。

给付目的源于当事人之意思，原则上须由当事人合意定之，在单方的法律行为中，其原因也得由给付者一方定之。给付行为并非独立存在，在给付行为之前，存在目的或原因。这里所称的"给付目的"，不同于合同缔结的原因，并不及于当事人的动机，而仅指给付的最初目的，即直接决定给付性质的目的。构成不当得利返还原因的必须是作为法律行为内容的目的。[1]如在买卖合同中，给付目的是买受人通过支付价金的行为而获得物之所有权，至于买受人事先决定的对该物的用益，在所不问；再如赠与合同中，赠与人给付的目的为不求回报而增益受赠人；债务清偿中，债务人对债权人为给付之目的为使债务得到清偿。

有时，给付者主观给付目的的判断会被受益人与受损人之间是否具有债之关系（相对关系）的判断取代，如给付目的自始不存在中具代表性的"非债清偿"情形，债务存在与否即作为判断给付目的有无的关键。笔者认为，这只是提高效率的技术性考虑。此情形中，仍应首先确定给付者的给付目的，易言之，只有先确定给付者为给付的直接原因是清偿债务，再通过债务关系不存在这一事实得出给付目的不存在，而不得认为给付目的为债务本身。当然，"非债清偿"原本便隐含"清偿债务"的给付目的，再根据有无债务关系确定给付目的的有无自然无碍，笔者所言，目的在于明晰误解，进一步揭示给付目的之本质。

要因行为中，法律行为因其原因不存在或消灭归于无效，自不待多言，唯是否发生不当得利须得解释。有传统通说认为，要因行为因原因之欠缺使法律行为本身为无效，故无利得之存留，不发生不当得利之问题。然而，另有学者指出："此种观察，在要因行为中之诺成的债权契约，固为正确，而在要物的债权契约或要物的准物权的契约，则要因行为虽为无效，尚有利得之残存。"[2]如坚持物权行为具独立性，其原因行为无效，物权行为也不当然无效，给付的相对方自获不当利益。由此可见，给付不当得利请求权具有调整

---

〔1〕刘言浩：《不当得利法的形成与展开》，法律出版社 2013 年版，第 302 页。

〔2〕史尚宽：《债法总论》，葛支松校勘，中国政法大学出版社 2000 年版，第 79 页。郑玉波教授也认为，"我国民法无明文规定，在解释上要因行为有时亦非不可发生不当得利返还请求权"，并作出了相似的论述。参见郑玉波：《民法债编总论》，中国政法大学出版社 2004 年版，第 98 页。

因物权行为无因性理论而生财产变动的特殊规范功能。[1]如将债权行为与物权行为一体视之，原因不存时，法律行为整体无效，虽原给付相对方不再保有实体上之权利，但给付之标的物往往处其占有下，占有为一种法律上的利益，取得占有即取得受法律保护的利益。[2]不当得利法规范的是权益归属的问题，只要能被评价为法律之利益的都可成为不当得利返还请求权的对象，因此在要因行为里亦可发生不当得利返还后果。就不要因行为而言，在行为中我们看不出其目的，但不要因行为其实也具有其目的，其目的产生于另一项有因的行为。[3]在不当得利法中，这一目的充当了确定给付目的的作用，若该目的不存，自发生不当得利返还后果。

得利本于给付的不当得利可细分三类：

（1）给付目的自始不存在。构成给付行为之原因为合意不存在或无效，主要有两种：

第一，非债清偿。不存在作为给付原因的法律行为，而为一定给付。如误偿他人之债，重复清偿等。对此，须讨论负永久抗辩权而清偿债务的情形，我国台湾地区"民律草案"第930条第2项规定："因清偿债务而为给付者，若有永远可排斥债权人之请求之抗辩，得请求归还其给付，但消灭时效之抗辩不在此限。"本条所称"永久抗辩权"乃非债清偿不当得利返还请求权之扩张，我国民法虽无对不当得利法的细致规定，但在理论上可借鉴域外立法例，承认负永久抗辩权时，债务人得在清偿后请求归还其给付。换而言之，债务人如有灭却性抗辩权，则可解释为无给付义务，应构成非债清偿。[4]

---

〔1〕 王泽鉴：《不当得利》，北京大学出版社2009年版，第29页。"德法学家Dernburg强调不当得利制度乃立法者用来治疗自创的伤痕，其所谓自创的伤痕，系指物权行为的无因性而言。"

〔2〕 王泽鉴：《不当得利》，北京大学出版社2009年版，第221页。相似的表述还有"占有亦为具有经济价值之法益，自亦得成为不当得利返还请求权之对象"。参见郑玉波：《民法债编总论》，中国政法大学出版社2004年版，第99页。应当指出，依我国物权法通说，占有作为一种事实状态，之所以受到法律保护，是为了保护和平秩序，而非赋予占有人以占有以外的权能。因此，占有受到侵害时，占有人无权请求侵害人返还不当得利。参见刘言浩：《不当得利法的形成与展开》，法律出版社2013年版，第313页。

〔3〕 ［德］迪特尔·梅迪库斯：《德国民法总论》，杜景林、卢谌译，法律出版社2002年版，第170页。

〔4〕 王泽鉴：《不当得利》，北京大学出版社2009年版，第45页。

第二，作为给付的原因行为不成立或无效。给付原因不成立的典型如出卖人以出卖的意思向相对人给付标的物，相对人却以接受赠与的意思受领其给付，二者关于该给付目的的合意不成立，受损方可依不当得利返还请求权请求受益方返还给付所带来的增益。作为给付之原因的法律行为无效，可适用法律行为无效的一般规定，此一般规定中蕴涵着不当得利法的法理。

（2）给付目的不达。[1] 为实现某特定目的而为交付，后该目的不能实现者，亦构成给付目的之欠缺。如受清偿为目的而交付收据，后债务未能得到清偿。附条件的合同中，预期条件成就而为一定给付，后结果条件未达成。然检视德民法，其对此种情形作出了不得违反诚实信用原则而使目的不达的限制性规定。[2] 再次强调所谓给付目的乃指作出给付的直接原因，是可以被客观感知的法律行为之目的。譬如，房屋买受人交付价金于出卖人的给付目的是获得房屋所有权本身，而他因为工作需要购买房屋乃其动机。若房屋在交付前灭失，则可谓给付目的不达；若买受人工作不再需要该房屋，则是动机不达，前者可依不当得利法返还给付，后者则不可。

（3）给付目的嗣后消灭。给付目的一度被达成，但嗣后给付目的消灭。主要情形有以下几种：[3]

其一，附解除条件或终期的法律行为，其条件成就或期限届满。

其二，作为给付原因的法律行为被撤销，如甲出卖某地给乙，后依重大误解而撤销意思表示。[4] 此可谓最常见的给付目的嗣后消灭的情形，但仍有两个问题须提及：一是法律行为被撤销属给付目的自始不存在还是嗣后消灭？拙见以为，法律行为嗣后被撤销，肯定其溯及力，但并不能认为其给付目的

---

〔1〕《德国民法典》第812条第1款规定："根据法律行为的内容未发生给付的目的所预期的结果时，上述义务仍成立。"《德国民法典》明确肯定了此种"给付目的不达"的不当得利类型。

〔2〕《德国民法典》第815条："如果给付所预期结果的发生自始不能且给付人知其不能，或者给付者违反诚实信用妨碍结果发生时，不得因未发生给付所预期的结果而要求返还。"我国《合同法》第45条第2款规定："当事人为自己的利益不正当地阻止条件成就的，视为条件已成就；不正当地促成条件成就的，视为条件不成就。"也采取了与德国民法相同的立法态度。

〔3〕王泽鉴：《不当得利》，北京大学出版社2009年版，第45页。

〔4〕我国《合同法》第54条；我国《民法典》第147条。

自始不存在，抛开法律上的拟制，由现实观之，法律行为被撤销前实施的给付具法律上原因，只是因嗣后法律行为（给付原因）被撤销，而导致受领给付丧失其法律上原因。因此，法律行为被撤销应属给付目的嗣后消灭之情形。二是我国《民法通则》第 61 条第 1 款规定："民事行为被确认为无效或者被撤销后，当事人因该行为取得的财产，应当返还给受损失的一方。"对于该返还财产的性质，是独立的法律责任形态，还是实质上就是不当得利的返还责任？[1]有学者赞成以全部返还为原则，即双方给付的财产，不论返还时存不存在，原则上返还义务人必须按原物或原价返还。[2]笔者并不赞成上述见解，一方面全部返还的见解未考虑受领人善意与否，有失公允；另一方面，不当得利法作为财产法上的反射体，法律行为被撤销而产生的返还责任本身便符合不当得利法之构成要件，切合其法理，何必将这么具有生机的法律制度束之高阁。另外，不当得利法规范衔接它规范正是不当得利制度发挥其调节作用的最理想的适用途径，这实现了各个规范的体系化适用、有机性结合。因此，我国民法中民事法律行为被撤销后恢复原状，性质上应为不当得利的返还责任。[3]

其三，作为给付基础的合同被解除。《德国民法典》认为契约解除属于独立的清算关系，而不适用不当得利法规定。我国民法无此限制，认可不当得利制度适用于该情形不无不可。

其四，为证明债务而交付证书，其后债务因清偿或其他事由而消灭，致证书失去其证明之目的。例如借款人偿还债务后，向出借人请求返还先前交付的借据。

（4）婚姻家庭关系中的给付目的问题。前述三项关于给付目的的讨论，主要围绕侧重财产属性的法律行为（如合同）展开，然而，婚姻家庭关系并非单纯的人身关系的集合，亦具有强烈的财产关系属性，其离不开关系成员中权益的移转变动。不论是理论上的推导还是立法、司法实务中的确定，都体现了不当得利制度在调整婚姻家庭关系中的蔓延。在婚姻家庭关系中，亦

---

〔1〕 刘言浩：《不当得利法的形成与展开》，法律出版社 2013 年版，第 305 页。

〔2〕 魏振瀛：《民法》，北京大学出版社、高等教育出版社 2017 年版，第 166 页。

〔3〕 日本最高法院的判例认为：契约被解除或被撤销的恢复原状都具有不当得利返还的性质。参见刘言浩：《不当得利法的形成与展开》，法律出版社 2013 年版，第 306 页。

有给付之目的。最高人民法院《关于适用〈中华人民共和国婚姻法〉若干问题的解释（二）》第 10 条规定了三项当事人可请求返还给付彩礼的情形。[1]其中前两项情形应认作给付彩礼之目的不达而要求返还。另外，审视《德国民法典》观之，配偶一方在夫妻关系存续期间为另一方之土地上建筑房屋，或为配偶之事业提供帮助，在离婚后产生该劳动或财产之补偿问题。德国最高法院将婚姻视为一方提供该财产或劳动的原因，允许提供该财产或劳务之配偶在离婚后根据《德国民法典》第 812 条第 1 项"法律上原因嗣后消灭"之规定请求对方返还不当得利。[2]除此以外，婚姻家庭关系中适用不当得利法返还，如订婚时支付礼金，后婚约解除，要求返还礼金；[3]子女非其亲生，而要求返还支付的抚养费[4]等已然得到学理和实务上的普遍承认。此番说明，并非另创一种给付不当得利之类型，仅为表明在婚约家庭关系里，如体现着财产权益移转变动，财产关系当事人亦可通过不当得利法请求欠缺给付目的之给付返还，不当得利制度在民法领域具有普遍适用性。

2. 得利本于给付以外事由者

通过"给付"概念区别不当得利之类型乃对不当得利法所涵摄的规范领域事实的周延的划分。所谓"得利本于给付以外事由"，即发生权益移转变动的形态并非基于给付行为，自不论受损者是否具给付目的。不当得利法调整领域的边界与给付不当得利之边界共同确定了非给付不当得利的外延。似乎因此，关于非给付不当得利类型的探讨总是举步维艰、难以琢磨。拙见以为，出现如此感受的原因并非仅归因于非给付不当得利内容的繁杂，还由于未能选择一个更科学的研究方法。传统的对非给付不当得利的研究主要将其区分

---

[1] 最高人民法院《关于适用〈中华人民共和国婚姻法〉若干问题的解释（二）》第 10 条："当事人请求返还按照习俗给付的彩礼的，如果查明属于以下情形，人民法院应当予以支持：(1) 双方未办理结婚登记手续的；(2) 双方办理结婚登记但确未共同生活的；(3) 婚前给付并导致给付人生活困难的。适用前款第 (2)、(3) 项的规定，应当以双方离婚为条件。"

[2] 刘言浩：《不当得利法的形成与展开》，法律出版社 2013 年版，第 307 页。

[3] 参见王泽鉴：《不当得利》，北京大学出版社 2009 年版，第 59~61 页。

[4] 参见王泽鉴：《不当得利》，北京大学出版社 2009 年版，第 45 页。"婚生子女的否认。例如甲证明其妻非自受其胎，于知悉乙出生之日起 1 年内提起否认之诉，经确定判决时，甲对乙支出抚养费之给付目的嗣后不存在。"

为"受益出于受益人之行为者""受益出于受损人之行为者""受益出于第三人之行为者""受益出于自然事件者"与"受益出于法律之规定者"。[1]该区分方法试图探究受益之原因所在，不无道理，同时通俗易懂，便于初识者理解。然此种分类也产生了如下疑问：

其一，权益移转变动的动因可能多种多样，即在复杂的社会经济活动中，许多情形正是由于多方行为的参与产生了权益变动之结果，譬如"甲误将乙之犬当作自己所有而饲养"之例，仅从浅层事实分析，按上述区分方法，或许会很容易地得出该情形属于"受益本于受损人之行为者"的结论，但是若对事实进行丰满："乙为获得甲饲养其犬之便利，多次有意将自犬混淆于甲之犬群，而甲疏忽未觉，多次饲养乙之犬。"再审视该事实，显然乙的行为参与在权益变动过程中的重要比例增加，那么判断该情形到底属于"受益出于受损人之行为者"还是"受益出于受益人之行为者"还需要进一步比较甲乙两人行为对权益变动结论的影响程度。更重要的是，这并不只是区分方法上的技术性瑕疵，其可能影响受益人是否得保有受益及得保有利益范围的实质性判断，因为不同类型区分亦对应相异的"无法律上原因"之认识标准，如"受益出于受损人之行为者"，决定其不当得利是否成立，须问其是否合乎公平理念。而"受益出于受益人之事实行为者"，所谓无法律上原因，即指受益人无权利而言。[2]难谓"公平理念"等同于"权利有无"，二者之结论自然会产生偏差。

其二，该区分方法的根据缺乏规范性格。传统上对非给付不当得利作之区分方法的分类理由难谓具有规范属性，从其"出于某之行为或事件者"的表述中便可见一斑。此种分类技巧于社会大众而言或许比较直观，但对法规范构成要件的研究的前提即是用规范性的思维去理解法条。诚然法律之基础乃事实的发生，国家制定法律的重要目的便是通过对社会中发生的或可能发生的繁杂的、难以个别处理的事实进行抽象的调整，进而发挥法律之普遍规制作用。[3]

〔1〕 参见郑玉波：《民法债编总论》，中国政法大学出版社2004年版，第99~102页；史尚宽：《债法总论》，葛支松校勘，中国政法大学出版社2000年版，第81~83页。

〔2〕 郑玉波：《民法债编总论》，中国政法大学出版社2004年版，第100页。

〔3〕 魏胜强："法律解释视角下的法律与事实"，载《郑州大学学报（哲学社会科学版）》2011年第3期。第51~54页。

然而，法律又是一门科学，[1]对法律规范的研究是科学的研究，科学的研究显然不能与单纯的日常事实归纳相提并论。[2]习惯法典化乃各国民法中常发生的现象。习惯在步入规范范畴之前，去其不定性乃其必经之路，所谓去不定性正是规范之明确性所要求的，去其不定性之后该习惯方能固定于法律中，具有规范性格。不当得利法也是如此，不论是制度条文本身，还是对条文的解释研究都离不开规范性思考。拉伦茨认为："所有经法律判断的案件事实都有类似的结构，都不仅是单纯事实的陈述，毋宁是考量法律上的重要性，对事实所作的某些选择、解释及联结的结果。"[3]法律所调整的事实是其涵摄的规范领域，[4]那么对规范领域的分类也应具有规范依据，唯此才能将规范性思考逻辑贯彻始终。韦利浦氏根据权益移转是否基于"给付"区分给付与非给付不当得利，"给付"是一种规范概念，通过法言法语构成，需要规范化解读，[5]该第一层次的分类具有规范根据。对给付不当得利进一步分类，其下位分类依据乃"给付目的"不存之形态。首先，"给付目的"如同"给付"一样，也是需要规范解读的。其次，"给付目的"不存之形态包括其不存之成因与不存之时点，以上两点也是须联系规范本身进行规范理解的。由此可认为，给付不当得利的进一步分类也是具有规范根据的。反观传统的对非给付不当得利的分类，其分类依据更像是对事实的便利区分，将该分类的结果作为不当得利法的

---

〔1〕［德］伯恩·魏德士：《法理学》，丁晓春、吴越译，法律出版社 2013 年版，第 133 页。法学从本质上来说就是一门与规范（价值评价）打交道的科学。

〔2〕参见梁慧星：《民法解释学》，法律出版社 2015 年版，第 157 页。"法国学者 Levy-Bruhl 认为，法属于社会的学科，当然是科学的学科……科学的方法，是超越事实的利害以追求认识。"

〔3〕［德］卡尔·拉伦茨：《法学方法论》，陈爱娥译，商务印书馆 2003 年版，第 166 页。

〔4〕［德］卡尔·拉伦茨：《法学方法论》，陈爱娥译，商务印书馆 2003 年版，第 13 页。此处"规范领域"相同于米勒对"规范领域"的诠释："规范领域是由那些'论题上与有关的法规范相牵连的'事实"，或换而言之，由法规范可能关涉的生活事实的片段所构成的。"

〔5〕"给付"一词并非社会日常生活中的用语，系大陆法中债法的概念。笔者所称的规范化解读是指"给付"首先由法言法语诠释，得到其一般概念，之后还须联系法规范判断具体事实中的"给付"，如在合同之债中，给付乃指债务人向债权人履行债务，在不当得利之债中，给付则指受益人向受损人返还利益。

规范类型的元素，有从事实直接推论为规范的嫌疑。[1]"在法秩序的层面上，类型被证实是'法理念与生活事实间的中介，所有法律思想最后都环绕在这个中介周围：它是规范正义与事实正义之间的中介'。"[2]对规范类型的描述应当以预先事实为文本，以规范理念为指引。唯有如此，才能寻得类型其中的规范要素，使大家意识到意义脉络的连接关系。[3]因此，正确的做法是从大量的事实中寻觅它们共同的规范因素，并以此进行分类，不论是第一层的分类，还是给付不当得利的分类都遵循于此，而关于非给付不当得利的传统分类却难谓贯彻始终。

其三，传统的对非给付不当得利的分类方法，不利于不当得利法与它规范的有机衔接适用。第三点缺陷衍生于第二点，正是由于缺乏分类的规范根据，所以当我们面对各类型，只能看到直观的事实状态，之后还需要再对事实进行"解剖"，从而探求其"无法律上原因"的真貌。这一方面造成了规范适用上的繁琐，另一方面在"解剖"事实时，因缺乏类型上的规范指引，很容易产生不同的意见。这样的话，区分类型似乎没有实质意义。若是在区分类型时，结合它规范以规范的根据对类型进行划分，那么，在面对各类型时，我们很容易就能找到可能与该类型相联系的它规范，换而言之，类型区分一定程度上完成了"解剖"事实的这一步骤，为人们解决具体问题提供了一个科学的模板，在具体解决问题时，方便不当得利法与它规范的有机衔接适用。

综上所述，笔者不赞成传统的区分方法，下文将以修正后的德国通行的分类方法[4]展开论述：

---

〔1〕［德］卡尔·拉伦茨：《法学方法论》，陈爱娥译，商务印书馆 2003 年版，第 13 页。齐佩利乌斯虽认为"法的大部分内容已经被其所拟规整，或与其有关的自然或社会关系所预先规定"，但同时又强调："不能由事实推论出当为规范。"即不能由被规范的生活关系之事物结构本身，推论出任何规定，或任何规范性问题的具体决定。笔者赞成此见解，并进一步认为，不仅规范本身受此限制，对规范的整个理解探究过程也应受同样限制。

〔2〕［德］卡尔·拉伦茨：《法学方法论》，陈爱娥译，商务印书馆 2003 年版，第 15 页。

〔3〕［德］卡尔·拉伦茨：《法学方法论》，陈爱娥译，商务印书馆 2003 年版，第 15 页。

〔4〕参见［德］迪特尔·梅迪库斯：《德国债法分论》，杜景林、卢谌译，法律出版社 2002年版，第 523~524 页。德国通行的对非给付不当得利的分类方法将因受益人行为引起的非给付型不当得利分为权益侵害型不当得利、求偿型不当得利与支出费用型不当得利。笔者所采取的分类方法乃上述方法之修正，认为所有非给付型不当得利均可作此分类，而不局限于因受益人行为引起的类型，同时，增加事件变动型不当得利的种类，以补疏漏。

（1）权益侵害型不当得利：权益侵害型不当得利主要适用于因受益人自己的行为而取得应归属他人的利益，但亦包括因第三人行为及法律规定等取得应归属他人的利益的情形。[1]其要件简述如下：[2]

①因侵害他人权益而受利益。权益侵害型不当得利区别于其他类型的最重要因素是侵害他人权益而受利益，对此应特别作规范理解。

首先，不当得利法关注的问题是受益人得否保有利益，至于何人行为导致损益变动并不深究，而理性人对自身权益不可能构成侵害，所以权益侵害既可是因受益人本人的行为所致，也可以是因为第三人之行为。

其次，"侵害权益"虽在诸多情形中与"侵权行为"发生重合，但其不同于"侵权行为"。其一，"不当得利制度之目的在于使受益人返还其无法律上原因而受的利益，其应考虑的，不是不当得利的过程，而是保有利益的正当性"。[3]在权益侵害型不当得利中，对侵害权益的行为并不要求具有"不法性"，[4]此乃出于制度目的的推论，如甲将其对乙之债权让与丙，乙于受让通知前，对甲为清偿，甲受领给付并非当然具有不法性，但欠缺保有利益的正当性，符合权益侵害型不当得利的构成。再如甲饭店抹黑乙饭店，通过不正当竞争的方法获得更多的客源，此时甲饭店的行为当然具有不法性，亦因此受利益，但此时其仍得保有所受利益。[5]可见，所谓"不法性"在此类型中不足轻重。其二，侵害权益者行为时是否具有过错，在所不问。判定是否发生利益返还，对行为人是否具有过错在所不问，唯受益人是否善意影响返还范围的认定，如甲不论是故意无权处分还是无过失无权处分乙的珍贵花瓶于丙，若丙善意取得该花瓶，受损人乙都得依不当得利返还请求权请求返还

---

〔1〕 王泽鉴：《不当得利》，北京大学出版社 2009 年版，第 115 页。

〔2〕 王泽鉴：《不当得利》，北京大学出版社 2009 年版，第 116~117 页。

〔3〕 王泽鉴：《不当得利》，北京大学出版社 2009 年版，第 114 页。

〔4〕 王泽鉴：《不当得利》，北京大学出版社 2009 年版，第 114 页。刘言浩：《不当得利法的形成与展开》，法律出版社 2013 年版，第 311 页。"违法性说"是由德国学者 Schulz 提出的，原作为不当得利法的基本原则，认为所谓"无法律上原因"乃指违法性而言的。但因该说对不当得利制度目的定位不准确，且难以说明如"给付不当得利"等问题，不值赞同。

〔5〕 笔者以为，甲饭店此时得以保留所受利益的原因在于：其所受利益在法律评价上并非原本就归属于乙饭店，因此不发生不当得利返还的后果，应以侵害名誉权的情形处理。

甲所受利益。[1]因此，此处"权益侵害"与彼处"侵权行为"不可等量齐观。

最后，侵害权益的行为客观上侵害了受损人之权益，但不要求行为人主观上有侵害其权益的意识，只需具备给予受益人一定利益的认识即可。解释如下：第一，若客观上未侵害受损人之权益，自不发生不当得利返还后果，这是所有不当得利返还类型的共同要求。第二，对侵害权益行为人主观方面的特别认识是区别于其他非给付不当得利类型，尤其是事件变动型不当得利的重要标识。前述已明晰，此处的侵害权益不同于侵权行为，并不要求过错要件，即侵害权益人主观上是否具侵权的意识并非重点，然行为人主观上应具予受益人一定利益的认识，作为权益侵害型不当得利之标识。举例以说明：如甲非因过失将丙车当作乙车，为乙搬运货物，此乃典型的"第三人侵害不当得利"的情形，而此时甲仅具有为乙利益而行为的主观认识。再如丙遗漏现金一百元在街道上，甲经过该地段时，一百元粘在甲鞋底，后甲拜访乙住所，将一百元留在乙家中，乙取得一百元现金所有，甲全程没意识到这一百元现金的存在。详观此例，甲未意识到自己将丙遗失的现金带至乙住所的事实，即甲不具行为之意识，唯纯粹之举止而已，造成该权益变动的原因，乃不以行为意识为要素的事件，因此该例只能归属于事件变动型不当得利。前后两例对比，似乎同样是因为第三人之"行为"所致的权益变动，但却归属于截然不同的类型当中，其原因则在于第三人主观方面的差别，前例中侵害权益行为人具予受益人一定利益之认识，后例里第三人则不具该认识。第三，认识不同于意识。所谓意识包括"意志"与"认识"，"认识"是对行为结果的认知状态，而"意志"则是对行为结果意图发生的心理倾向。侵害权益行为人主观心态只需具备予受益人利益的认识便可，而未必同时具有为其牟利之意志，如甲与乙素有矛盾，甲故意将乙鱼潭的鱼捞至丙鱼潭，借此报复乙，此情形中，甲虽认识到其行为将会为丙增加利益，但其

---

[1] 参见王泽鉴：《不当得利》，北京大学出版社 2009 年版，第 122~123 页。"物的所有人得处分其标的物而取得对价，此为所有权的内容，乙无权处分甲的所有物，由丙善意取得，其自丙受有价金（或价金请求权）的利益，系违反权益归属内容，致甲受损害，并无法律上之原因，应成立不当得利。此项不当得利请求权乃所有权的继续作用，具有替代所有物返还请求权的功能。"若善意受让人取得花瓶，乙得向无权处分人甲请求不当得利返还。

意在报复乙，而非增益于丙，但乙对丙亦可依不当得利返还请求权请求返还利益。

②致他人受损害。致他人受损害是不当得利法的基本构成要件，在给付不当得利中，为给付本身就是减损给付者财产的行为，[1]在非给付不当得利中，须对致他人受损害这一要件作进一步解读。

第一，"损害"一词之意涵。《德国民法典》第812条规定致他人受损害相对应的德文为"auf dessen Kosten"，其中文直译为"以他人之代价"。英国法的"at the expense of"的中文直译为"以某为代价"。不当得利法流传入亚洲后，上述表述被翻译为"损失"或"损害"，[2]难免使其与最初的精确含义有所出入，尤其易与侵权法中的损害相混淆。必须承认，不当得利法所称"损害"或"损失"具有其特殊内涵，应结合规范目的进行理解。关于"损害"的意涵，德国民法通说以内容归属说为基础，认为所谓"损害"即该受损权益被法律秩序评价为归属于受损人；日本民法将"损害"细化为财产的积极减少与财产的消极减少，并借鉴德国的归属说，认为在归属于权利人的使用、收益、处分等的权利事实上因对方行使而使自己受到损失。[3]学说上，对"损害"内涵之确定，有财产利益差额说与权益归属侵害说两种学说。[4]财产利益差额说认为，因一定事实之发生，使权利主体之财产总额，较未发生此事实减少，包括所受损害与所失利益。权益归属侵害说则认为，因一定事实致侵害他人权益之归属，即为损害。实际上，第一种学说解释的是"侵权法"中"损害"的内涵，而不得完满说明无权使用之情形，如若权利人无原定使用计划，那么无权使用人使用的行为则不能被认为致权利人权益损害。正如德国法学家Wieling指出："在不当得利法中，只有责任人之得利与责任

---

[1] 刘言浩：《不当得利法的形成与展开》，法律出版社2013年版，第254页。"'以他人之损失'之要件在给付型不当得利中并不重要，因为'给付'总是与给付人的损失同时发生。""德国学说和司法实务以'有特定目的之给付'取代了法律明文规定的'以他人之损失'的要件。"

[2] 如我国《民法通则》与《民法总则》都将其表述为"损失"；《日本民法》第703条也将之称为"损失"。我国台湾地区"民法"则表述为"损害"。

[3] ［日］圆谷峻：《判例形成的日本新侵权行为法》，赵莉译，法律出版社2008年版，第398页。

[4] 参见刘言浩：《不当得利法的形成与展开》，法律出版社2013年版，第262~264页。

之构成相关。不当得利之债权人是否受损失并不重要……因为不当得利之债权人未受损失而拒绝其不当得利之请求是明显错误的。"[1]其言之另一含义是以"侵权法"中"损害"的概念来套用不当得利法中的"损害"是明显错误的。第二种学说与德国法中的内容归属说相似,如我国台湾地区学者孙森焱认为:"所谓财产总额不限于具有金钱价值之权利总和,且包括随时可以使用、收益的潜在价值,自不必斟酌受损害人对于该财产有无使用收益之意思或有无使用之计划,只需依通常情形认为该项利益应归属受损人,即应命受益人将其利益返还,斯符公平原则。"[2]此言前段是对"损害"的描述,后段彰显了内容归属说的实质,即受损人之损害乃依法律所定,被规范保护的特定权益。该说符合不当得利制度的规范目的功能,不当得利制度的功能并不在于填补损害,而是在于使受领人返还其无法律上原因而受的利益。[3]对规范构成要件的理解要遵循该规范目的的指引,本文赞同之。

第二,判断受益人并不复杂,唯确定受损人可能产生分歧。传统理论认为,受益人受益与受损人受损之间应具备直接因果关系,所谓"直接因果关系"[4]一般而言是指,受益人受利益与受损人遭受损害乃基于同一事实,譬如甲依据不存在的买卖合同向乙交付标的物,此时甲之受损与乙之受益都基于甲为给付的事实,这便具有直接因果关系。然直接因果关系说受到诸多批评,类型化因果关系说创始人 Wilburg 氏认为在指示交付中,指示人指示被指示人向受领人付款,若依直接因果关系说之见解,因指示人与受领人之间存在被指示人独立的法律行为,就可以认为二者间权益移转不具有直接性。然而,如指示人与受领人之对价关系不存时,无人会怀疑指示人与受领人之间

---

[1] 刘言浩:《不当得利法的形成与展开》,法律出版社 2013 年版,第 263 页。

[2] 孙森焱:《民法债编总论》(上),三民书局 2001 年版,第 142 页。

[3] 王泽鉴:"不当得利类型论与不当得利法的发展——建构一个可操作的规范模式(下)",载《甘肃政法学院学报》2015 年第 5 期。

[4] 参见刘言浩:《不当得利法的形成与展开》,法律出版社 2013 年版,第 267~282 页。直接因果关系说包括"直接说"与"同一事实说",本文提及的乃"同一事实说"。其实,关于不当得利法受损与受益因果关系的讨论中,还有非直接因果说(社会观念说、必要牵连说、充分因果关系说、相当因果关系说等)、类型化因果关系说及损益逻辑关联说等新近学说,本文在此不做深入介绍。

成立不当得利。[1]再如，在第三人契约中，甲因与承租人乙之间的合租关系同为出租人丙修缮房屋，甲之受损与丙之受益（房屋价值增加）虽均系由甲之修缮行为这单一事实引起，但无人会认为甲得向丙请求不当得利返还。简言之，涉及多人关系之不当得利时，直接因果关系说往往显得力不从心。[2] Wilburg 氏因此自创了类型化因果关系说。在给付不当得利中，给付直接承载了权益流动的过程，给付双方即损益相对人，因此应以给付关系代替因果关系之判断。在权益侵害不当得利中，依据权益侵害的直接性确定因果关系，即只要侵害他人权益而受益，则成立"致他人损害"。黄立教授认为："在侵害之不当得利，只要有财产上损益之关系者，不须有财产上损益之直接因果关系，使用他人之物者，原则上应对所有人为其使用价值之补偿，纵然此请求权有三角关系介入，亦不在所问。"[3]王泽鉴教授也认为："在此类不当得利，只要因侵害应归属他人权益而受利益，即可认为基于同一原因事实致他人受损害，不以财产移转为必要。"[4]笔者亦从此见解。[5]

有学者批评类型化因果关系说，认为因果关系是事实判断，类型化因果关系主张区分给付与非给付不当得利，使属于客观事实认定的因果关系判断因是否有给付关系存在而有不同的结论，其实际上是根据对不当得利的分类将法律判断融进事实认定之中，有损不当得利事实认定的客观性。或称类型化因果关系使用过于抽象的法律概念，一定程度上影响法律的准确适用。[6]

---

〔1〕 参见王泽鉴："不当得利类型论与不当得利法的发展——建构一个可操作的规范模式（下）"，载《甘肃政法学院学报》2015 年第 5 期。王泽鉴：《不当得利》，北京大学出版社 2009 年版，第 67~77 页。依王泽鉴教授所见，该情形是典型的三人关系不当得利。此时，指示人、被指示人与受领人之间形成三角关系，指示人向受领人授权得为受被指示人给付之受领，向被指示人授权得为向受领人给付，被指示人向受领人为给付其实同时包含了指示人向受领人为给付与被指示人向指示人为给付的两重给付。因此当指示人与受领人之间对价关系具有瑕疵，指示人得请求受领人返还所受利益。

〔2〕 刘言浩：《不当得利法的形成与展开》，法律出版社 2013 年版，第 283 页。"直接因果关系说以同一原因事实导致损失与利益发生，无法解决两个以上原因事实而产生的利益返还问题。"

〔3〕 黄立：《民法债编总论》，中国政法大学出版社 2002 年版，第 212 页。

〔4〕 王泽鉴：《不当得利》，北京大学出版社 2009 年版，第 116 页。

〔5〕 王泽鉴：《不当得利》，北京大学出版社 2009 年版，第 41 页。王泽鉴教授列举了以"给付关系"作为决定给付不当得利请求权的当事人的三条主要理由：(1) 维护当事人间的信赖关系；(2) 危险合理的分配；(3) 为"谁得向谁主张不当得利请求权"提供一个较为明确的判断标准。

〔6〕 刘言浩：《不当得利法的形成与展开》，法律出版社 2013 年版，第 284~285 页。

然而，因果关系的判断虽是事实判断，但规范有其独有的价值取向，只有结合规范去认识待调整的事实才能正确认识事实，与其说类型化说会损害不当得利事实认定的客观性，毋宁说类型化说为判断事实的因果关系提供了一个符合规范目的的、具有可操作的功能性标准。第二点批评理由恰好是支持类型化说的理由，类型化因果关系说衍生于学者对"无法律上原因"的探究，是结合事实对规范演绎的结果，所谓抽象性法律概念正符合规范性的要求，而构建类型化因果关系说的法律概念都可以得到规范解释，并不会造成准确适用法律之困难。因此，上述批评理由并不成立。

③无法律上原因。权益侵害型不当得利的无法律上原因如何判定，学说上有违法性说与权益归属说（内容归属说）两派争议。违法性说不符合不当得利制度目的，[1]笔者赞成权益归属说。权益归属说认为权益具有一定利益内容，专属于权利人，归其享有，如所有人对所有物占有、使用、受益和处分的权益，若受益人受益乃基于对权利人权益之侵害，即缺乏法律上原因。权益归属的主要特征在于权益内容具有市场上变价的可能性，通常可经由交易而获得一定的对价。然而，权益归属说的缺陷在于权益归属是一个待具体化的内容，其范围比较模糊。学者试图修正权益归属说，而创造了不作为请求权说、侵权行为法益保护说等新学说。[2]对此的讨论，笔者将在下文说明。

（2）支出费用型不当得利。受损人非以给付之意思，为他人之物支出费用。[3]如乙误将甲之犬当作自己犬饲养之；误将他人之子女当作自己子女抚养之；无权占有他人房屋而为修缮。黄茂荣教授认为，财产利益之变动系因一方之付出，产生节省他方费用之结果，且其付出无法律上原因的情形乃支出费用型不当得利。[4]笔者认为黄茂荣教授的此番表述虽揭示了支出费用型不当得利的概况，但却疏漏了该类型的两个重要特征：一是以"非给付"意思为付出；二是不当得利所关注的并不是"节省他方费用"，而是"他方因受损人付出而得利益"。以下有三个问题值得讨论。

①支出费用型不当得利中，受损人乃本于非给付意思支出费用。为他人

〔1〕 王泽鉴：《不当得利》，北京大学出版社 2009 年版，第 114 页。

〔2〕 刘言浩：《不当得利法的形成与展开》，法律出版社 2013 年版，第 311~312 页。

〔3〕 王泽鉴：《不当得利》，北京大学出版社 2009 年版，第 158 页。

〔4〕 黄茂荣：《债法通则之四　无因管理与不当得利》，厦门大学出版社 2014 年版，第 89 页。

之物支出费用可能基于合同，也可能非基于合同。支出费用基于合同者，当作为原因行为的合同无效时，支出费用方自可依给付不当得利返还请求权请求返还。支出费用非基于合同者，如前例误以他犬为自有而饲养之，此时并不存在给付目的，因此区别于给付不当得利，属于支出费用型不当得利。

②何以判断受益人不具保有所受利益的法律上原因？拙见以为，仍应以权益归属说为基础，判断规范上是否承认将该权益归属于受益人。与权益侵害型不当得利相比，二者对是否得保有利益之观察的侧重点不同，在权益侵害型不当得利中，不符合权益归属乃指本来的、相对静态的权益归属被侵害权益的行为打破，导致权益向违背权益归属的方向流动。在支出费用型不当得利中，权益移转变动的成因乃受损人本人的付出，但支出费用的行为之目的并非当然使他方获得增益，因此他方保留权益亦不符合权益归属的规则。即便如此，调整权益侵害型不当得利与支出费用型不当得利中"无法律上原因"判断的基础都共同指向权益归属说，唯支出费用型不当得利发生形态具一定特殊性，所以更强调公平理念的指引。通过以下争议问题具体说明之：

其一，承租人为租赁物修缮而支出必要费用，向出租人请求返还修缮费用，是否发生支出费用型不当得利返还请求权。我国《合同法》第221条规定："承租人在租赁物需要维修时可以要求出租人在合理期限内维修。出租人未履行维修义务的，承租人可以自行维修，维修费用由出租人负担，因维修租赁物影响承租人使用的，应当相应减少租金或者延长租期。"我国台湾地区"民法"第430条亦有类似的规定："租赁关系存续中，租赁物如有修缮之必要，应由出租人负担者，承租人得定相当期限，催告出租人修缮，如出租人于其期限内不为修缮者，承租人得终止契约或自行修缮而请求出租人偿还其费用或于租金中扣除之。"黄茂荣教授因此认为，对于承租人修缮租赁物的情形，因法律有此规定，所有为具法律上原因，适用法律之规定而不发生支出费用型不当得利请求权。[1]上述观点似乎是站在不当得利请求权辅助性说[2]的立场

---

〔1〕 刘言浩：《不当得利法的形成与展开》，法律出版社2013年版，第284~285页。

〔2〕 参见王泽鉴：《不当得利》，北京大学出版社2009年版，第209页。不当得利请求权辅助性说有两个意义：第一个意义系指有其他请求权存在时，一方并未受到利益，致他方受损失，不当得利请求权的要件不具备，而不发生不当得利请求权；第二个系指不当得利请求权仅限于当事人不能依其他请求权得到完全满足时，始能行使之。

而得出的结论。然不当得利辅助性说有三点疑问,一是辅助性说第一个意义认为有其他请求权存在时,不当得利请求权因要件不具备而不能发生不当得利请求权,坚持此观点的结果是不当得利请求权将几乎不可能与其他请求权发生竞合,可是法律并未明文规定禁止不当得利请求权与其他请求权竞合的形态,而实际上不当得利请求权广泛地与物权请求权、侵权法上的赔偿请求权、合同上的请求权等发生竞合。二是请求权是否成立,应各就其构成要件加以判断,不应受其他请求权的影响。不当得利作为民法确立的债之发生原因,与其他请求权相比,它没有发生的优先度的差异,唯当事人选择适用而已。易言之,不当得利请求权的发生具有独立性,若事实得满足所规范要件,即应认可不当得利请求权之成立。三是认为辅助性说可以遏制不当得利请求权适用范围过大而致使其他制度丧失其规范机能的理由不成立。法国民法特创辅助性理论以节制不当得利请求权的适用范围,然而认为采纳将不当得利置于其他请求权发生之后的辅助性说能有效遏制不当得利请求权滥觞的见解,其实这是未能正视不当得利制度机能而舍本逐末的狭见。一方面不当得利制度功能在于调整财产权益的不当变动,不当得利法也只有与它规范有效衔接才能发挥作用,其身影出现在财产法的各个领域。若人为地限制其发生,不当得利制度必将畸形发展,疏离其本意。另一方面,防止不当得利滥觞的途径只能是对其构成要件的精确把握。正确适法不会导致规范制度泛滥的结果,而明确只有符合规范构成要件的事实才由该规范调整是正确适法的方式。人为设定辅助性规则而不去关注不当得利法构成要件,难谓不是逃避问题。况且,承认不当得利独立性,让其与其他请求权发生竞合并不直接影响当事人实体权利义务,到底行使哪项请求权的选择权在当事人手中。因此,笔者赞成不当得利请求权独立说。

回到本例中,承租人为修缮租赁物而支出费用,修缮租赁物能增益出租人的利益,虽法律规定了承租人得向出租人请求返还支出费用的法定请求权,但也并不排斥支出费用型不当得利请求权的成立,二请求权应发生竞合。[1]

其二,支出费用型不当得利请求权与占有恢复关系上支出费用型请求权

---

[1] 笔者认为,法律规定的法定请求权是出租人不履行基于租赁关系的修缮义务所生,属于法定的债务不履行之后果。类似的讨论可参考王泽鉴:《不当得利》,北京大学出版社 2009 年版,第 213~214 页,关于"债务不履行与不当得利请求权竞合"的讨论。

能否竞合的问题。在此，先从比较法上进行观察。德国民法认可非占有人对受益人之物支出费用时享有支出费用不当得利请求权，而通说认为《德国民法典》第994条以下的调整所有人与占有人关系的法律规定是终局性的，不承认此时可适用不当得利返还请求权。[1]亦有反对者梅迪库斯称，应承认此种情形下，不当得利返还请求权与所有人—占有人关系的竞合。理由是支出费用的占有人的地位比支出费用的非占有人要恶劣得多。[2]我国《物权法》第243条也规定了调整所有人与占有人关系的相关规范。"问题在于"民法"关于占有人对于恢复请求权人的权利义务设有详细规定，是否因而排除不当得利请求权。"[3]王泽鉴教授的疑义在中国大陆语境下是不成立的，因为我国《物权法》在此方面的规定语焉不详，不当得利请求权大有适用空间，但此追问于认识支出费用型不当得利大有裨益，笔者说明如下。倪江表教授认为，无占有权利之占有人，与恢复请求权人间之法律关系，往往有与无因管理、不当得利、侵权行为，或债务不履行所生之关系并存者。而本款所述之各种规定，则并不妨害此等规定之适用，在请求权发生竞合时，有请求权人，自得任择其一，以为行使，如行使其一，不能满足时，则得行使另一种，总以达其目的为足。[4]可见，倪先生明确肯定占有恢复关系上各请求权与不当得利请求权之竞合。

笔者大体赞成此见，但有的学者根据我国《物权法》第243条之规定的"应当支付善意占有人因维护该不动产或者动产支出的必要费用"作反对解释，得出"恶意占有人"不得请求返还支出必要费用的结论。然而，该反对解释并不成立，只有当规范所列乃必要条件时，反对解释才具道理，即第243条规定"善意占有人得请求支付必要费用"并不意味着否认"恶意受让人得请求支付必要费用"，只是"恶意占有人"须依支出费用不当得利请求权行之罢了。或许从立法者意思出发，立法者之所为只规定"善意占有人"情形，就是为了惩罚"恶意占有人"，而限制其支出必要费用返还请求权。但"民法"关于占有恢复请求关系的规定，乃在平衡占有人因支出费用而发生的财

---

〔1〕 刘言浩：《不当得利法的形成与展开》，法律出版社2013年版，第315页。

〔2〕 ［德］迪特尔·梅迪库斯：《德国债法分论》，杜景林、卢谌译，法律出版社2002年版，第582页。

〔3〕 王泽鉴：《不当得利》，北京大学出版社2009年版，第222页。

〔4〕 倪江表：《民法物权论》，中国政法大学出版社2011年版，第431页。转引自王泽鉴：《不当得利》，北京大学出版社2009年版，第222页。

产减少。不当得利则在取除无法律上原因而产生的财产增加，其应返还的范围非系占有人实际上对物所为的支出，而是尚存的利益，二者之规范目的不同，不生排除问题。[1]也就是说，即便在占有恢复关系中不承认"恶意占有人"为占有物支出必要费用的返还请求权，"恶意占有人"也得依无因管理[2]或支出费用型不当得利请求权，请求返还。衍生的另一个问题是，无权占有人予占有物增益而支出的有益费用可否请求所有人返还。在善意占有情形无太多争议，[3]在恶意占有情形中，有观点认为若许其请求清偿，恶意占有人可于占有物多加有益费用，借此以难恢复占有物人，因此否认其对支出有益费用返还的请求权。拙见以为，支出费用型不当得利之返还基础乃权益归属说，占有人"恶意"并不能阻却占有人对所支出有益费用的权益归属，所有人因此受到的权益增加亦不得确证为符合权益归属，上述否认的理由虽确有所据，但不当得利制度中的"强迫得利"理论能合理化解该顾虑。因此，无权占有人予占有物增益而支出的有益费用也得依支出费用型不当得利请求权请求所有人返还。

③"强迫得利"是否得发生不当得利返还请求权。受损人因其行为使受益人受有利益，而违反其意思，不合其计划的，是强迫得利。德国民法中，若受益人同意或符合受益人可推定的意思的，构成无因管理。若受益人在事后不同意受益人对符合其意思的事务管理，属于不真正无因管理行为，依《德国民法典》第 684 条之规定，[4]受益人（本人）应依不当得利之规定向管理人返还因事务管理而取得的利益。本人之所以承担返还义务，是因为本人不能保留建立在他人支出费用基础上之所得。法国判例则否认强迫得利时，受损人的不当得利返还请求权。[5]回到我国视角，最高人民法院《关于审理

---

〔1〕 王泽鉴：《不当得利》，北京大学出版社 2009 年版，第 225 页。

〔2〕 我国台湾地区"民法"第 957 条规定："恶意占有人因保存占有物所支出之必要费用，对于恢复请求人得依关于无因管理之规定，请求偿还。"相关问题可参见黄茂荣：《债法通则之四 无因管理与不当得利》，厦门大学出版社 2014 年版，第 133 页。

〔3〕 参见黄茂荣：《债法通则之四 无因管理与不当得利》，厦门大学出版社 2014 年版，第 130~131 页。

〔4〕《德国民法典》第 684 条："在不存在有第 683 条规定的条件时，本人有义务根据关于返还不当得利的规定向事务管理人返还其因事务管理而获得的利益，本人追认事务管理的，事务管理人享有第 683 条规定的请求权。"

〔5〕 刘言浩：《不当得利法的形成与展开》，法律出版社 2013 年版，第 315 页。

城镇房屋租赁合同纠纷案件具体应用法律若干问题的解释》第 13 条规定："承租人未经出租人同意装饰装修或者扩建发生的费用，由承租人负担。出租人请求承租人恢复原状或者赔偿损失的，人民法院应予支持。"由此否认了承租人强迫出租人得利后发生不当得利返还请求权。有学者以"恶意当事人不受保护"乃法律原则为由，认为在先判断当事人之间受损得益情形后，应当区分受损人主观上是否具有恶意，进而判断是否得请求受益人为不当得利之返还。[1]笔者并不赞成该观点，并试图用权益归属说来说明强迫得利问题。首先从不当得利的规范旨意出发，不当得利法调整无法律上原因的权益返还问题，在给付不当得利中，"无法律上原因"乃指给付方缺乏给付目的。在非给付不当得利中，"无法律上原因"乃指受益人保有所得权益违反权益归属轨迹。由此观之，受益人主观心态善意或恶意并非"无法律上原因"的观测角度。况且，受益人之"恶意"的内涵不明确，譬如无权占有人为原权利人强迫得利情形，其"恶意"之评价标准，到底是对无权占有事实的明知，还是对该得利违反原权利人意思的明知，具体如何语焉不详，但至少可认为二者可苛责的程度截然不同。其次，坚持权益归属说能合理解决强迫得利问题。这里说的权益归属是一个静态的、由规范先决确定的权益归属结果。动态的"受利益而致他人损害"的权益变动过程违背了权益归属本来的模式，即构成了不当得利法中的"无法律上原因"。那么，在强迫得利情形里，判断受损人得否主张不当得利返还，应执"受益"与"受损害"两端，透析权益流动的动态过程，再认定该权益流动是否违反静态的权益归属。受损人"受损害"在此情形中不成疑问，真正的问题在于受益人必然受益么？拙见不然，"利益"在财产法上是一个客观的经济评价，[2]而"受利益"掺杂了当事人的主

---

[1] 刘言浩：《不当得利法的形成与展开》，法律出版社 2013 年版，第 316 页。刘言浩认为，若客观上依通常情形判断受益人受有利益，且受损人主观上无恶意者，则受益人保有该利益并无法律上之原因。若受损人主观上出于恶意，则不应承认其不当得利返还之请求权。

[2] 此处所言的"利益"仅指财产法中的个人财产利益，而非法律整体所关注的"利益"。赫克在诠释"利益法学"时，对法律中的"利益"作了广义的理解。他认为，在一切社会中相互竞争的个人利益与集体利益将属于这个概念的范畴，如受到宪法和法律保护的法益（如言论自由、法律原则和社会国家原则）。参见［德］伯恩·魏德士：《法理学》，丁晓春、吴越译，法律出版社 2013 年版，第 236 页。

观意思。[1]举例说明之，甲租赁乙房屋期间，为乙屋支出装修费用，将原来简陋装饰改造为欧式风格，但乙钟情中式风格并早打算在租赁期限届满后改造房屋。此时，虽甲实际支出费用，欧式装修也是客观的经济利益，但乙其实并未受益，此则为真正的强迫得利。正如梅迪库斯所言："不应强迫本人支付其并不希望的强加利益的客观价值。"[2]因此，笔者主张将"受利益"予以一定程度的主观化，即该强迫得利违反受益者事后之意思或计划，受益人不会实际利用该受益的，应认为强迫得利对象没有受益，在"受利益致他人损害"这点便可排除不当得利请求权之成立，亦即没有发生完整的权益变动。[3]

（3）求偿型不当得利。求偿型不当得利是支出费用型不当得利的特殊形态，指清偿他人债务，因不具备委托、无因管理或其他法定求偿要件而发生的不当得利请求权。该类型不当得利适用范围较窄，兹举一例说明。第三人提供抵押物担保债务人对债权人的债务。债权人行使抵押权，以其拍卖所得价金清偿债务时，债务人因而免除对债权人的债务而受利益，于此情形，第三人对债务人有求偿型不当得利请求权。[4]

（4）事件变动型不当得利。事件变动型不当得利是笔者对原"因事件而生之不当得利"的修正。[5]所谓"事件变动"包括两层含义，一是事件的发生变动；二是因事件发生变动而导致的权益变动。该类型之"无法律上原因"

---

〔1〕　笔者试图从"平衡正义"的角度来说明受利益之主观化，"任何人都无法准确地计算什么价格对某个商品或服务才是公正的。然而，合同双方可以并且应该确定，在特定的时间，什么对他们而言是有价值的"。在合同中，什么对价才公正，站在平衡正义的立场，要关注当事人之自主意思判断，即受利益与否和当事人主观意思息息相关。参见［德］伯恩·魏德士：《法理学》，丁晓春、吴越译，法律出版社2013年版，第165页。

〔2〕　［德］迪特尔·梅迪库斯：《德国债法分论》，杜景林、卢谌译，法律出版社2002年版，第510页。

〔3〕　笔者的观点与王泽鉴教授的类似，但较之更为激进。王泽鉴教授意图将我国台湾地区"民法"第181条第2项不当得利返还的"价额"主观化，就受益人整个财产，依其经济上计划认定其应偿还的价额。例如油漆他人即将拆除的围墙时，其应偿还的价值额为零，不必返还。二观点实质上都承认受益人之主观意思、原定计划对是否发生不当得利返还的重要影响。参见王泽鉴：《不当得利》，北京大学出版社2009年版，第175页。

〔4〕　王泽鉴：《不当得利》，北京大学出版社2009年版，第157~158页。

〔5〕　笔者所称修正主要体现在认为权益移转变动若出于人们无意识之举止，也应划归为事件变动型不当得利范畴。

亦得以权益归属说进行判断，即受益人对该事件所致的权益变动的保留是否违反权益归属。兹举两例进行说明。例一，乙之牲畜进入甲之院落，此时，乙自得向甲主张所有物返还请求权或不当得利返还请求权。例二，甲利用灯塔的远光灯在夜间捕鱼，此时，灯塔所有人不得向甲主张不当得利请求权。两例不同的处理结果，原因在于权益归属说，略作说明。例一中甲获得乙之牲畜的占有，该占有在规范上原为乙之权益，甲之占有显然违反了权益归属，因此得成立不当得利返还请求权。反观例二，甲确实利用了灯塔照明便利捕鱼，然光线便利只是灯塔本身的反射利益，不属于规范保护的权益，因此该情形下甲的受益并不违反权益归属，自不得成立不当得利请求权。

（5）因法律规定而生的不当得利类型。拙见以为，特意作此区分实乃不必，法律规范不会主动地引发权益变动，更难谓不当得利返还请求权之发生。所谓消灭时效与取得时效都是在已发生不当得利事由后，因为法律意图终局性地将某权益归属于受益人或出于维护和平的权益秩序而阻断了不当得利请求权的发生。

善意取得情形，无权处分人之侵害权益的行为本会发生不当得利返还之效果，然法律为保护善意受让人之信赖、交易安全之保全，特别规定善意受让人取得受让物。这是法律对该物权益归属的例外规定，且这并不意味着法律不保护受损人正当的权益归属，原权利人可向无权处分人（真正的受益人）请求返还作为代替的标的物之对价，[1]即在此情形介入第三人利益平衡之考量，以维护总体上的正当权益归属。[2]因此，也难谓此时不当得利发生本于法律规定。关于添附制度，添附之发生在事实上可本于自然事件、受益人之行为、第三人之行为及受损人之行为，而以上均可纳入权益侵害型不当得利、

---

〔1〕 参见王泽鉴：《不当得利》，北京大学出版社 2009 年版，第 122～123 页。笔者进一步认为，善意取得制度虽在形式上确定了权益之新的归属结果，但实质上，缺少真正权利人处分意思的情况下，权益归属不会本质发生变化。善意相对人虽得到法律取得权利的保护，但他也支付了相应的对价，此时真正的受益人乃无权处分人，其所受利益即无权处分之对价。

〔2〕 笔者所称"总体上的正当权益归属"，指善意取得制度虽规定善意相对人得取得无权处分人之权利，但无权处分人所受对应之价金或对善意相对人之支付价金请求权应作为该物不当得利返还的代替，应向原权利人返还。"总体上的正当权益归属"还体现在，若善意相对人乃以极低的价格，甚至无偿取得者，不得善意取得。简言之，总体上的正当权益归属是权益归属原则与利益平衡原则综合考量的结果。

支出费用型不当得利及事件变动型不当得利中。添附制度之规范目的系为避免社会经济的不利，为调和当事人利益。[1]王泽鉴教授对此作出进一步的解释，在添附的情形下，法律所以规定由一方当事人取得动产所有权，乃在维护物的经济利益，非在使他方当事人终局实质地取得其利益，为期平衡此项物权变动，"民法"乃另设债权上不当得利的求偿关系。因添附而受益，虽系基于法律规定，但法律并无使取得所有权之人终局实质取得其利益的规范意旨，故不具有法律上之原因，应成立不当得利。[2]因此，笔者认为添附制度的安排对不当得利制度的实质——权益归属，并无实在影响，仅是在物之归属上须遵守添附之规定，如善意取得制度一般，受益人应返还原物之代替权益，实现个人权益与社会利益平衡后的总体上的正当权益归属。

综上所述，除消灭时效与取得时效真正改变了权益归属结果，以维持当事人的财产状态之新秩序为目的外，善意取得制度与添附制度要么是出于保护交易安全的考虑，要么是出于经济利益的考量，都未终局地、以法律规定的威严姿态规定财产的归属。[3]然而，以上四种常被划归为因法律规定而生之不当得利的情形，其发生成因均可在侵害权益型不当得利、支出费用型不当得利与事件变动型不当得利里找到根据，只是在具体的谁得向谁请求返还、返还之形态与范围等事项上要结合它规范进行确定，而"无法律上原因"的判定恰好需要从它规范中找到依据，即与它规范衔接适用，此过程可以包揽之。因此，笔者认为特意区分因法律规定而生之不当得利类型并无实益。

---

〔1〕 王泽鉴：《不当得利》，北京大学出版社 2009 年版，第 153 页。

〔2〕 王泽鉴：《不当得利》，北京大学出版社 2009 年版，第 154 页。"添附后之物在物权法上之归属，这是单纯从物之有效利用的观点所作之规范秩序的安排，不含财产利益之归属的公平考虑。"参见黄茂荣：《债法通则之四　无因管理与不当得利》，厦门大学出版社 2014 年版，第 69 页。

〔3〕 王泽鉴：《不当得利》，北京大学出版社 2009 年版，第 154 页。王泽鉴教授认为，善意取得制度使受让人终局保有权利，而不同于添附制度。笔者却认为，受让人得终局保有权利而不受不当得利请求权之干涉，原因不在善意取得制度的权益归属安排，而是基于受让人出于"善意"并支付代价的行为，让其保有权利本身具有正当性。此时真正的受益人是无权处分人，原权利人受损害之权益转化为受益人所受价金，原权利人得向无权处分人主张不当得利返还。如此看来，善意取得制度也未改变原权益归属状况。

二、评述

（一）统一说之优势与不足

1. 统一说的优势

一是"无法律上原因"之问题与不当得利之基础观念有密切之关联，不当得利之基础理应有统一的观念，[1]因此"无法律上原因"最好也能得到统一说明。二是若能为"无法律上原因"之判定找到一个合规范目的的、可操作的统一基础，能大大缓解法官适用不当得利法之难，有利于司法便利。三是我国《民法通则》第 92 条与《民法总则》第 122 条都对不当得利制度作出了统一的规定，从立法角度看，立法者支持统一说的可能性更大。

2. 统一说的不足

公平说与正法说有其法理依据，但何谓"公平正义"，何谓"真正的法"，都缺乏明确的定义，过分依赖法官的自由裁量权，非现代法律之取向。正如 Wilburg 所言："衡平者，乃在表示由严格的形式法到弹性法，由硬性的规则到个别精致化的发展，不当得利请求权曾艰辛地借助于衡平思想，成为一项法律制度。业经制度化的不当得利，已臻成熟，有其一定构成要件及法律效果，正义与公平应该功成身退。"[2]

债权说难以解释在不存在债之关系或相对关系时，却也不成立不当得利之情形。如善意取得，善意受让人与原权利人之间虽不存在债之关系或相对关系，但仍不为不当得利。再如订婚者因婚约不成立，请求返还聘金，不得以债之关系不存在而请求返还，而只得依给付目的不达主张不当得利返还。

对权利说主要有两点批评意见：第一，取得时效而取得利益并无权利之基础，但受益人在取得时效经过后得保有该利益。第二，因附解除条件的法律行为而取得利益，待解除条件生效后，按权利说所见，受益人在取得利益时具有权利基础，故不构成不当得利，这一结论与通说之构成原因消灭之不当得利不合。持权利说的学者针对上述二批评作出回应称，取得时效乃法律之特别规定，受益人保有权益有法律上原因。因附解除条件之法律行为而得利，

---

〔1〕 郑玉波：《民法债编总论》，中国政法大学出版社 2004 年版，第 95 页。

〔2〕 王泽鉴：《不当得利》，北京大学出版社 2009 年版，第 15~16 页。

当时虽有法律上原因，后之不存在者，与自始无法律上原因处理结果相同。他们进一步说明，无法律上之原因，应自受领人处判断。法律上之原因，应客观地存在于受领人之权利上。受益人依其权利而受利益，自无不当得利可言。若受益人无权利而受利益，致他人受损害者，有返还利益之义务。[1]权利说在统一说中属于比较有力的学说，如郑玉波教授所言："统一说未能概括，非统一说不免琐碎，然则我民法上究应采取何说？曰，应采统一说之权利说。"[2]

权利说基本揭示了不当得利制度之本质，其理念选择笔者赞同之，但何谓"权利"亦是解释之难题。日本学者加藤雅信对权利说进行修正，透过司法判例对"无法律上原因"进行具体分析，提出了"箱庭说"，增强了"权利"的可把握性。笔者支持这种结合他规范寻求"无法律上原因"之内涵的探究方法，但该说至少会产生两大疑问：一是通过对判例的分析而列举出各种情形下的不当得利中的"无法律上原因"，此种归纳似乎未能得出统一之结论，而且法律修改、新领域法的兴起让这种汇总的方法难以灵活适应变化的法律环境。二是该说确实蕴含区分类型具体分析的理念，但按其表述，区分不同法律关系进行一一说明，不免繁琐。另外，"箱庭说"过分注重"无法律上原因"本身的把握，而没能对不当得利作合理的类型区分来观测整个权益流动的过程。"箱庭说"之所以产生上述疑问，笔者以为，其原因出于其类型化之不完整。

（二）非统一说之优势与不足

1. 非统一说之优势 [3]

第一，统一说难以为统一说明。如前所述，统一说提出的各种概念，或失诸空洞，或偏于一隅，似不足以作为认定财产变动是否具有法律上原因之标准。

第二，类型化能体现不当得利法之功能，明确请求权基础之要件。通过类型化，"无法律上原因"得具有具体准确判断标准，然类型化不局限于为是否具"法律上原因"提供判断的标准，合理的类型区分能明晰各种不当得利

---

〔1〕 刘言浩：《不当得利法的形成与展开》，法律出版社 2013 年版，第 297 页。

〔2〕 郑玉波：《民法债编总论》，中国政法大学出版社 2004 年版，第 102 页。

〔3〕 参见王泽鉴："不当得利类型论与不当得利法的发展——建构一个可操作的规范模式（上）"，载《甘肃政法学院学报》2015 年第 5 期。

类型的构成要件，对它们作精准把握。

第三，合理的类型化能观测权益流动的全过程，便于确认何人受益，何人受损害，何种权益发生不当之变动，进而判断受益人是否得保有该权益。如在给付不当得利中，权益流动基于给付行为，给付方为受损人，受领方为受益人。所谓"所受利益"乃受领给付之增益，而"无法律上原因"则关注给付目的之有无。再如非给付不当得利里，权益侵害不当得利中的权益流动基于侵害权益之行为，受益人为侵害行为人或第三人侵害行为之实际受益人，受损人为该权益主人，所受利益直接观察受益人因侵害权益之收益即可，其"无法律上原因"指侵害权益行为违反权益归属。

第四，类型化有助于实现不当得利法与它规范的有机衔接适用，为判断是否具有"法律上原因"提供规范依据。此优点的前提是类型化是以规范性依据为分类理由的。所谓规范性依据，首先，从不当得利制度目的"矫正权益归属"出发，该分类理由所反映的应当是权益移转变动的过程，而不仅仅是权益移转的最初原因。须解释，比较对非给付不当得利的两种分类方法。第一种分类方法关注的是权益移转变动的最初事实原因，如"受益出于受损人行为者"，该分类依据无法体现权益变动的过程。反观第二种分类方法，如"权益侵害型不当得利""支出费用型不当得利"，从分类依据上即可大致观察出权益变动之过程。其次，规范性依据要求从事实中寻找各类型不同的规范因素，并以此分类。如给付不当得利之规范因素为"给付"，权益侵害型不当得利之规范因素为侵害权益之形态，支出费用型不当得利之规范因素是非以给付而为他人支出费用。总而言之，作出这样的分类一方面能周延地包揽不当得利可能发生的类型，另一方面就是提供一个预先制定的模板，通过类型化充分发挥规范与事实之间的类推。[1]同时，这个模板又是合乎规范的，能为我们寻找与不当得利法衔接适用的它规范提供指引，譬如在给付不当得利中，法官判断是否具有法律上原因时，不须对案件事实反复辗转，以考究其法律原因何在，唯明确受损人为给付之原因是否尚存即可。在权益侵害型不当得利中，法官所关切的也只是该权益之取得是否因侵害本应归属于受损

---

〔1〕〔德〕卡尔·拉伦茨：《法学方法论》，陈爱娥译，商务印书馆2003年版，第16页。考夫曼所称的"法学上的类推思考"意指案件事实与规范的构成要件之间的比较，他认为必须借此类推程序，才得判断该案件事实是否适合该规范。

人之权益而已。因此，法官得便利地根据案件事实所符合的类型，有针对性地检索如《合同法》《民法通则》《侵权责任法》之相关规范。

2. 非统一说之不足

类型化思路乃对不当得利法进一步的发展，成为许多国家、地区立法或司法实践之通说，[1]国内亦有如史尚宽、王泽鉴、黄茂荣等具有影响力的学者明确表示支持的意见，但笔者认为非统一说尚不完善，略有不足。

第一，非统一说内部的理论建构存在瑕疵。首先，采取给付与非给付不当得利类型的区分已大体成为非统一说学者的共识，但关于非给付不当得利的下位分配方法，正如笔者前面提到的，也许应多关注分类根据之规范性方面，使该分类理由得到进化。其次，选择了类型化这条路长且艰的道路，就应做好与各类型中的疑难问题打持久战的准备，因此如"三人关系给付不当得利""无权处分时不当得利返还之适用""强迫得利""不当得利返还请求权与其他请求权能否竞合问题"都应在类型化的同时作详细的解释。最后，随着财产法的扩张，权益评价的广泛化，将会有愈来愈多的诸如"人格权的财产权益评定"等新型问题困扰研究者。[2]因此，另一个追问也随之而来，即采取非统一说似乎也难以限定不当得利法的适用边界。

第二，非统一说本身具有理论创伤。不当得利法是一项成熟的法律制度，有其统一的构成要件和理念根基，"无法律上原因"作为不当得利法最复杂的构成要件，与不当得利法的理念根基有着密切联系。通过非统一说的诠释，我们能发现各类型"无法律上原因"的不同判断标准，然而这些类型化之结果的更上位理由是什么，为何在此种类型中要这样认定法律上原因是否存在。管见以为，如果非统一说太过关注技术方法上的适当性，而忽略理念上的统一性，会减损其论证力。[3]

---

〔1〕 如德国、法国、瑞士、奥地利、我国台湾地区等。顺便一提，以判例为根基的英美法，也可纳入不当得利法类型化说的阵营。

〔2〕 当然这也是统一说的支持者会面临的问题，只是非统一说要求我们将这些问题纳入各类型中，作出更具体入微的回应。

〔3〕 刘言浩：《不当得利法的形成与展开》，法律出版社 2013 年版，第 398 页。非统一说最大的问题是给付不当得利中过于人为拟制"给付"概念。即使是在以非统一说为通说的德国，也存在对该学说的批评，完全忽略不当得利的统一制度基础，只根据法律概念进行推演，有时会走向反面。

第三，采统一说还是非统一说离不开各国实体法的基础，《德国民法典》第812条为非统一说提供了解释的可能，但我国《民法总则》和《民法通则》对不当得利制度的立法表述采统一说明，因此，有学者担忧以非统一说之学说解释统一说之立法在客观上会与立法之文义产生冲突，既不利于法官对法条之适用，亦影响法律适用的可预测性。[1]此外，王伯琦教授在支持统一说的理由中也提到："我民法系就不当得利之情形，为一般之规定，并非如他国民法就不同之情形为个别之规定，且该条之所谓无法律上原因，系就利益之受领人方面而言，至为明显，故依吾民法之解释，应为统一说为宜。"[2]此担忧并非空穴来风，但也不是动摇支持非统一说之理由。简言之，在法规范采统一规定时，从法律逻辑上不排除类型化之可能，即统一规定乃法制定层面的形式，类型化乃法律适用层面的手段。笔者虽不以为此反对的意见实指非统一说之不足，但仍将之列入此处，以资说明。

（三）笔者见解

通过上述探究可知，单独适用统一说可能造成的结果是不当得利制度要么因为缺乏明确之要件限制滥觞于司法领域，要么因为要件难以把握被束之高阁，最终的结果都是无法正确适用不当得利规范，发挥其规范机能。非统一说虽也有不足之处，但瑕不掩瑜，在发挥不当得利制度机能上，是目前比较适当的选择，但其并非不能得以完善。

笔者试图把视野转回统一说与非统一说学说争端之伊始，衡平理念作为促进不当得利制度化、规范化的原因，长久以来一直指引着立法、司法与学说的发展。初始的不当得利法依凭于公平正义，相关立法材料和司法判例稀薄，难为非统一说。在随后的发展过程中，判例逐渐累积，立法也在修订中慢慢完善，理论建构也日臻成熟，这些都为非统一说提供了萌芽的土壤。似为了一矫统一说为主导的天下，支持非统一说的学者大肆批判统一说之缺漏，迅速将统一说逼入了进退维谷之境地。于是，也给人们留下了二者非此即彼，只能择一选择的印象。然而，笔者认为，统一说与非统一说其实是不当得利法发展的两个阶段。细言之，前者目的为奠定不当得利之基础，明确其机能，

---

〔1〕 刘言浩：《不当得利法的形成与展开》，法律出版社2013年版，第327页。
〔2〕 王伯琦：《民法债编总论》，法律出版社2001年版，第58页。

试图用规范的语言去描述制度之目的，后者目的为解释不当得利之要件，实现其机能，尝试用规范的类型去建构一个可操作的制度之适用方法。支持统一说的学者也许未留意到统一说对"无法律上原因"的解读偏重于定义，而非解决实际适用。支持非统一说的学者为不当得利制度的适用作出非凡努力，却没来得及为各类型之基础作一个统一的说明。即便是明确主张支持非统一说的王泽鉴教授也承认，给付不当得利及非给付不当得利的区别，并非法律逻辑的当然，乃是基于目的性的考虑，不能因此而否认不当得利制度具有一个统一的原则。[1]类型化在于突显各种不当得利请求权的作用，及明确其要件，使问题的呈现更为透明，裨益法律的适用，以实践不当得利制度的规范功能。[2]一个是制度基础的问题，一个是制度适用的问题，难谓二学说存在绝然的对立。

因此，拙见以为，二学说并非不兼容，甚至应该认为只有二学说结合在一起，方能完整地揭示不当得利法的规范功能，发挥其制度机能。易言之，笔者支持对"无法律上原因"作统一的说明，再通过类型化的方法裨益法律的理解与适用。然类型化的方法已在第一部分作出说明，那么现在所面临的问题便是如何对"无法律上原因"作统一说明。统一说中，权利说最为合理，但"权利"这一概念可能需要违背原意的解释方能与类型化相融，[3]"箱庭说"虽说是权利说的细化，但实质是披着统一说的不完全类型化的非统一说。从现有的学说中找不到合理选择，笔者大胆借鉴非给付不当得利中的权益归属说，辅以"规范"的限制，称之为"规范权益归属说"，现说明于下。

（1）权益归属说可作为不当得利各类型判定"无法律上原因"的统一标准。笔者前面说明了，非给付不当得利中的权益侵害型不当得利、支出费用型不当得利、求偿型不当得利与事件变动型不当得利，这四类型的"无法律

---

〔1〕 然而，何谓"无法律上原因"还是没有一个统一的说明。

〔2〕 王泽鉴：《不当得利》，北京大学出版社 2009 年版，第 159 页。

〔3〕 "权利"内涵虽不明确，但应认为不当得利法调整的权益范围要大于权利范围。以德国民法学对侵权法中的权利的教义学解释为例，笔者认为，权益与权利在归属效能与排除效能上相似，但在社会典型公开性方面，这点权利体现得更加明显。参见于飞："侵权法中权利与利益的区分方法"，载《法学研究》2011 年第 4 期。而不当得利法所保护的财产权益，可能具有权利地位，也可能仅是一种不具权利地位之财产利益（例如未取得专利权之专门技术）。参见黄茂荣：《债法通则之四　无因管理与不当得利》，厦门大学出版社 2014 年版，第 91 页。

上原因"的判断标准都采权益归属说，后提及因法律规定而作特别调整的情形时，也是以权益归属说为原则进行说明的。其实给付不当得利中的"无法律上原因"也可以由权益归属说进行说明，"给付行为"是该类型财产权益流动的样态，而"给付目的"为"给付行为"提供了正当性根据，"给付目的"又来源于当事人之意思。私法三大原则之一便是意思自治，意思自治原则予以权利人对自己财产极大的处分权利，符合权利人自主意思的处分行为为法律所尊重，其造成权益变动的结果获得法律之保护。意思自治原则在给付行为中表现为法律保护具备给付目的的权益变动结果。权益归属指法律（规范）保护的权益归属秩序，即具备给付目的的给付行为所达成的新的权益归属秩序是符合权益归属的，反之则违背了权益归属，因此成立给付不当得利返还请求权。因此，以"给付目的"作为判断"无法律上原因"的标准的实质也属权益归属说。

（2）权益归属说符合不当得利法的规范目的。无论是在矫正欠缺法律关系的财货变动或保护财货的归属，不当得利法的规范目的均乃取除"受益人"无法律上原因而受利益。[1]权益归属说的内涵是违反权益归属的受益须依不当得利返还以恢复原权益归属秩序，这点与不当得利法的制度目的相符。权益这一概念具有广泛性，虽不意味着不需对其进行限制，但与"权利"相比其更能灵活契合不当得利法所欲调整的利益范畴。

（3）规范权益归属说乃指联系它规范对权益内涵进行限缩。不当得利返还请求权的适用离不开与它规范的有机联系。规范限缩权益至少有两层意思，一是权益是法律评价的权益，结合它规范，可证明什么权益受法律保护；二是权益归属秩序也是由它规范确定的，综合案件事实与它规范规定，可窥探应然的权益归属秩序为何。规范到底如何限制权益内涵将在下文具体说明。

笔者的观点是以权益归属说为基础，加入规范作为限制要素，创立规范权益归属说，作为贯穿各类型之"无法律上原因"之判断的基础标准。当然，这种观点并不否认应根据类型不同确立更具功能指向性的具体标准，[2]但必

---

〔1〕 王泽鉴："不当得利类型论与不当得利法的发展——建构一个可操作的规范模式（上）"，载《甘肃政法学院学报》2015年第5期。

〔2〕 如在给付不当得利中，仍可通过"给付目的"作为是否具有法律上原因的判断标准。

须承认这些具体标准的源泉都为规范权益归属说。

三、规范权益归属说之具体说明与优势

（一）不当得利规范为裁判规范

对于裁判规范为何者，我国学者一般存在两种不同的理解。其一是从法律规范的功能划分上，将法律规范划分为行为规范与裁判规范。如黄茂荣先生认为："法条或法律规定之意旨，若在要求受规范之人取向于它们而为行为，则它们便是行为规范；法条或法律规定之意旨，若在要求裁判法律上争端之人或机关，以它们为裁判之标准进行裁判，则它们便是裁判规范。"[1]其二是将裁判规范理解为法律规范的具体化，是法官结合法律规范与具体案件情况所形成的个案规范。[2]笔者意旨不在于探讨裁判规范究竟为何，此处讨论只为探索不当得利规范发挥其功能之机理，因此倾向于以第一种观点为基准去理解裁判规范。

不当得利规范应为裁判规范，这是以其立法表述和规范功能两方面得出的统一结论。我国《民法总则》第122条对不当得利的规定是："因他人没有法律根据，取得不当利益，受损失的人有权请求其返还不当利益。"从反面解释此表述，或许可得出要求行为人不得无法律根据，取得利益而致他人损害。然该法条逻辑构造为"构成要件"+"法律效果"，即法官在裁判不当得利案件时，该法条要求法官首先检视案件事实是否符合构成要件，如果是，就应判断是否产生法条规定之法律效果。法官作出判决的裁判标准便是来自于该法条规定。易言之，不当得利规范兼具行为规范与裁判规范的功能，但笔者更欲强调其裁判规范功能。[3]另外，不当得利法的规范功能在于矫正无法律上原因的财产权益归属问题，功能的发挥往往依赖于裁判的作出，而非期待行为人主动遵守返还之行为要求。因此，不当得利规范为裁判规范。

基于不当得利规范裁判规范之性质，要求司法工作者对案件事实是否符

---

〔1〕 黄茂荣：《法学方法与现代民法》，中国政法大学出版社2001年版，第110~111页。

〔2〕 采此观点的学者有陈金钊、历尽国、赵耀彤等。参见张其山："裁判规范创立原则"，载《政治与法律》2009年第10期。

〔3〕 因为，事实上许多规范只有在其裁判规范功能发挥作用时，其行为规范之功能方具实质约束力。

合其构成要件进行确证后，方能裁判发生返还的法律效果。同时，"无法律上原因"作为不当得利法之要件之一，其无法单独在不当得利规范的范畴下进行演绎与适用，而不得不外求于其他形形色色之相关法律中规定的法律上原因。这是消极要件自然存在的问题。盖"无"必须从"有"中求。当一切可能之"法律上原因"皆不存在时，始处于"无法律上原因"的状态。[1]"无法律上原因"实际上是不当得利规范与其他法规范在适用时的关联点，也是不当得利法核心价值取向的承接点。因此，通过"无法律上原因"之要件关联它规范，是不当得利规范发挥裁判规范作用的前提。规范权益归属说也正是基于这一认识，因而强调联系它规范，以对"权益""权益归属秩序"有一个规范的认识，其最终的目的是充分实现不当得利的规范功能（裁判规范作用）。

（二）规范权益归属说如何判断是否具有法律上原因

1. 类型化的成果可提供筛选规范之指引

前面提到了"无法律上原因"并非一个可以单独演绎的概念，在具体案件中，欲确定其具体内涵须将之置于一个与事实相符合的法律环境中，若穷尽可能的法律上原因，再消极承认该案例事实中确无法律之原因。然而，欲在庞大的法律规范中筛选出与事实对应的规范，并非一个容易的过程。此时，类型化的成果为我们提供了便利的指引，譬如在给付不当得利中，若先确定了案件事实对应的可能为给付不当得利类型，在探究其权益移转是否具有法律上原因时，我们只需明确给付目的所指向的法律关系为何，再寻找规定该法律关系的规范即可；在权益侵害不当得利中，关键在于判断受损人权益的有无及内容，此时，可参考"侵权法"所列权益之范围，以处理许多问题。简言之，类型的区分为"无法律上原因"的判断提供了功能指向性的标准，同时这些功能性标准又为我们选择理解"无法律上原因"的规范提供一定的指引。

---

〔1〕 黄茂荣：《债法通则之四　无因管理与不当得利》，厦门大学出版社 2014 年版，第 38 页。

2. 规范保护目的的引入

规范须得解释方能显现其真意，[1]在联系它规范具体判断法律上原因有无时，其基本标准在于规范所确定的权益归属秩序是否因此被违反，而所谓"规范确定的权益归属秩序"也是解释之结果。

（1）法律解释方法简述。萨维尼提出四种法律解释方法：文理的或语言学的解释；伦理的或体系的解释；主观的或历史的解释；客观的或目的论解释。[2]日本学者伊滕正己认为法律解释的诸方法有：文学解释、文理解释、扩张解释与缩小解释、类推解释与反对解释、当然解释。我国台湾地区学者郑玉波教授将法律解释方法分为两类，即文理解释和论理解释。其中，又将论理解释分为：扩张解释、限缩解释、反对解释、类推解释。我国台湾学者杨仁寿进一步将法律解释方法区分为三类：文义解释、论理解释和社会学解释。其中论理解释包括：体系解释、法意解释、比较解释、目的解释、合宪解释。[3]

探究法律解释方法内容及分类，是法学方法论需解决的问题，笔者对此只作简述。规范权益归属说要求对关联的它规范进行解释。法律解释的根本出发点应是文义解释，文义解释限定了法律可能意思之边界。随后将进入论理解释之范畴，不能根据自己的品位喜好来选择这几种论理解释方法，只有将这些方法统合起来，解释之目的才能实现，即既要坚持"在将所有法律制度和法律规范连接成一个庞大的内在关联体系来考察"[4]的体系化解释，又要关注规范之客观目的所在，同时考虑历史的、沿革性的立法者意思解释。其中，笔者更关注目的解释。

德国学者耶林曾指出："目的乃系一切法律的创造者。"[5]我国学者陈金

---

〔1〕［德］卡尔·拉伦茨：《法学方法论》，陈爱娥译，商务印书馆2003年版，第194~200页。如"解释的标的是承载意义的法律文字，解释就是要探求这项意义"。再如"萨维尼认为，可以将包含在解释之中的，自由的精神活动规定如下：由是'我们可以认识法律的真理，确切地说，运用通常程序可得认识之法律的真理'"。

〔2〕［德］伯恩·魏德士：《法理学》，丁晓春、吴越译，法律出版社2013年版，第302页。第二种归纳为语法要素、逻辑要素、历史要素、体系特征。

〔3〕梁慧星：《民法解释学》，法律出版社2017年版，第215~216页。参见杨仁寿：《法学方法论》，中国政法大学出版社2013年版，第138~184页。

〔4〕［德］齐佩利乌斯：《法学方法论》，金振豹译，法律出版社2009年版，第61页。

〔5〕杨仁寿：《法学方法论》，中国政法大学出版社2013年版，第172页。

钊教授亦称："目的是恰当适用法律的校正器。"[1]法律之目的可能指整部法律之目的，也可指某单个法条之目的。这里所说的目的，是规范之客观目的，可能与立法者在制定法律时所预期该法律发挥的目的有所出入，但应认为当法律被制定出来时，它便脱离了立法者们，成为一个独立的存在，因此可以适用不同时代语境下对客观目的之解读。笔者认为，解释规范之目的对确定它到底规定了怎样的权益归属秩序是十分重要的，然目的之概念太宽泛，仍须限缩。

（2）规范保护目的的优势。规范权益归属之内涵，其实是各法规范对某特定权益归属的保护，它们共同构建了完整的权益归属秩序。譬如我国《物权法》第 39 条："所有权人对自己的不动产或者动产，依法享有占有、使用、收益和处分的权利。"本条保护的便是所有人对自己所有物依法占有、使用、收益和处分的权益，若破坏了这一权益归属秩序，即违反了规范权益归属秩序，不当得利返还请求权得有使用之空间。然而，有些规范所保护的权益归属很容易领会，而有的规范却需要进一步解释，才能得到答案。

规范保护目的指规范所保护的范围，属于规范目的中的一种，它关注于规范所直接调整保护的权益或维持某种秩序的目的，而非诸如政策目的、经济目的等所有的规范目的。权益归属乃财产法规范所直接关注之目的。因此笔者认为，从规范保护目的出发，可以更准确地得知该规范所保护的权益归属。当然，规范保护目的的探究有赖于文义解释、体系解释等解释方法的有效使用，此处提及规范保护目的对规范权益归属确定的便利，只是笔者初步之构想。规范保护目的应如何获得，还须依靠法律解释学者的努力。

3. 小结

以规范权益归属说来判断是否具有法律上原因，乃统一说与非统一说之综合，一方面以规范权益归属说为所有类型的"无法律上原因"之判断原则，另一方面，鼓励发挥非统一说之优势，在不同类型中，构建具体的、功能性的"无法律上原因"判断标准。该说特别注重联系其他法规范对权益归属秩序进行判断，并强调对法规范的解释。其中，通过找寻规范之保护目的，以探求该规范所保护的权益及权益归属秩序。另外，规范权益归属说并不排斥

---

[1] 陈金钊："法律解释规则及其运用研究（上）"，载《政法论丛》2013 年第 3 期。

非统一说的类型化理念，反之，透过类型化更有利于法官找到相关的其他规范。

（三）优 势

笔者认为，规范权益归属说的优势如下：

（1）以权益归属说为源泉，符合不当得利法之规范目的。

（2）能够统一说明非统一说下各类型不当得利之"无法律上原因"的判断原则。

（3）强调不当得利法与其他规范的有机联系适用，能更加充分地发挥不当得利法之机能。

（4）通过规范保护目的理论，既可以明确应受保护的权益，又可以观察权益归属之秩序，使"权益归属"不再是一个无法把握的概念。

（5）为不当得利案件判决之结果提供了一个可检测的路径，即法官判断无法律上原因时，应找到规范保护目的之根据，并将之与案件事实进行对比，而得出判决结果。

（6）无法律上原因一定程度上得以被描述，增加司法判决理由的说服力。

（7）规范权益归属说既不是原始的统一说，也不是非统一说，可缓解统一说与非统一说之间的矛盾。

结 论

"无法律上原因"作为不当得利法中最复杂的构成要件，学说上一直有统一说与非统一说之争。笔者试图将上述两学说进行大体的厘清，并提出了修正非统一说类型化分类的建议，即将非给付不当得利区分为权益侵害型不当得利、支出费用型不当得利、求偿型不当得利与事件变动型不当得利，取代传统的分类方法。因法律规定而生的不当得利完全可归属于其他不当得利类型，因此无特意区分一类之必要。统一说与非统一说各有优势与不足，然非统一说较统一说更为合理。其实统一说与非统一说是不当得利法理论发展的两个阶段，两者并非截然对立。笔者以为，融合二学说之优势方能正确解读"无法律上原因"之要件，因此以"权益归属说"为根据，以其他规范介入为限制，大胆提出"规范权益归属说"。"规范权益归属说"既欲确定"无法律上原因"的统一判断原则，又支持非统一说的类型化理念对不当得利法适用之便利。

通过探究，笔者认为不当得利规范乃裁判规范，该裁判规范欲发挥其裁判功能，不得不外求于其他规范，以具体演绎"无法律上原因"之内涵。便利的是，类型化之成果能为我们筛选出有效的其他规范提供指引。能够明确不当得利法所欲保护的权益范畴与权益归属秩序，乃"规范权益归属说"较"权益归属说"之优势，为实践该功能，笔者所赞成的路径是使用法律解释的方法，得到相应规范之规范保护目的，来确认权益归属。

笔者所倡的"规范权益归属说"，是建立在统一说与非统一说二学说累累硕果之上的一种尝试，其并非否认上述二学说之观点，而仅是本人欲改进"无法律上原因"判断标准的一点思考结果。

论侦查阶段刑事被追诉人的隐私权保护

中国政法大学法学院 2015 级 2 班　蔡君艺

指导老师：中国政法大学国家法律援助研究院教授　吴宏耀

摘　要　隐私权从民法上的一般人格权逐渐发展扩大为宪法上的一项基本权利，涵盖防止他人侵入、个人事务自主与个人信息支配权。在刑事诉讼中，它主要体现为刑事被追诉人对抗非法强制侦查行为的防御性权利。与美国"合理隐私期待说"相比，我国立法对于侦查阶段刑事被追诉人的隐私权保护明显不足，存在审查主体不当、授权内容过宽、事后救济匮乏等问题，因此坚持借鉴比较法经验，运用法律保留原则、比例原则进行实质审查，建立法官保留原则保证事先审查的正当程序，完善非法证据排除规则以进行事后救济。

关键词　隐私权　强制侦查行为　合理隐私期待　法官保留

导　论

"隐私权是更为一般的个人受保护权（right to the immunity of the people）——人格权的一部分。"[1]作为一种与个人尊严和自由密切相关的精神利益，隐私权的重要性在信息时代愈发凸显。2002 年，延安一对夫妻因在家

---

〔1〕　[美]路易斯·D. 布兰代斯、塞缪尔·D. 沃伦：《隐私权》，宦盛奎译，北京大学出版社 2014 年版，第 20 页。

中观看"黄碟"而被警察破门而入，丈夫被宝塔县公安分局以"妨害公务罪"为由拘留，家中 VCD 和电视机也被警方扣押。[1] 该事件引发了对"卧室中的权利"的热议，警察能否以夫妻观看"黄碟"为由，在没有搜查证的情况下进入公民住宅搜查、扣押？随着高新技术蓬勃发展，高科技手段逐渐被广泛运用于侦查工作中，2012 年《刑事诉讼法》修改时也在第二章"侦查"中加入了"技术侦查措施"一节。刑事诉讼法作为"动态的宪法"，限制国家权力、保障公民权利是其应有之义，而规范侦查机关的活动程序和活动范围，是尊重和保障公民基本权利的前提和基础。同时，刑事诉讼法作为"犯罪人的大宪章"，为刑事被追诉人提供充分的程序保障是其立法的出发点与核心。然而，目前我国对宪法性隐私权的研究较为薄弱，对于其权利范围和形态认识不足，导致刑事被追诉人在刑事诉讼中的隐私权未得到充分认识和保障。同时，我国刑事诉讼立法过于注重打击犯罪的价值，却忽略了刑事被追诉人的隐私权保护，尤其对侦查手段（特别是监听等技术侦查手段）的规制存在较多不足，容易造成实践中侦查阶段刑事被追诉人的隐私权受到严重侵犯的后果。

本文首先对隐私权的概念与内涵进行解读，通过梳理其历史发展，明确隐私权的内涵、性质及地位，同时探讨隐私权在中国是否为宪法性基本权利，并以刑事被追诉人的视角廓清刑事诉讼中隐私权保护的具体要求。第二部分重点分析侦查阶段刑事被追诉人的隐私权保护问题，主要介绍比较法上美国的"合理隐私期待说"，并与我国立法现状进行对比，分析我国立法的不足之处。第三部分对我国侦查阶段刑事被追诉人的隐私权保护提出了建议，主要从建立实质审查、形式审查与事后审查机制三个方面展开。最后是本文的基本结论。

一、隐私权：概念与内涵

（一）隐私权概念的历史发展

隐私权这一概念首次提出于布兰代斯和沃伦于 1890 年共同发表在《哈佛

---

[1] 参见搜狐网："法理学案例分析：延安黄碟案"，https://www.sohu.com/a/136367045_309281，最后访问日期：2019 年 4 月 20 日。

法律评论》上的一篇论文"The Right to Privacy"。其中，作者认为隐私权不是财产权而是一种新型的人格权，其内涵包括禁止个人肖像、通信和作品被非自愿公开，保护私人事务不被媒体议论，使个人不受外界非法干扰。[1]可见，最初意义上的隐私权处于一般人格权的"晕晖"之中，主要受到私法的调整与保护。社会发展与"二战"的摧残加深了人们对于人格尊严神圣不可侵犯的认识，而当时公权已比私权更有侵犯个人尊严、自由的危险，故必须限制公权力的肆意妄为，从公法乃至宪法的高度保障公民的隐私权。[2]在德国，联邦宪法法院以《德国基本法》第1条"人格尊严不受侵犯"及第2条"人格的自由发展"为依据，确认了一般人格权是一项"宪法保障的基本权利"，其中就包括对个人隐私的保护。[3]因此，在德国，隐私权成为一般人格权的下位概念，受到宪法上的保护。在美国，隐私权成为美国宪法中最重要也是争议最大的议题。[4]美国宪法第四修正案的内涵经历了从"以保护财产权为核心"到"以保护住宅和个人隐私为核心"的发展，涌现了一系列以第四修正案为核心的宪法判例，例如1965年的"格力斯伍德诉康涅狄格州案"、[5]"罗伊诉韦德案"[6]等。而今，美国通说认为受宪法保障的隐私权具有三种不同的内涵：其一是防止政府对公民的"非法侵入"（trespass），即防止政府违反宪法第四修正案，破坏公民的"合理隐私期待"，非法获取公民个人信息；其二是对个人自主决定权的保障，即个人活动和选择的自由不受外界非

---

〔1〕 参见路易斯·D.布兰代斯、塞缪尔·D.沃伦：《隐私权》，宦盛奎译，北京大学出版社 2014 年版，第 27 页。

〔2〕 参见王秀哲：《隐私权的宪法保护》，社会科学文献出版社 2007 年版，第 75 页。

〔3〕 在 1954 年的"读者来信案"中，原告不满被告出版社发表的针对他的批评性文章，写信要求被告对文章进行修改。被告出版社未经允许，将来信片段发表于"读者来信"栏目中。德国联邦最高法院依据《德国基本法》首次确认了人格尊严、隐私权和自治权等"一般人格权"是"由宪法保障的基本权利"。转引自王秀哲：《隐私权的宪法保护》，社会科学文献出版社 2007 年版，第 80 页。

〔4〕 参见欧文·凯莫林斯基："重新发现布兰代斯的隐私权"，载路易斯·D.布兰代斯、塞缪尔·D.沃伦：《隐私权》，宦盛奎译，北京大学出版社 2014 年版，第 101 页。

〔5〕 参见 Griswold v. Connecticut, 381 U. S. 479（1965）。该案涉及公民是否具有自由使用避孕器具的权利的问题，道格拉斯大法官认为购买避孕器具是一项隐私权，"基于权利法案的晕晖之内"。

〔6〕 参见 Roe v. Wade, 410 U. S. 113（1971）。本案争议焦点是妇女是否拥有堕胎权，美国最高法院裁定堕胎是当事人"自主选择"的隐私权。

法干涉的权利，这与前述"堕胎权"等自主权密切相关；其三则是保障个人能够拥有控制与自身有关的信息传播的能力，这涉及政府对于获取的公民个人信息的不当使用和披露的行为。[1] 在国际人权法上，《世界人权公约》《欧洲人权公约》等国际公约均承认了隐私权的宪法保障。总之，通过梳理隐私权概念的历史发展，我们可以看出，尽管隐私权的内涵处在动态发展之中，缺乏明确的界定，但其应作为一项宪法性基本权利受到公法、私法的全面保护，已经成为尊重和保障人权的国际共识。

（二）隐私权在中国是否为宪法性权利

中国对于隐私权的研究发端于民法领域，我国民事立法亦明文规定了隐私权保护。例如，2001 年最高人民法院《关于确定民事侵权精神损害赔偿责任若干问题的解释》第 1 条明确将"侵害他人隐私"列为请求精神损害赔偿的法定事由，《未成年人保护法》《妇女权益保障法》等也规定了隐私权的保护。[2] 相比之下，公法上的隐私权研究和立法相对薄弱。《宪法》第 38 条规定了"中华人民共和国公民的人格尊严不受侵犯"，第 39 条、第 40 条规定了公民的住宅和通信自由、通信秘密不受侵犯，但并未明确承认"隐私权"的概念。那么隐私权在我国能否作为一项宪法性基本权利被加以保护呢？

支持的观点认为，根据第 38 条的"人格尊严"条款能够直接推导出宪法性隐私权，也有学者认为隐私权可以通过对《宪法》第 38 条、第 39 条、第 40 条的扩大解释而成为一项宪法性权利。[3] 也有学者对此持反对态度，认为只有将广义的"人格尊严"写入宪法并成为"公民基本权利"一章的基本价值条款，才能推导出宪法上的一般隐私权。[4] 本文支持前种观点，即隐私权应当并且可以作为宪法性基本权利受到保护。首先，从对宪法文本的解释来看，根据体系解释，第 39 条、第 40 条分别规定了住宅隐私权和通信隐私权，因此第 38 条可以被解释为保护其他范围的隐私权。《刑法修正案（九）》增

---

〔1〕 欧文·凯莫林斯基："重新发现布兰代斯的隐私权"，载路易斯·D. 布兰代斯、塞缪尔·D. 沃伦：《隐私权》，宦盛奎译，北京大学出版社 2014 年版，第 104~113 页。

〔2〕 参见熊秋红："秘密侦查之法治化"，载《中外法学》2007 年第 2 期。

〔3〕 参见王利明："隐私权概念的再界定"，载《法学家》2012 年第 1 期。

〔4〕 曾赞：《法律程序主义对预防行政的控制——以人身自由保障为视角》，浙江大学出版社 2011 年版，第 291 页。

加了"侵犯公民个人信息罪",该罪名主体不仅包括个人也包含公权力机关,因此,可以逆向推导出我国宪法保护公民隐私不受国家侵犯。另外,从宪法的目的和宗旨来看,"宪法的创制是用来界定、限制政府的有限权力的,因此,宪法没有授予政府某一权力,政府就无此项权力;但是如果宪法没有规定人民享有某一基本权利,人民却不因此而失去那些基本权利"。[1]既然通过对《宪法》第38~40条的体系解释可以将其认定为保护公民人身、通信自由及保护住宅、通信隐私的规范群,而广义隐私权完全可以涵盖上述"不受侵犯、强迫的自由"和"不予公开个人信息的隐私"两方面内容,那么这一规范群即构成了隐私权的宪法基础。从有效性来说,将隐私权上升为宪法性基本权利,有利于规范公权力的行使,使侵犯隐私的公权力运行必须受到法律保留原则和比例原则的审查,有助于维护公民权益。因此,隐私权在中国可以被认定为宪法性权利,同时它需要受到严格的限制。

(三)刑事被追诉人隐私权的权能

限制公权、保障人权是宪法的基本理念,而刑事诉讼法规范国家机关在追诉犯罪过程中的职权与公民权利义务,是宪法在追诉犯罪过程中的具体实施,与宪法的价值一脉相承,因而刑事诉讼法中的隐私权是公法性隐私权。刑事被追诉人的权利保护是刑事诉讼法的核心价值,故本文以刑事被追诉人的视角研究刑事诉讼中的隐私权保护。

上文已述,美国学者将公法隐私权理解为防止侵入、个人事务自主决定权和个人信息的支配权。国内学者则倾向于将公法隐私权的内容划分为人身隐私、空间隐私和信息隐私,具体包括隐私隐瞒权、隐私利用权、隐私支配权和隐私维护权等四项权能。[2]不同的分类方式并未影响学界对隐私权权能的具体内容形成共识。在刑事诉讼中,根据"自我决定权",刑事被追诉人有不被强迫自证其罪的权利(《刑事诉讼法》第50条);根据"信息支配权",

---

〔1〕 See Harry Browne, *Does the Constitution contain a Right to Privacy?* http://www.harrybrowne.org./articles/Privacy Right.html,转引自曾斌:"监听侦查的法治实践——美国经验与中国路径",载《法学研究》2015年第5期。

〔2〕 参见杨立新:"关于隐私权及其法律保护的几个问题",载《人民检察》2000年第1期。赵秉志、孟军:"我国刑事诉讼中的隐私权保护——以刑事被追诉人为视角",载《法治研究》2017年第2期。

刑事被追诉人在诉讼过程中被收集的信息应当保密，不得用于其他用途（《刑事诉讼法》第 150 条第 2 款、第 3 款）；而"防止侵入"则主要涉及侦查阶段刑事被追诉人的隐私保护，它意味着可能构成权利干涉的侦查措施必须受到程序和实体上的严格审查才能得以适用。[1]例如在美国和我国台湾地区，入室搜查必须事先取得法官的令状，除非紧急情况有"相当理由"（probable cause）才不需事先审查。又如，一些高科技的秘密侦查措施，如通信监听、秘密录像等可能严重侵害当事人隐私权的侦查手段，也必须经过特定的审批程序方能适用。

二、打击犯罪与保障隐私之权衡——以侦查行为为视角

侦查阶段为了获取证据和保全犯罪嫌疑人，往往会采取一些干涉公民基本权利的手段以实现打击犯罪、维护社会秩序的目的。尤其随着社会发展和尖端科技的进步，一方面犯罪手段更加隐蔽，有预谋、有组织的新型犯罪增多，例如毒品犯罪、恐怖活动犯罪、黑社会性质的组织犯罪等，传统侦查手段难以有效开展侦查活动，造成证据难以收集，打击犯罪的难度增大；另一方面，尖端技术在侦查中的运用成为现实，公权力可以不被察觉地侵犯公民个人隐私，使得保护隐私权的现实需求更为迫切。[2]因此，侦查阶段如何平衡打击犯罪与隐私权保护的利益冲突是本文研究的重点。

（一）比较法经验——美国"合理隐私期待说"

美国控制侦查权、保障公民隐私权的根本依据是宪法第四修正案，即"公民不受不合理的搜索和扣押"。[3]依据本条，侦查机关若想采取权利干涉型的"搜索"必须获得法官的令状许可。而实践中的争议焦点在于：侦查机关采取的强制措施，如通信监听、热成像仪扫描、电波传送等是否构成第四

---

[1] 例如，赵秉志、孟军老师认为，宪法性隐私权可以分为人身隐私、空间隐私和信息隐私，而刑事被追诉人的隐私权权能主要包括讯问、搜查、扣押、人身检查、技术侦查等强制措施中的隐私权保护以及备存资讯保存、管理中的隐私权保护等。参见赵秉志、孟军："我国刑事诉讼中的隐私权保护——以刑事被追诉人为视角"，载《法治研究》2017 年第 2 期。

[2] 参见熊秋红："秘密侦查之法治化"，载《中外法学》2007 年第 2 期。

[3] 美国宪法第四修正案原文："The right of the people to be secure in their persons, houses, papers, and effects, against unreasonable searches and seizures, shall not be violated."

修正案意义上的"搜索",这一问题的判断根据是该行为是否侵犯公民的隐私权,若侵犯公民隐私权则为需要令状的"搜索"。因此隐私权的范围是判断侦查行为合法性的核心。美国判例法对隐私权范围的认识经历了从"物理侵入说"到"合理隐私期待说"的转变。1886 年的 *Boyd v. U. S.* 案中,美国联邦最高法院认为宪法第四修正案的核心在于保护公民财产权,因而建立了以是否存在物理性侵入宪法所保护的区域(人、住宅、文件、物品)来判断是否构成"搜索"的标准。[1]在 *Olmstead v. U. S.* 一案中,美国联邦最高法院认为窃听器安装在被告人屋外的电话线上,不存在对个人住宅和物品的"物理侵入",因而不构成非法搜索。布兰代斯大法官对此发表了精彩的反对意见,主张"在实施一部宪法时,我们所深思的不能仅仅是既成之物,还要有可能之物",应当从保障隐私权的角度理解宪法,而政府的监听手段以及未来使用的其他高科技手段,对公民隐私权的侵犯远远严重于"破门而入的搜索",因此必须加以限制。[2]在 Karz 案中,联邦最高法院终于推翻先前判决,认为第四修正案保护"隐私"而非财产权,认定 FBI 在公共电话亭安装窃听器的行为侵犯了公民的"合理隐私期待",即使公民处在公共场所、政府无物理上的侵入,也构成此种搜索。[3]法院明确"合理隐私期待"具有主客观双重要求,首先是主观上个人必须认为自己具有隐私期待,且必须通过至少是默示的"意思表示"体现出来。例如,公民对于扔在庭院外的垃圾不具有隐私期待,[4]客观上,其所期待的隐私必须被社会一般人认为是合理的。此后,美国法院通过一系列判例对政府不同侦查手段是否构成"搜索"进行界定,包括空中监视、热显像仪、电波追踪、警犬识别等。

总结美国判例法经验,法院主要确定了"合理隐私期待"的标准,并提

---

[1] 116 U. S. 616 (1886). 转引自王兆鹏:"重新定义高科技时代下的搜索",原载《月旦法学杂志》2003 年第 93 期,收录于王兆鹏:《新刑诉·新思维》,中国检察出版社 2016 年版,第 47 页以下。

[2] 277 U. S. 438 (1928). 转引自路易斯·D. 布兰代斯、塞缪尔·D. 沃伦:《隐私权》,宦盛奎译,北京大学出版社 2014 年版,第 67 页以下。

[3] 389 U. S. 347 (1967).

[4] 在 *California v. Greenwood* 案中,联邦最高法院判决人民对置于屋外的垃圾无合理的隐私期待,法院表示宪法不保护人民明知且暴露于公众的信息。参见 486 U. S. 35 (1988),转引自王兆鹏:"重新定义高科技时代下的搜索",原载于《月旦法学杂志》2003 年第 93 期,收录于王兆鹏:《新刑诉·新思维》,中国检察出版社 2016 年版,第 61~62 页。

出了以下判断是否具有"合理隐私期待"的因素：第一，"场所"仍然具有重要的参考价值，公民对"住宅内"以及"私人庭院内"的信息一般具有合理隐私期待。以"电波追踪"的使用为例，在 U. S. v. Knott [1] 一案中，警方在被告持有的化学物品上放置追踪器，被告从公路转移，警方一路跟踪。联邦最高法院认为本案追踪装置仅显示被告在道路等公共场所的动向，而不能显示被告在个人场所的活动，因而不构成"搜索"。而在 U. S. v. Karo [2] 案中，同样使用电波发射器，但这次仪器在不同地点之间传送，最终位于被告私人住宅中。法院认为警方无令状安装电子仪器使其获得了在住宅外观察所不可能取得的信息，是对公民住宅隐私的严重侵犯，因而违法。从中可以看出公民的隐私强度在不同场所有所区别，越私人的场所，对隐私的期待利益越高。第二，警方使用的仪器也对侦查合法性的判断具有影响。该仪器是否为市场难以取得的高科技仪器、是否能较容易获得常规方式难以知晓的个人信息，是法院审查的因素之一。例如，通信监听毫无疑问属于能够大量获得信息的行为，故必须加以限制。而望远镜的使用，只要不是侦查私人住宅内的活动，则不构成"搜索"行为。[3] 第三，根据"特殊需要原则"，"当公共利益重大而迫切，从而具有压倒其他需要的至关重要性时，即使个人具有合理的隐私期待利益，政府也可以超越法律执行一般需要的特别需要为由而实施无证监听侦查或在实施监听侦查时在一定程度上减损程序性正当程序"。[4] 当公共利益明显重要于个人隐私，且处于紧急情况下，即使个人具有隐私期待，侦查机关的无令状措施仍可以被允许。该原则在新泽西州诉迪厄·欧一案中得到较为清楚的界定，在"911 恐怖袭击"事件后逐渐被政府运用于打击恐怖犯罪等严重犯罪中。"特殊需要原则"体现了打击犯罪的公共利益与保护个人隐私的私人利益之间的平衡协调，是基于"紧急情况"下维护公益的特殊需要而对隐私权的限制。

---

〔1〕 460 U. S. 276（1983）.

〔2〕 468 U. S. 705（1984）.

〔3〕 See *People v. Arno*, 90 Cal. App. 3d 505, 153 Cal. Rptr. 624（1979）.

〔4〕 曾斌："监听侦查的法治实践——美国经验与中国路径"，载《法学研究》2015 年第 5 期。

（二）我国立法现状及不足

1. 我国《刑事诉讼法》对于"侵入型"侦查的规制

我国《刑事诉讼法》对于"侵入型"侦查，即可能涉及隐私权的侦查措施做了以下规定：第130条规定勘验、检查必须持有人民检察院或者公安机关的证明文件；第138条规定搜查时必须出示搜查证，在执行逮捕、拘留时，遇有紧急情况可以无证搜查；第140条规定搜查应制作笔录并由侦查人员和被搜查人等签字；第143条规定扣押犯罪嫌疑人的邮件、电报需经公安机关或人民检察院批准。2012年《刑事诉讼法》修改增加了"技术侦查措施"一节，规定可以采取技术侦查措施的案件范围，但对于技术侦查适用的实质条件与审批程序并未明确规定，仅规定"根据侦查犯罪的需要，经过严格的批准手续，可以采取技术侦查措施"。《公安机关办理刑事案件程序规定》第265条对之进行了细化，规定"需要采取技术侦查措施的，应当制作呈请采取技术侦查措施报告书，报设区的市一级以上公安机关负责人批准，制作采取技术侦查措施决定书"。

2. 我国立法对侦查机关权力制约不足

我国刑事诉讼法相关立法明显以打击犯罪为导向，过分重视侦查效率而对侦查机关权力制约明显不足，忽略了刑事被追诉人的隐私权保护。主要体现在以下几个方面。

（1）缺乏法官保留原则。该原则是指对基本权利造成严重干预的侦查措施，必须通过中立超然的法院审查决定能否启动侦查。[1]林钰雄教授认为，坚持法官保留原则能够有效防止公权力滥用，保障公民权利。因为如果将决定权交给侦查机关，那么侦查机关为工作便利往往会对审查标准进行从宽解释，使得侦查机关在侦查行为的启动上具有过大的裁量权，从而为滥用权力大开方便之门；法官受到独立审判、法官法定和听审原则的限制，处于更加超然的地位，且有足够能力和保障对侦查机关进行制约；侦查机关保留申请权，能够实现权力的分立与制衡。[2]而我国刑事诉讼过于注重效率，仅有逮捕要求检察机关审查批准，其他措施则由执行机关内部审查决定，即使是可

---

〔1〕 参见艾明："刑事诉讼法中的侦查概括条款"，载《法学研究》2017年第4期。

〔2〕 参见林钰雄：《刑事诉讼法》（上册），中国人民大学出版社2005年版，第78页。

能严重侵犯隐私权的技术侦查措施的运用，也只是由设区的市级以上公安机关批准，本质上仍然属于侦查机关内部审查，不能有效遏制权力滥用。

（2）授权范围过宽，证明文件记载事项不明确。我国搜查证记载的内容过于简单，其内容往往是"一揽子授权"，对搜查的方式、搜查范围以及搜查时间等事项均未做出规定，导致侦查机关在实践中往往超出必要限度进行全面搜查。相较之下，采取技术侦查措施决定书的记载事项更为具体，涵盖拟采取技术侦查措施的种类、持续时间，并受到三个月有效期的限制。但是，技术侦查措施的授权理由，在决定书中仅记载为"因侦查犯罪需要"，并且未记录技术侦查措施的具体适用范围。授权范围不明确导致侦查机关在执行中的裁量权过大，极易违反必要性原则和狭义比例原则。

（3）缺乏有效救济措施，对程序违法的严重性认识不足。我国台湾地区规定，对于强制处分行为，不仅存在事前监督审查，也存在事后审查，即容许撤销、变更违法或不当之强制处分。[1]反观我国大陆，立法并未规定侦查行为的撤销与变更，只是笼统规定当事人对于违法侦查行为具有申诉、控告权；对于非法证据排除规则，刑事诉讼法也并未明确规定非法技术侦查措施取得的证据应当被排除。[2]例如，在 2016 年一起普通的毒品犯罪上诉案件中，被告人及其辩护人声称公安机关对其采取了非法监听措施，而该证据不仅未经过当庭质证，还出现在一审判决书认定事实的部分。一审判决确有内容证明公安机关对被告人进行监听，但该技术侦查措施是否经过有权机关批准并未在判决中得到体现，且警方根据监听内容在火车站抓获了犯罪嫌疑人，并查获其携带的毒品。二审法院认为公安机关通过技侦手段发现案件线索，为正确查明案件事实、印证在案其他证据提供了支撑，虽未经质证但不影响该案的定罪量刑，遂判决维持原判，被告人被判处死刑缓期两年执行，剥夺

---

〔1〕 参见林钰雄：《刑事诉讼法》（上册），中国人民大学出版社 2005 年版，第 80 页。

〔2〕《刑事诉讼法》第 56 条规定："采用刑讯逼供等非法方法收集的犯罪嫌疑人、被告人供述和采用暴力、威胁等非法方法收集的证人证言、被害人陈述，应当予以排除。收集物证、书证不符合法定程序，可能严重影响司法公正的，应当予以补正或者作出合理解释；不能补正或者作出合理解释的，对该证据应当予以排除。"由此可见，非法证据排除的适用范围主要是以非法方式收集的口供、证人证言，以及非法收集且不能补正或作出合理解释，可能严重影响司法公正的物证、书证。而非法技术侦查取得的证据主要是视听资料，并不在立法明确排除的证据种类范围内。

政治权利终身，并没收个人全部财产。[1]该案揭示出非法证据排除规则在实践运用中的困境。一方面，技术侦查似乎成为"法外之地"，不受非法证据排除规则的限制；另一方面，"毒树之果"原则[2]在我国还没有得到普遍确认，侦查机关通过非法技术侦查得到的证据虽未被法院采用，但依据技侦措施取得的延伸证据仍被法庭使用，相当于变相鼓励侦查机关以违法方式取证，对于刑事被追诉人隐私权的保护十分不利。另外，在国家赔偿方面，《国家赔偿法》规定的赔偿范围仅包括人身自由、生命健康权和财产权侵权，对于犯罪嫌疑人、被告人的隐私权并未加以考虑，难以补偿他们的精神损失。

三、侦查阶段刑事被追诉人隐私权保护之建议

刑事侦查蕴含着追究犯罪与保障人权的价值冲突，受长期职权主义模式以及"绝对真实"的认识导向的影响，我国当前的刑事诉讼立法及实践中均体现出较为严重的"重实体、轻程序""重效率、轻人权"的倾向。因此，需要对我国侦查措施，特别是强制性侦查措施进行调整纠偏，更为充分地保障刑事被追诉人的隐私权，实现公共利益和私性正义之平衡。

（一）形式审查：变更审查主体，明确授权范围

"人不能担任自己的法官"是各国司法达成的一项基本共识。正如詹姆斯·麦迪逊所言，"没有一个人被准许审理他自己的案件，因为他的利益肯定会使他的判断发生偏差，而且也有可能败坏他的正直为人"。[3]而对于刑事案件强制性侦查的事先审查程序，比较法上法官保留原则是一项被普遍遵守的原则。相比之下我国刑事诉讼法明显处在滞后状态，侦查机关的侦查权应当受到一定的制约。因此，对于严重侵犯刑事被追诉人隐私权的侦查行为，需建立法院审查的"法官保留原则"，或至少由人民检察院审查批准方可实施强

---

〔1〕 参见甘肃省高级人民法院（2016）甘刑终185号刑事裁定书。

〔2〕 所谓"毒树之果"原则，是指非法取得的证据为毒树，由该非法证据所衍生的证据，即使是合法取得的，仍然是具有毒性的"毒果"，故不得使用。参见王兆鹏：《新刑诉·新思维》，中国检察出版社2016年版，第23页以下。

〔3〕 ［美］汉密尔顿、杰伊、麦迪逊：《联邦党人文集》，程逢如、在汉、舒逊译，商务印书馆1995年版，第44页。

制性侦查。另外，对侦查行为的授权也亟待具体化、明确化，在授权证明文书中必须写明侦查启动的原因并初步证明，明确限定侦查措施的范围，地点、时间也必须进一步具体化，防止给执行机关过多的裁量空间。

(二) 实质审查：遵循法律保留原则、比例原则

对于公民基本权利的限制必须经严格的正当性证明，其实质要件是遵循法律保留原则与比例原则。法律保留原则是指干涉公民基本权利的行为，必须经过法律的明确授权才能为之，且必须严格遵守法律的明文规定。[1]此处的"法律"指的是狭义上的立法，即专门立法机关，如全国人大及其常委会制定的法律。在德国，联邦宪法法院依据重要性程度将隐私利益划分为三个领域：受到绝对保护的核心领域、可以援引比例原则进行权衡的私人领域、非关隐私的社会领域，[2]并受到不同层次的法律保留：宪法保留、绝对法律保留、相对法律保留和非属法律保留。其中，住宅内谈话的监听属于宪法保留，其他干预公民基本权利的技术侦查措施属于绝对法律保留，受德国刑事诉讼法调整。英美法系国家由于以判例法为主，对法律保留原则的重视程度较弱，但仍然体现了法律保留原则的精神。以美国为例，"合理的隐私期待"标准实际上划定了隐私权的保护范围，侵犯合理期待的侦查行为即属于"搜索"，必须受到宪法第四修正案的限制。1968年《美国综合犯罪控制与街道安全法》、1986年《美国电子通讯隐私法》亦严格规定了警察进行电子通讯监视的适用前提和程序。对比之下，我国《刑事诉讼法》虽然规定了技术侦查措施，但语言缺乏明确性，并未说明应当遵守的审批程序，只在公安部的《公安机关办理刑事案件程序规定》和最高人民检察院的《人民检察院刑事诉讼规则》中进行规范，并且缺乏单行法对特定侦查行为进行特别规制。由此可见，我国就干涉基本权利的侦查行为而言，并未严格遵守法律保留原则，需要在立法中进一步明确规定。

比例原则是进行利益衡量时须遵循的"帝王原则"，其下含有三个子原则：(1) 合目的性原则；(2) 必要性原则；(3) 狭义比例原则。合目的性原

---

〔1〕 460 U. S. 276 (1983).

〔2〕 许宗力：《法与国家权力》，元照出版有限公司2006年版，第159页。转引自艾明："刑事诉讼法中的侦查概括条款"，载《法学研究》2017年第4期。

则要求干涉隐私权的强制侦查手段的使用必须是为了实现合理的目的，即查明事实、收集证据、保全犯罪嫌疑人，并且该手段的使用能够有助于实现目标。必要性原则亦称最小伤害原则，即采用的手段必须是为侦破犯罪所必须采用的，并且对相对人的权利侵害程度最轻微。例如，当采取常规侦查手段即可实现目标时，不得采用技术侦查措施。狭义比例原则即均衡原则，它要求侦查行为所实现的公共利益不得小于刑事被追诉人的利益损失。由于隐私权是一种难以测量的精神利益，不能简单用经济分析计算，因此需要考虑侵犯隐私的程度、隐私是否会被公开、公共利益是否急迫等因素。美国"合理隐私期待原则"与"特殊需要原则"确立的经验可为我们所借鉴。首先，在衡量刑事被追诉人的隐私权损害时，需结合隐私发生的场所、侦察机关采取的措施等因素判断隐私的重要程度，对于不存在合理隐私期待或隐私利益明显较小的情境，可以由侦查机关自行采取任意性侦查行为。对于存在合理隐私期待的侦查行为，必须交由中立机关进行审查，除非具有公共利益的"特殊需要"。

(三) 事后审查：完善救济措施

没有救济就没有权利，确保刑事被追诉人隐私权保障，必须由法律明确其违法后果并完善救济措施。"侦查行为违法的，法院可以根据违法的严重程度和违法人员的主观状态分别做出排除所获证据、侦查行为无效的决定。"[1]同时，应当将侵权强制侦查获得的证据纳入非法证据排除的范围，并建立"毒树之果"原则，规定依据非法搜查、非法技侦措施获得的延伸证据也应当排除。在国家赔偿上，需要在刑事赔偿范围中增加精神损害赔偿的规定，扩大赔偿范围，实现权利救济。

结　论

大数据时代，对个人行为进行数字化管理已经成为现实，公民的个人信息逐渐透明化已是不可阻挡的趋势，但这更加激发了公民的隐私意识，赋予了隐私权更高的重要性。同时，犯罪手段的隐秘化、新型化给传统侦查方式

---

〔1〕　熊秋红："秘密侦查之法治化"，载《中外法学》2007年第2期。

带来挑战，技术侦查措施不可避免地被侦查机关采用。但我国立法和实践过于强调打击犯罪的社会公共利益，忽视了对刑事被追诉人隐私权的保护，造成公共利益与私性正义的失衡。"我们的宪法制定者们致力于保障种种有利于人民寻求幸福的条件。他们认识到保护个人精神世界、情感以及心智的必要性……他们创设了针对政府的独处权——对文明社会的人而言，这是一种广泛的、最有价值的权利。为了保护这种权利，政府对于个人隐私的每次非法侵入，不管它采取了何种手段，都必须被视为违反了第四修正案。"[1]百年前布兰代斯大法官的话语依然掷地有声，提醒后人珍视个人不受打扰的心灵安宁，警惕公权力机关对私人精神世界和隐私无所不在的窥探与侵入，尤其在刑事诉讼过程中。因此，我们需要重视对刑事被追诉人的隐私权保护，借鉴比较法经验，通过合理标准划定隐私权的保护范围，建立健全正当程序控制机制，完善事后救济措施，以法治规范侦查行为。

---

〔1〕 ［美］路易斯·D. 布兰代斯、塞缪尔·D. 沃伦：《隐私权》，宦盛奎译，北京大学出版社 2014 年版，第 79 页以下。

新型支付方式下网络侵财犯罪的认定

——以支付宝为例

中国政法大学法学院 16 级 2 班　李　萌

指导老师：中国政法大学刑事司法学院副教授　刘丽娜

摘　要　随着电子商务的发展，以支付宝、微信钱包为代表的新型支付方式以其快捷性和多元性逐渐占据了支付媒介的重要一角。随之而来的是新型的侵犯财产类犯罪，同时，第三方支付媒介所依托的人工智能的发展也对传统的"机器不能被骗"的理论提出了挑战。本文以新型支付方式的典型——支付宝为切入点，研究支付宝支付过程中产生的一系列新型的犯罪形式，包括盗取他人支付宝中的财产、盗取他人支付宝绑定的银行卡的财产及冒用他人身份借取蚂蚁花呗三类，试图为司法实务中此罪与彼罪的认定问题作出解答。

关键词　新型支付方式　支付宝　盗窃罪　诈骗罪　机器代理人

引　言

作为银行卡之下的次级支付媒介，支付宝连接着财产所有权人和银行，其以消费、转账、借贷等功能为客户提供第三方平台的支付服务。快捷化的支付方式为生活带来便捷的同时，也为利用网络侵财行为大开方便之门。不同于传统侵财类犯罪，新型支付方式的侵财犯罪均在线上进行，与犯罪行为人发生互动的也不再是自然人主体，而是替代人作出意思沟通与财产处分的机器。在这一大背景下，如何利用传统的刑法理论对新型网络侵财犯罪作出

111

认定便成为十分重要的问题。

本文首先讨论"机器能否被骗"这一区分盗窃罪与诈骗类犯罪永远绕不开的问题，通过引入"机器代理人"理论，论证机器的欺骗行为成立诈骗类犯罪的可能性；并以新型"刷脸"支付技术论证机器具有认识功能且可以产生认识错误。对"机器可以被骗"作出认定之后，本文将介绍三类支付宝支付模式下发生的典型网络侵财犯罪，运用对比论证的方法分别对盗取他人支付宝中的财产、盗取他人支付宝绑定的银行卡内的财产及冒用他人身份借取蚂蚁花呗三类犯罪定性。最后，在结论部分理顺全文的逻辑结构，对论文的局限和未予解决的问题予以分析。

一、论机器被骗的可能性

关于机器是否可以成为被骗的对象的争论仍在继续，尤其是在人工智能飞速发展的背景下，对这一问题作出回答至关重要。因为机器能否成为被骗的对象关系到新型犯罪模式下犯罪的定性问题，厘清机器可否被骗是定罪量刑的关键和区分此罪彼罪的理论基础。

传统刑法理论坚持"机器不能被骗"，受骗者只能是自然人。因为机器是不可能知道真相的，故不存在基于认识错误而处分财产的情况。笔者承认此观点对于以 ATM 机为代表的传统型机器仍然适用，但这一理论也许无法涵盖现代人工智能快速发展的情况下对机器实施欺骗手段而产生的犯罪。与程序较为简单的 ATM 机相比，现代的计算机程序更为复杂，支付行为也不再局限于简单的"操作者输入密码—机器系统支付"模式，人工智能现已经具备了部分人的思维特征，不能完全否认其有"被欺骗"的可能性。

（一）主体的变化——"机器代理人"理论

为了论证机器可以被骗，部分学者提出了"机器代理人"的观点，试图通过引入民法中代理的理论来解释机器与其背后的自然人之间的关系，以此来对自己的观点进行证成。

"机器代理人"的观点认为："机器能够替代行为人作出身份识别的场合下，机器实质上是被骗人甄别其身份的工具，针对其进行的诈骗行为欺骗的不是该机器，而是其背后依据机器提供信息作出反应的拥有判断能力的主体"，"机器充当的角色类似于三角诈骗中的被骗人，而冒用人使用机器的行为并非诈骗机器的行为，而是通过向机器提供正确的账号和密码，使得其背后的主体陷入错误认识的一种手段，机器在这种行为中扮演的角色属于犯罪工具而非犯罪对象"。[1]

笔者认为这一观点在逻辑上有一定的问题。"机器代理人"看似将机器拟制为代理人从而赋予了其"被骗"的可能性，实际上最终仍落脚到机器是犯罪工具而非犯罪对象上。若要论证机器可以成为诈骗类犯罪中被骗的对象，关键是解释机器是否有认识及如何产生认识错误并处分财产的可能性，在这一过程中，机器作为与犯罪行为人之间产生直接行为互动的对象绝对不能仅仅作为犯罪工具存在。"犯罪工具"更多指向的应是盗窃犯罪中的间接正犯而非三角诈骗中的受骗人，这种一方面认为机器可以充当"类似于三角诈骗中的被骗人"，同时又认为机器只是"犯罪工具而非犯罪对象"的逻辑本身是自相矛盾的，无法以此证明"机器可以被骗"。但"机器代理人"的理论可以通过变换受骗者的主体身份，将传统的"机器被骗"解释成机器背后具有财产处分权的人受骗，此时机器代理人处分财物的行为就可以被看作"基于其权利人的默认所作出的，欺诈行为的实际对象是机器代理人的权利人"。[2]通过这样的解释路径，虽不能对机器是否可以被骗作出逻辑严谨的论述，却可以从侧面肯定对于机器的欺骗行为可以成立诈骗类犯罪的可能。

（二）客观性的打破——机器的"认识错误"

21世纪被称为人工智能新时代，随着科技的发展，支付方式不断创新，"刷脸"支付应运而生。"刷脸"应用了人脸识别系统，属于生物特征识别技术，是根据人本身的生物特征来区分生物体个体。这一技术的诞生对传统的"机器不能被骗"理论产生了挑战："刷脸"赋予机器对于生物特征进行判断的能力，使机器具有了认识；同时机器的判断行为也具有了失实的可能性，与传统机器的客观性要件显著不同，这也使机器具有了产生认识错误的可能性。

---

〔1〕 李惠民、刘天姿："冒用他人蚂蚁花呗套现的行为定性"，载《上海商学院学报》2018年第1期。

〔2〕 蔡桂生："新型支付方式下诈骗与盗窃的界限"，载《法学》2018年第1期。

　　"机器不能被骗"这一设定的前提在于机器具有绝对的客观性，一台正常的机器不存在基于"认识错误"而处分财产的情况，机器对于财产的"处分"表现为程序化的过程，客户输入指令——机器识别指令并作出指令行为。机器对指令的识别具有绝对的客观性，按照程序设定的步骤作出下一步的行为。以 ATM 机为例，客户输入正确的指令——密码，程序判断为信用卡所有人吐出相应额度的现金，而不问取款人是否为真正所有权人或是否为因委托等法律原因有权提取现金的人；而人的判断则在此基础上增加了主观性的认识因素，在非本人持卡取款的情况下，银行营业员需要取款人出示身份证、授权委托书等证明取款合法性的文件，若银行营业员认定取款人无权取款，可以拒绝为取款人办理业务，甚至在营业员认为取款人的取款行为可能涉及犯罪时，还会采取报警等措施。据此，传统型的机器没有自己的认识，只是根据客户的指令作出程序设置的行为，而不问指令背后实质上的法律关系和取款人的真正身份；有认识的人则在绝对客观的形式审查基础上增加了具有主观判断因素的实质审查，用以核实取款人的真正身份。在新型"刷脸"支付的运作模式下，程序同样需要对客户的身份进行核实，这一身份验证属于实质性审查，通过客户开通支付宝账号时录入系统的面部特征数据与验证输入的面部进行比对，来判断操作人是否是真正的账户所有人。这种机器运作的方式更类似于后台工作人员对取款人的审查程序，一旦程序需要对表面上的取款行为背后隐藏的取款人身份的真实性进行比对和真伪判断，机器也便具有了"认识"的要素。

　　具有"认识"之后，新型的人工智能机器也会产生"认识错误"。2017年 12 月，支付宝正式上线了人脸登录功能，对部分用户上线测试，在灰度运行两周后，数据显示刷脸验证的识别成功率已经达到 90% 以上。[1]这一数据说明，在支付宝刷脸程序的设定下，可能存在识别错误的情况。与具有唯一正确性的密码登录方式不同，"刷脸"这一身份验证过程在一定程度上具有主观性和概括性判断。验证系统对取款人进行面部识别，通过前置摄像头采集取款者面部信息，并与账号所有人开通账号时录入系统的面部数据进行比对，只有面部相似度达到系统可以认定为"本人"的比例时，机器才会认定取款

──────────

　　[1]　凤凰网科技："支付宝正式上线人脸登录　年内全部向用户开放"，http://tech.ifeng.com/a/20151217/41525350_ 0. shtml，最后访问日期：2020 年 4 月 10 日。

人系账号所有人本人，此时支付程序才可以进行。机器对面部的识别判断具有概率性，因为"刷脸"是在线下公共设备和开放环境下进行的，真实场景复杂多变：白天和晚上的光线不同，不同人群面对摄像头的角度和姿势各异，识别难度更高，识别概率具有不确定性，可能存在识别错误的情况。同时，支付宝所有人的账户也具有被他人识别进入的可能性，系统可能会产生"认识错误"，并基于此"认识错误"处分支付宝账号所有人的财产。

综上所述，人工智能的机器可以具有认识，并在需要对事实真相进行实质性审查的条件下可能产生认识错误，因此，机器在特殊情况下可以被骗。按照这一前提进行定罪量刑，利用"刷脸"方式侵财应当被认定为诈骗类犯罪。据此，利用"刷脸"支付非法获取他人支付宝内财产的，应当被认定为诈骗罪，而且是三角诈骗型犯罪，即通过欺骗支付宝系统，使其产生认识错误，并基于认识错误处分支付宝账号实际所有人的财产；此外，利用"刷脸"开通他人蚂蚁花呗并侵财的，应认定为合同诈骗罪；此时应当将其看作行为人通过冒用他人身份与支付宝旗下的蚂蚁小贷公司签订小额贷款合同，非法获取财产性利益的合同诈骗行为。

（三）小结

承认机器可以被骗，实质上是在人工智能飞速发展的当今，在机器被注入了部分人的意志的情况下，学者们试图将行为人欺骗机器取财行为认定为诈骗类犯罪寻找的一种解释路径。笔者也通过上述论述尝试为"机器可以被骗"提供证明，但这一论述具有一定的局限性。首先，因为"刷脸"支付正处于起步阶段，利用"刷脸"侵财的案件少之又少，无法找到相关的司法判例来支持以上论述；其次，笔者对"机器可以被骗"的证明，立足于机器需要对行为人的身份进行实质性审查这样特殊的情况。在传统的"输入密码型"支付方式下，即使是新型的支付媒介，因为机器不需要对密码之外的事实因素有认识，事实如何在所不问，所以讨论机器是否可以被骗便显得意义并不大。

二、将盗取他人支付宝中财产的行为认定为盗窃罪

案例一：被告人徐某某使用单位配发的手机登录支付宝时，发现可以直

接登录原同事，即被害人马某的支付宝账户，该账户内显示有 5 万余元，遂利用其工作时获取的马某支付宝密码，分两次从该账户转账 1.5 万元到第三人刘某的银行账户中，后刘某将钱取出交给徐某某。

此案为盗取他人支付宝内财产的典型案例——行为人利用非法获取的账号密码登录他人第三方支付平台并非法获取账户内财产，若要判定这一行为的犯罪性质，首先需要认定支付宝中财产的性质。

《支付宝服务协议》对客户与支付宝的法律关系以及客户存放在支付宝内的财产的定性如下："支付宝账户所记录的资金余额不同于您本人的银行存款，不受《存款保险条例》保护，其实质为您委托我们保管的、所有权归属于您的预付价值。该预付价值对应的货币资金虽然属于您，但不以您本人名义存放在银行，而是以我们的名义存放在银行，并且由我们向银行发起资金调拨指令。"根据《支付宝服务协议》相关规定，支付宝账户中所记录的资金余额实质上是支付宝代为保管的、当事人享有所有权的预付价值，是账户所有人的财产性利益。我国理论和司法实务中都普遍承认财产性利益可以作为侵财犯罪的客体，因此，行为人非法获取支付宝账户内财产的行为构成对所有人资金所有权的侵犯。

（一）非法获取支付宝内财产应认定为盗窃罪

盗窃是指以非法占有为目的，违反被害人的意志，将他人占有的财物转移给自己或者第三者占有的行为。登录他人支付宝并非法获取支付宝内财产这一类犯罪完全符合盗窃罪的构成要件。

1. 行为人具有非法占有的目的

行为人明知道是他人所有的财产，自己对财产既没有所有权也没有处分权，还要利用自己非法获取的账号密码"取款"。在这一过程中，行为人既有排除他人所有权的意思，又有利用他人财物的意思，兼具了利用意思与排除意思，具有非法占有他人财物的目的。

2. 行为人获取财产的行为违反了支付宝所有人的意志

显然，未经他人同意擅自取走他人支付宝账户内财产的行为不可能得到支付宝所有权人的同意，行为人对这一点也是知晓的，因此才会用秘密窃取的手段获得财产，行为人取财的行为必然违背财产所有人的意志。

3. 侵财的对象是他人占有的财产性利益

根据《支付宝服务协议》相关规定，支付宝账户中所记录的资金余额实质上是账户所有人的财产性利益；同时支付宝公司代客户保管这一财产，是财产的占有辅助人。无论是支付宝实际所有人对预付财产性利益的占有，还是支付宝公司的辅助占有，都是既有法律原因的有权占有，又有实际上的事实占有，因此行为人侵财的对象是支付宝所有人和支付宝公司共同占有的财产性利益，这一事实也不会因为行为人获得了账号密码且登录了账户而有所改变。

4. 行为人转移了财物的占有

行为人通过提现或转账的方式，将支付宝内的财产消费掉或者转移至自己或第三人的账户，建立了自己或第三人对财产性利益事实上的占有。因此，在盗取他人支付宝中的财产时，行为人排除了支付宝所有人和支付宝公司的合法占有，建立了自己或第三人的非法占有。

综上所述，行为人使用自己获取的被害人的支付宝账户和密码，在被害人不知情的情况下，采取了秘密转移占有的方式进行转账操作，违背被害人的意志，将被害人支付宝账户内的资金转移给自己占有的行为满足盗窃罪的所有构成要件，应将其行为定性为盗窃罪。

（二）非法获取支付宝内财产不应认定为诈骗类犯罪

部分学者认为应将登录他人的支付宝账户并非法获取账户内财产的行为认定为诈骗罪，实际上，对本案进行审理并最终作出判决的法院亦认定对徐某某应以诈骗罪定罪处罚。持诈骗罪观点的一方认为，"行为人用偶然获取的被害人的支付宝账户和密码进行转账操作的行为，其本质是一种虚构事实、隐瞒真相的诈骗行为，行为人输入支付宝账户和密码使得支付宝公司误以为是支付宝账户的所有者即被害人在进行操作，产生了错误认识进而处分了被害人的财产，因而符合诈骗罪的构成要件"。[1]

这一观点难以得到笔者认同。支付宝公司并未产生任何认识错误，更不存在基于认识错误处分财产的行为。本文在第一部分业已论述，支付宝公司

---

[1] 马春辉："论新型支付方式下侵财行为的刑法定性——以窃取'支付宝'第三方支付账户的刑法定性为例"，载《广西政法管理干部学院学报》2017年第5期。

不会对取款人的身份进行实质性审查，在取款人已经输入了正确的账号密码的情况下，即推定取款人为账户所有人，支付宝对财产的处分是符合程序的。"支付宝不需要对取款人进行面对面的身份核验，只需要通过账号、密码识别客户就可以完成支付"，[1]识别方式上与传统机器系统的程序运作模式没有区别。在这一支付模式下，妥善保管自己的账号密码不被他人知晓应当是账号所有人的注意义务，程序并不审查输入账号密码的人是否是真正的权利人，只要输入正确的指令，平台将自动进行相关的步骤，至于是否是他人"虚构事实、隐瞒真相"，则完全在程序认定之外。支付宝对事实的真实性并不需要予以认识，"认识错误"也就无从谈起，因此无法构成诈骗罪。

综上所述，登录他人支付宝账户并非法获取账户内钱款的行为不应被认定为诈骗罪，而应将其认定为盗窃罪。在针对财产性利益的盗窃在刑法理论中逐渐得到承认时，"被害人失去利益，行为人取得利益，这种对应关系的形成就是盗窃罪得以成立的核心"。[2]

三、将盗取他人支付宝绑定的银行卡内财产的行为认定为信用卡诈骗罪

案例二：被告人李某在移动营业厅购买一手机号码，后发现这是被害人姚某已经放弃使用的手机卡号，而且在使用该号码的过程中发现，这一手机号绑定了姚某的支付宝和银行卡账号。被告人李某遂使用该手机号码重置了被害人姚某的支付宝账户密码，并利用支付宝账号与银行卡绑定的关系，通过支付宝网上转账或者提现方式，从被害人姚某支付宝账号所绑定的两张银行卡里消费转账共计 15 000 多元。案发后，上海市金山区公安分局以李某涉嫌盗窃罪将其移送审查起诉，金山区人民检察院指控被告人李某犯信用卡诈骗罪，法院最终判其构成信用卡诈骗罪。

司法实务中普遍将这一类型的犯罪认定为信用卡诈骗罪。究其原因，是因为这类犯罪不仅关乎第三方支付主体，还涉及一个特殊要素——信用卡。

---

〔1〕 刘宪权："论新型支付方式下网络侵财犯罪的定性"，载《法学评论》2017 年第 5 期。

〔2〕 陈文昊："'新型三角诈骗'之探讨"，载《大连海事大学学报（社会科学版）》2017 年第 5 期。

最高人民检察院在 2008 年《关于拾得他人信用卡并在自动柜员机（ATM 机）上使用的行为如何定性问题的批复》中将"拾得他人信用卡并在自动柜员机（ATM 机）上使用"的行为解释为信用卡诈骗罪中的"冒用他人信用卡"行为。上述规定适用到这类案件中，即行为人非法获取他人支付宝绑定的银行卡内的财产的行为，实质上是行为人通过输入非法获取的账号密码冒充了账户所有人的身份，因为系统会自动认可输入正确账号密码的人为账户的真正所有人，并根据行为人的指令进行支付程序。行为人冒用他人身份，通过支付程序将支付宝绑定的银行卡内的财产转移至自己或第三人账户的行为，可以被看作是拾得他人信用卡并在自动柜员机上使用，通过自动柜员机非法转移财产的行为，进而可以对这种行为以冒用信用卡诈骗罪定罪处罚。

诚然，如果站在"机器不能被骗"的理论基础上，作为智能机器的支付宝不能成为被骗的对象，那么对于窃取支付宝账户绑定银行卡资金的行为应进一步认定成立盗窃罪。[1]但若要严格遵循罪刑法定的立场，根据相关司法解释的规定，对于此类犯罪就应当认定为"信用卡诈骗罪"。在此，笔者想提出一个问题，司法实务大多认为：非法获取支付宝内的财产应被认定为盗窃罪，通过支付宝的支付手段非法获取银行卡内的财产则被认定为信用卡诈骗罪。这两种犯罪行为的形式几乎没有差别，同样是利用支付宝非法转移他人账户内的财产，只是因为财产所属的账户分属于支付宝和银行卡，定罪量刑却完全不同。究其根源，这两者的犯罪性质是否是同一的？

要回答这一问题，首先要厘清的是支付宝账户余额和银行卡内财产的关系。支付宝账户中的资金余额是支付宝代为保管的、当事人享有所有权的预付价值，支付宝公司只是基于委托关系帮助账户所有人存储和支付的辅助占有人，账户所有人对此拥有完全意义上的所有权。而根据银行卡的相关条例，当客户将金钱存入银行卡，其与银行之间就存在一个信贷合同，银行卡内的财产是客户对银行所享有的债权，银行卡内的资金对应的数额实际上为银行所占有，根据金钱占有即所有的特性，财产所有权归属于银行。财产所有权归属的不同，决定了当行为人同样利用支付宝非法转移他人账户内的财产时所侵犯的法益的不同。行为人非法获取他人支付宝内的财产，因为支付宝公

---

[1] 参见马春辉："论新型支付方式下侵财行为的刑法定性——以窃取'支付宝'第三方支付账户的刑法定性为例"，载《广西政法管理干部学院学报》2017 年第 5 期。

司只是委托关系中的受托人，对支付宝账户内的财产不享有所有权，同时非因支付宝公司过错造成的财产损失也不需要其承担任何损害赔偿责任，此时仅仅是侵财的行为人和账户所有人之间发生了刑法意义上的法律关系，最终只有账户所有人的所有权受到了侵害；行为人非法获取他人银行卡内的财产时，被非法获取的资金数额既对应了银行对相应数额金钱的所有权，也对应了账户所有人相应数额的债权，此时被侵害的是双重法益：即不光侵犯了所有人的财产性权益，还侵犯了银行的金融管理秩序。

因此，利用支付宝非法转移他人账户内的财产，因账户分属于支付宝和银行卡，与账户相关的主体的法律关系不同，账户内财产所有权的归属不同，被侵害的法益亦不同，两者的犯罪性质不是同一的，在定罪量刑上便显现出了区别。

四、冒用他人身份借取花呗的行为认定为盗窃罪或合同诈骗罪

案例三：2015年12月间，被告人何某某以非法占有为目的，窃取被害人吴某某的建设银行信用卡，并利用窃得的吴某某手机 SIM 卡及知晓的吴某某相关信息，冒用吴某某的名义，通过操作支付宝"蚂蚁花呗""蚂蚁借呗"的方式，与被害单位重庆市阿里巴巴小微小额贷款有限公司（以下简称阿里巴巴公司）签订贷款合同，非法获取财物数额计2.1万余元。

"蚂蚁花呗"作为新型的网络消费信贷产品，因其审核方式简易、支付方式便捷、迎合"先消费，后还款"的消费理念，且与当下物联网产业链相契合，逐渐成为民众购物消费的"新宠"。[1]简易化的消费借贷方式带来了新型的侵犯财产类犯罪——冒用他人花呗账户进行转账、消费的犯罪行为。

这一类的犯罪通常是行为人通过非法获取受害人的支付宝账号密码，以账户所有人的名义向蚂蚁花呗公司借取小额贷款，通过冒用花呗为用户本人创设了本不应承担的债务而使自己获益。实践中对此类侵财行为的认定难以统一，不同的学者分别持有盗窃罪、合同诈骗罪、信用卡诈骗罪与贷款诈骗罪的观点。笔者认为冒用他人身份借取花呗无法认定为信用卡诈骗罪或贷款诈

---

[1] 参见吕静："冒用他人花呗账户行为定性的实证研究——以'何某某盗窃案'为例"，载《上海公安高等专科学校学报》2018年第4期。

骗罪，但可以认定为盗窃罪或合同诈骗罪。诚然，诈骗罪与盗窃罪处于这样一种相互排斥的关系，不存在同一行为同时成立诈骗罪与盗窃罪。[1]笔者将冒用他人身份借取花呗认定为盗窃罪或合同诈骗罪，并不是要打破诈骗罪与盗窃罪之间不可逾越的鸿沟，而是根据"是否已开通花呗业务"这一事实前提对犯罪人的定罪量刑作出区分：若行为人冒用用户已开通的花呗，认定为盗窃罪；若行为人冒用用户的名义开通花呗而使用，则认定为合同诈骗罪。

（一）冒用他人身份借取花呗的行为不应认定为贷款诈骗罪

持贷款诈骗罪的观点认为，花呗服务商是重庆蚂蚁小贷公司，花呗作为蚂蚁小贷公司为用户提供的新型消费信贷产品具有"贷款"的外观属性，因此骗取花呗的信贷额度事实上是在骗取小贷公司的贷款。[2]根据《关于小额贷款公司试点的指导意见》，"该公司具备央行及银监会依法认可的放贷资格，接受政府主管部门监管，是发放小额贷款的适格主体"。[3]因此，以非法占有为目的冒用他人花呗的行为，应以贷款诈骗罪论处。

实际上，重庆蚂蚁小贷公司并不属于贷款诈骗罪所要求的"其他金融机构"。《银行业监督管理法》《金融许可证管理办法》《非法金融机构和非法金融业务活动取缔办法》等法律和官方文件均未明确将小额贷款公司认定为"金融机构"，司法部门、地方政府更倾向于认为小贷公司是一种民间金融创新组织。[4]因此，在蚂蚁小贷的主体身份不能满足"贷款诈骗罪"所要求的"金融机构"的前提下，不能类推适用法条，将这类侵财行为认定为贷款诈骗罪。

（二）冒用他人身份借取花呗的行为不应认定为信用卡诈骗罪

有学者认为，应当将蚂蚁花呗支付方式视为"信用卡支付方式的延伸"，"非法使用支付宝蚂蚁花呗套现获取的是合法用户的信用卡资料，再结合蚂蚁小贷提供的授信资金可以成为刑法意义上的财物"，[5]在此基础上认定该类行

---

〔1〕 参见张明楷："三角诈骗的类型"，载《法学评论》2017年第1期。

〔2〕 参见张明楷："三角诈骗的类型"，载《法学评论》2017年第1期。

〔3〕 陆芳烨："冒用他人蚂蚁花呗行为的刑事认定"，载《中国检察官》2018年第16期。

〔4〕 陆芳烨："冒用他人蚂蚁花呗行为的刑事认定"，载《中国检察官》2018年第16期。

〔5〕 张雪燕："论第三方网络支付方式下套现行为的刑法定性——以支付宝'蚂蚁花呗'为例"，载《广东开放大学学报》2018年第4期。

为为信用卡诈骗罪。

这一观点也不具有说服力。将冒用他人身份借取花呗认定为信用卡诈骗罪，本质上是将蚂蚁花呗解释成了刑法意义上的信用卡。但实际上，"虽然花呗具有很多实体信用卡和网络信用卡的功能和特征，但其仍是网络支付工具，本质是小额信贷，不属于刑法意义上的信用卡"。[1]我国有且只有商业银行及邮政金融机构才能发行信用卡，且须经央行批准。[2]蚂蚁花呗的发行主体——蚂蚁小贷公司，其法律主体地位不是金融机构，并不具备刑法意义上信用卡的特定发行主体资格。蚂蚁花呗既不是信用卡，也没有法律上允许发行信用卡的明确授权，不能通过类推解释的方式将其视为"信用卡支付方式的延伸"。因此，冒用他人身份借取花呗不是信用卡诈骗罪。

（三）根据是否已开通花呗业务分别认定为盗窃罪和合同诈骗罪

笔者认为，应将冒用他人花呗侵财的行为按照用户本人是否已开通花呗作区别认定，究其原因，是因为是否已经开通花呗业务决定了蚂蚁小贷公司是否需要对取款人的身份进行核实，这一身份验证的步骤对定罪量刑至关重要——是否需要对取款人身份进行实质性审查，其实质是程序是否需要对事实的真实性具有认识，这一要件决定了花呗公司是否会产生认识错误并处分财产，从而成为区分盗窃罪和诈骗罪的关键因素。

当行为人冒用用户已开通的花呗消费转账时，只要输入正确的账号密码即可获得系统的通过，此时的侵财行为与本文第二部分论述的盗取他人支付宝内财产并没有本质的区别，同样是通过秘密登录他人账号，将他人的财产转移至自己或第三人占有。两者所不同的只是侵财的客体，支付宝中的财产是账户所有人本身现实享有的所有权，而蚂蚁花呗中的信用额度是面向未来的账户所有人可获取的财产性利益。与支付宝公司相同的是，花呗服务商对该已开通的花呗账户的操作并不进行实质审查，已经开通花呗业务的客户，若非本人设置了"刷脸"这样的手段对每一次支付都进行身份验证，只要输入正确的账户密码就可以进行信用额度内的转账和消费。对于花呗服务商而

---

[1] 尹志望、张浩杰："冒用他人支付宝账户进行蚂蚁花呗套现的定性——浙江瑞安法院判决付克兵盗窃案"，载《人民法院报》2016年11月10日。
[2] 陆芳烨："冒用他人蚂蚁花呗行为的刑事认定"，载《中国检察官》2018年第16期。

言，能输入正确账户密码的就是"本人"，根本不存在是否被骗的问题。因此笔者在此否定了诈骗罪的可能性，该类案件虽然看似行为人有"欺骗"的行为，实则并未使财产处分人花呗公司陷入任何认识错误。当系统不需要对借取花呗的操作人的身份进行实质性审查时，花呗也就不需要对正确账号密码背后的事实真相具有任何认识，因此并不存在"认识错误"的可能性。行为人冒用用户已开通的花呗是通过秘密窃取的手段，违背账户所有人的意志，将蚂蚁花呗内的信用额度转移至自己或第三人占有，可据此认定为盗窃财产性利益，构成盗窃罪。

若行为人冒用用户的名义开通花呗并予以使用，应认定为冒用他人名义签订合同，构成合同诈骗罪。花呗实际上是用户与"蚂蚁小贷"及"商融保理"签订的用于规范债权债务关系的一种消费信贷合同。[1]行为人获取了他人未开通花呗的支付宝账户信息开通花呗，此时，基于交易安全的需要，蚂蚁花呗公司需要通过"刷脸"的方式对操作者的身份进行验证，以确保与其签订合同的人是账户的真正所有人，而冒用被害人身份的行为构成对花呗公司的欺诈，使其对操作者的身份产生认识错误，并与行为人签订了小额贷款合同，这一类型的侵财犯罪符合"冒用他人名义签订合同"的行为方式，成立合同诈骗罪。反观第一种情况，因已经开通了花呗业务，即被害人已经与花呗服务商签订了消费信贷合同，故行为人在使用时并不需要与花呗服务商再次签订合同，也就不符合合同诈骗罪所要求的"冒用他人名义签订合同"这一要件，不可能构成合同诈骗罪。

综上所述，应将冒用他人花呗的行为按照用户本人是否已开通花呗作区别认定：行为人冒用用户已开通的花呗盗取账户内财产性利益，构成盗窃罪；行为人冒用用户的名义开通花呗并使用的，应被认定为合同诈骗罪。

结 论

第三方支付平台下的新型支付方式催生了新型的网络侵财犯罪，与此同时人工智能的发展也对传统的"机器不能被骗"理论提出了挑战。本文首先

---

〔1〕 参见马寅祥："冒用电商平台个人信用支付产品的行为定性——以花呗为例的分析"，载《法学》2016年第9期。

说明了"机器代理人"理论逻辑上的不足，但认可了可以通过这一理论侧面肯定对于机器的欺骗行为成立诈骗类犯罪的可能性，并试图通过引入"刷脸"支付的运作模式打破了传统的理论观点，进而论证机器具有认识且可以产生认识错误的观点。对于三类典型的利用支付宝作为媒介的侵财犯罪，本文通过论证得出盗取他人支付宝中的财产应认定为盗窃罪，盗取他人支付宝绑定的银行卡内的财产应认定为信用卡诈骗罪，以及冒用他人身份借取蚂蚁花呗根据是否已开通花呗业务应分别认定为盗窃罪和合同诈骗罪的结论。

本文以支付宝的整个支付流程为切入点，试图为新型支付方式下网络侵财类案件的定性作出解答，以应对司法实务中认定不一的问题。诚然，本文在论述上仍有诸多不足：其一，以是否需要对取款人身份进行实质性审查来判定系统是否会产生认识错误，这一观点可能没有充分的说服力；其二，对于"刷脸"这一正处于起步阶段的超新型支付手段，笔者难以提供相关的司法判例来支持自己的观点，难免有空谈的嫌疑，对此，笔者仍需关注后续新型支付技术的发展及应用状况，以期对文章的不足之处作出修补和完善。

私募股权投资中对赌协议的合法性出路探究

中国政法大学法学院 2016 级 1 班　卢佳音
指导老师：中国政法大学民商经济法学院教授　吴日焕

摘　要　随着私募股权投资的热潮来临，对赌协议的法律效力等问题引发了广泛讨论。司法裁判中对于其效力的认定使实务界形成了对赌协议效力"二元论"的误区，笔者将从两个经典案例出发，结合具体判决，分析我国此类案件的裁判思路。在明确对赌协议概念及私募股权投资市场的背景后，说明裁判思路对于交易结构的忽略以及"无效事由"中对于资本维持原则的误读，笔者通过分析对赌协议的性质的不同观点，说明其法律地位，以一一排除无效事由的方式肯定对赌协议效力，并从立法论视角提出建议，以期完善对赌协议的相关法律设计。

关键词　对赌协议　私募股权投资　效力　合法性

引　言

2002~2004 年，蒙牛与摩根士丹利等签订对赌协议并最终实现双赢使得"对赌协议"这一概念进入公众视野，此后永乐电器、太子奶等知名公司在对赌中以失败告终的经典案例又让对赌协议因其"高风险"特征而为投资者们所熟悉。随着"对赌协议第一案"（苏州工业园区海富投资有限公司与甘肃世恒有色资源再利用有限公司等补偿款纠纷案，以下简称海富投资纠纷案）的出现，对赌协议在司法领域的性质、效力以及法律地位等问题逐渐成为影响投资人决策、决定相关人利益的核心问题。而对于以上问题，实务界与理论界的认识又存在颇多差异，笔者拟从两个经典案例出发，整理我国司法裁判的思路，并着眼于对其中误区加以说明。对对赌协议性质的错误认定及其效力的一概否定等方面存在理论上的薄弱之处，笔者在明确私募股权背景及对赌协议概念、交易结构后予以一一驳斥。由此，笔者从解释论及立法论双重视角出发，试图探究对赌协议的合法性出路。

一、对赌协议在司法实践中的裁判思路

探究对赌协议合法性出路的前提是了解我国司法实践中对对赌协议性质、效力等问题的裁判思路，剖析认定该协议有效的裁判理由。因此笔者试图从影响力较大的"对赌协议第一案"、富汇投资纠纷案谈起，并借此来梳理2010年以来的对赌协议纠纷案例的裁判思路。

（一）"对赌协议第一案"分析

1. 案情概述[1]

2007年11月1日，世恒公司与海富公司、迪亚公司、陆某（世恒公司法定代表人）签订了一份增资协议书。协议书约定：增资目标公司为世恒公司，投资人为海富公司，以现金2000万元人民币出资，增资后世恒公司占注册资本3.85%，迪亚公司占注册资本96.15%（增资前占100%）。

协议书中第7条第2项就业绩目标进行了约定：世恒公司2008年净利润不得低于3000万元，否则海富公司有权要求世恒公司予以补偿。迪亚公司承担补充补偿责任。计算公式为"补偿金额=（1-2008年净利润/3000万元）×投资金额"。

后海富公司与迪亚公司在合资经营合同中约定，若合资公司因自身原因未于2010年约定时间上市，则海富公司有权在任一时刻要求迪亚公司回购届时海富公司持有的合资公司股权。

工商年检报告记载，世恒公司2008年度生产经营净利润26 858.13元，未能完成目标净利润。2009年，海富公司诉至甘肃省兰州市中级人民法院，

---

[1] （2010）兰法民三初字第71号。

请求法院判令世恒公司、迪亚公司和陆某向其支付协议补偿款。

2. 判决结果及裁判思路分析

笔者拟根据各级法院在裁判文书中的表达及相关撰文归纳其裁判思路。

（1）一审法院。

兰州市中级人民法院认定要求世恒公司承担补偿责任的约定无效，理由有如下三点。

一是根据《中外合资经营企业法》第8条第1款，合营企业获得的净利润根据合营各方注册资本的比例进行分配。该约定的履行将导致世恒公司、迪亚公司支付补偿款，海富公司实际上获得高于净利润3.85%的分配额，违反法律规定。

二是公司章程中规定的净利润分配方式与《中外合资经营企业法》相同，因此该约定违反公司章程无效。利润分配方法应当由公司章程载明，与此相悖的股东协议应作无效处理。

三是根据《公司法》第20条第1款，海富公司滥用股东权利，损害公司、股东及公司债权人利益，其约定因违反效力性强制性规定而无效。

且根据《中外合资经营企业法实施条例》的规定，合营企业协议与合营企业合同有抵触时，应以合营企业合同内容为准。合营企业合同中约定的利润分配方式使得迪亚公司承担补偿责任的依据不足。

（2）二审法院。

甘肃省高级人民法院对合同条款的性质得出了不同结论：[1]对世恒公司年净利润超过3000万元的约定"仅是对目标企业盈利能力提出要求，并未涉及具体分配事宜"。但对世恒公司年净利润未达标时，海富公司有权要求世恒公司及迪亚公司以一定方式予以补偿的约定，违反投资领域风险共担的原则，使投资人取得固定收益。最高人民法院《关于审理联营合同纠纷案件若干问题的解答》第4条第2项规定，投资人不论盈亏均按期收回本息是"明为联营，实为借贷"，因违反效力性强制性规定而约定无效。世恒公司与迪亚公司应共同返还海富公司相关投资款及利息。

---

[1]　（2011）甘民二终字第96号。

（3）再审法院。

最高人民法院采取区分对赌对象效力的判断方式，[1]对同类案例的判决产生了巨大影响。再审法院关于世恒公司与海富公司约定无效的理由仍为"收益脱离了世恒公司的经营业绩，损害了公司利益和公司债权人利益"，但对二审法院"明为联营，实为借贷"的认定予以了纠正，且判决返还实际上超出了当事人诉讼请求。最高人民法院认为迪亚公司作为股东对于海富公司的补偿承诺是当事人的真实意思表示，无以上无效事由，应确认有效。

该案再审承办法官在《"对赌协议"纠纷的法律规制及裁判规则》[2]一文中对于再审判决结果的合理性阐释主要体现为"意思自治需以不违法为前提"以及"潜在第三者的利益也要顾及"。在判决后以此种方式印证了其认为与目标公司对赌损害债权人利益，但与股东对赌因属于不违法的意思自治而应予保护的观点。

（二）富汇投资纠纷案分析

1. 案情概述[3]

2011 年 2 月，富汇创投及其他五家投资人与目标公司及其实际控制人等签订增资协议，协议约定投资人以现金形式向目标公司增资 24 000 万元，其中 964.2857 万元计入注册资本，其余计入资本公积金。同时约定，公司承诺 2011 年税后净利润不低于 3.5 亿元，否则以实际净利润为基础，按约定市盈率的 16 倍计算补偿款。若公司税后净利润超出约定值，投资人以同样方式补偿公司。具体计算公式为：公司向投资人补偿款金额 = 16（即 56 亿元/3.5 亿元）×（3.5 亿 - 2011 年经审计后实际净利润）×4.1095%（投资人持股比例）。

最终目标公司 2011 年度税后净利润为 1.87 亿人民币，投资人要求补偿款，请求仲裁庭确认条款效力。

---

〔1〕 （2012）民提字第 11 号。

〔2〕 罗东川、杨兴业："'对赌协议'纠纷的法律规制及裁判规则"，载《人民司法》2014年第 10 期。

〔3〕 季境：《私募股权投资交易法律适用与实践》，人民出版社 2016 年版，第 20~25 页。

2. 仲裁庭裁决思路

补偿款的性质是双向的估值调整约定，双方达成合同时并无公司与股东之间的关系，而是投资合同法律关系，因此合同履行结果不影响合同效力。同时合同不存在无效事由：股东与公司之间有合法合同依据的资产往来不违反公司法资本维持原则、不损害债权人利益，且基于该合同取得公司资产不因不属于公司法中股东取得公司资产的法律途径而无效，补偿款约定属于或实际存在合同债务，投资人并无抽逃出资意图，且即使评价为"保底条款"，也约定了合理的年化收益率，属于当事人意思自治范围。仲裁庭最终将其性质确定为附条件合同，认定有效。

3. "对赌协议第一案"与富汇投资纠纷案对比

笔者通过对"对赌协议第一案"中最高人民法院的判决与富汇投资纠纷案的仲裁裁决并结合两案案情进行比较，以梳理两案交易架构与司法判决及仲裁裁决就类似问题的裁判思路，如表1所示。

表1 "对赌协议第一案"与富汇投资纠纷案对比

	"对赌协议第一案"	富汇投资纠纷案
对赌对象	目标公司及股东	目标公司
对赌方式	单向对赌	双向对赌
对赌内容（争点相关）	支付补偿款	支付补偿款
实际净利润与目标净利润	26 858.13 : 30 000 000	1.87 : 3.5
判决或裁决认定的合同性质	未说明	附条件合同
补偿款约定效力	与公司对赌：无效 与股东对赌：有效	有效

（三）其他案例

表2　其他案例对比

案名	对赌对象	对赌内容	效力判断	裁判依据
山东瀚霖生物技术有限公司、曹务波与公司有关的纠纷案【（2013）鲁商初字第18号】（天津硅谷天堂合盈股权投资基金合伙企业（有限合伙）与山东瀚霖生物技术有限公司、曹务波与公司有关的纠纷案【（2014）鲁商初字第25号】）	公司及股东	股东的现金补偿承诺及股东与公司的回购权承诺	"二元论"〔1〕	"因违反公司法强制性规定无效"及"不违反公司法规定"
贺晗与郭丹公司增资纠纷案【（2014）海民初字第10675号】	公司及股东	现金补偿及回购权	"二元论"	"与我国《公司法》的相关规定有所冲突，直接影响该公司其他股东与债权人的利益"及"未违反国家法律、行政法规的禁止性规定"
上海瑞沨股权投资合伙企业（有限合伙）等股权转让纠纷案【（2014）沪一中民四（商）终字第730号】	股东	回购权	有效	"完全基于签约各方当事人的真实意思表示，属于意思自治范畴，应予充分尊重"；"'对赌条款'在内容上亦隐含有非正义性的保底性质，容易与现行法律规定的合同无效情形相混淆"；"遵循以下原则（1）鼓励交易；（2）尊重当事人意思自治；

---

〔1〕　"二元论"即实务界根据"对赌协议第一案"中最高人民法院的判决归纳出的"与公司对赌无效，与股东对赌有效"的对赌协议效力判断方式。

案名	对赌对象	对赌内容	效力判断	裁判依据
				（3）维护公共利益；（4）保障上市交易的过程正义"
张瑞芳，深圳一电实业有限公司与旺达纸品集团有限公司，林秉师民间借贷纠纷案【（2014）粤高法民四终字第 12 号】	股东	回购权	有效	"并没有损害旺达股份及公司债权人利益，不违反法律禁止性规定，应认定为合法有效"；"实为借贷法律关系"
丘仁政等诉北京鑫和泰达投资管理中心合同纠纷案【（2014）深中法商申字第 26 号】	股东	现金补偿	有效	"'对赌协议'亦即估值调整协议，是为解决未来不确定性与信息不对称问题，投资方与融资方在达成投资协议时，对投资企业未来业绩的不确定性进行的约定"；"约定系双方当事人的真实意思表示，并不损害公司及公司债权人的利益，不违反法律法规的禁止性规定，应诚信履行"
上海杉融实业有限公司与严晓明等与公司有关纠纷案【（2013）浦民二（商）初字第 3183 号】	股东	回购权	有效	"'回购条款'即为估值调整协定的有机组成部分，系平衡投融资双方权益，保障作为投资方的原告合法权益的重要约定，应属有效"
阮荣林与刘来宝股权转让纠纷二审民事判决书【（2013）连商再终字第 0016 号】	股东	现金补偿及回购权	有效	"不损害佳宇电子公司及其他股东的利益，也不违反法律法规的禁止性规定，是当事人的真实意思表示，合法有效"

续表

案名	对赌对象	对赌内容	效力判断	裁判依据
厦门金泰九鼎股权投资合伙企业（有限合伙）与被告骆鸿、江西旭阳雷迪高科技股份有限公司公司增资纠纷案【（2014）厦民初字第137号】	公司及股东	现金补偿	"二元论"	"参照该判例，该约定的对赌条款损害公司利益和公司债权人利益，违反《公司法》第20条之规定，该部分条款无效"；"根据最高院前述案例的认定，股东对投资人的补偿承诺并不损害公司及公司债权人的利益，不违反法律法规的禁止性规定，是当事人的真实意思表示，是有效的"
蓝泽桥等诉苏州周原九鼎投资中心（有限合伙）合同纠纷案【（2014）民二终字第111号】	股东	双向对赌：股权及现金奖励回购权	有效	"不违反国家法律、行政法规的禁止性规定，不存在《合同法》第52条所规定的有关合同无效的情形"
刘某诉张某1等股权转让纠纷案【（2017）鲁09民终2927号】	公司及股东	回购权	"二元论"	"该补偿条款出于双方当事人自主安排、调控风险及经营激励的自由意志，系当事人真实、自愿的意思表示，不违反公司法规定，不涉及公司资产的减少，不构成抽逃公司资本，不影响公司债权人的利益，应属合法有效"

续表

案名	对赌对象	对赌内容	效力判断	裁判依据
周爱琴诉宋成荣等股权转让纠纷案【（2017）苏 10 民终 3335 号】	股东	回购权（隐名股东与显名股东之间）	有效	"协议具有对赌协议的性质，当属期权的一种形式"
明石创新投资集团股份有限公司诉刘建国等股权转让纠纷案【（2017）宁 01 民初 388 号】	公司及股东	"保底收益承诺"	"二元论"	"违反了投资领域风险分担的原则"；"不违反法律法规的禁止性规定，是有效的"
刘壮超诉汕头市浩力投资有限公司等股权转让纠纷案【（2017）粤 05 民初 1184 号】	股东	回购权	有效	"该协议是投资者在向目标公司投资时为合理控制风险而拟定的价值估值调整协议。""给予投资者补偿时，应严格依照《合同法》《公司法》等相关法律法规之规定，以维护公司、股东及其他债权人的利益"
小马奔腾与建银文化等与公司有关的纠纷案【中国国际经济贸易仲裁委员会仲裁案例】〔1〕	公司及股东	回购权	有效（回避公司回购问题）	"无限连带责任"

从笔者列举的以上案例中可以看出，自"对赌协议第一案"后，司法判决对对赌协议的效力问题多采取"二元论"立场，甚至如厦门金泰九鼎案直接在判决中使用"根据最高院有关案例""参照该判例"的表述。条款无效

---

〔1〕 陈朝毅："'对赌协议'法律效力分析与制度建构"，中国政法大学 2016 年博士学位论文。

的裁判理由存在较高重复性，多为"违反公司法相关规定""违反公司法资本维持的原则""违反了投资领域风险分担的原则""损害公司及债权人利益"，但与"对赌协议第一案"中最高人民法院的裁判文书一样，缺少"如何损害债权人利益"等更为详尽的论证。仲裁案例中，在富汇投资纠纷案中体现出的不区分对赌对象而有效的论证思路并没有体现在小马奔腾案中，该案仲裁机构反而采用了"连带责任"的表述，直接裁决股东承担回购责任。

关于对赌协议性质问题，大部分裁判文书中并没有涉及，但上海瑞沨案、明石创新案中的法院及当事人均表明了"对赌条款"的非正义保底性质，甚至直接约定为"保底收益承诺"，而张瑞芳与深圳一电案中法院将合同法律关系认定为借贷法律关系，周爱琴案中法院认为相关约定有期权性质。2014年后逐渐出现了将对赌协议准确界定为估值调整协议的判例，如丘仁政案、上海杉融实业案、刘壮超案等，此为对赌协议的交易结构在我国逐渐明晰的进步。

最高人民法院于2014年发布的《关于人民法院为企业兼并重组提供司法保障的指导意见》中强调："要坚持促进交易进行，维护交易安全的商事审判理念，审慎认定企业估值调整协议、股份转换协议等新类型合同的效力，避免简单以法律没有规定为由认定合同无效。要尊重市场主体的意思自治，维护契约精神。"该意见实则阐述了要慎重排除"法不禁止即可为"的意思自治界限问题，揭示了估值调整协议效力判断问题的隐含主题是商主体在合同法律关系中受国家法律强制性约束及其意思自治界限的确定，关于这一主题笔者将在下文详细加以阐述。

二、私募股权投资中的对赌协议

"对赌协议"的具体定义如何？其代表的交易结构如何？私募股权投资又表示何种交易背景？关于以上问题的解释是研究私募股权投资中对赌协议合法性出路的题中之义和必然要求。

（一）私募股权投资简述

私募股权投资基金（Private Equity Fund，PE），通常指有融资意向的非上市公司以非公开方式，向特定合格投资者募集资金，投资者通过被投资企业上市、管理层股权回购、并购等方式退出，出售持股获利的权益性投资基金。20 世纪 90 年代私募股权投资在中国起步，而如今我国私募股权投资市场已经逐渐壮大，其对我国国内生产总值的贡献力量愈发明显。某权威股权投资研究中心的数据报告显示，中国私募股权投资市场虽然仍处于初期发展阶段，但投资案例数量已经仅次于美国，成为全球最重要的股权投资市场之一。[1]

私募股权投资基金最初发源于美国，其广义的 PE 概念包含风险投资（Venture Capital，VC）、成长型资本（Growth Capital）及并购基金（Buyout Capital）。美国以有限合伙制为其主要的投资机构组织结构形式，完整的私募股权融资周期包括基金募集及选择、项目寻找及定价、估值、交易结构建立、退出和分配等环节。[2]通常美国投资者都会购买优先股以保证优先结算权，如某经典风险投资案例中，合同主要条款包括可赎回条款、投票权条款、清算优先权条款、强制转化条款、反稀释条款以及负面限制性条款、期权和股权受领权条款等。[3]

但在我国的现行司法环境中，优先股立法规制的缺失及证券监管业对对赌协议的长期排斥使得许多投资人转向离岸对赌以寻求投资保护机制。虽然《公司法》的多次修改已经削弱了其国家强制色彩，但优先股相关的优先权条款的合法性问题仍然没有在立法中得到回应。虽然证监会在 2014 年颁布了《优先股试点管理办法》，但该办法将优先股发行主体限制为上市公司及非上市公众公司。根据证监会在《非上市公众公司监督管理办法》中的定义，非上市公众公司仅为符合特定条件的股份有限公司，[4]而私募股权投资中的大部分被投资企业均未在其列。[5]由此，优先分红权、优先认购权、优先购买

〔1〕 清科研究中心："2017 年中国股权投资市场回顾与展望"，载 https://research.pedaily.cn/201802/427464.shtml，最后访问日期：2018 年 10 月 16 日。

〔2〕 ［美］Josh Lerner, Ann Leamon, FeldaHardymon：《风险投资、私募股权与创业融资》，路跃兵、刘晋泽译，清华大学出版社 2015 年版，第 219~242 页。

〔3〕 FeldaHardymon, Josh Lerner, Ann Leamon：*Endeca Technologues (A)*，转引自 ［美］Josh Lerner, Ann Leamon, FeldaHardymon：《风险投资、私募股权与创业融资》，路跃兵、刘晋泽译，清华大学出版社 2015 年版，第 28 页。

〔4〕《非上市公众公司监督管理办法》第 2 条：本办法所称非上市公众公司（以下简称公众公司）是指有下列情形之一且其股票未在证券交易所上市交易的股份有限公司：（1）股票向特定对象发行或者转让导致股东累计超过 200 人；（2）股票公开转让。

〔5〕 郝红颖、青苗：《私募股权投资基金法律实务操作指引》，中国民主法制出版社 2016 年版，第 91 页。

权等私募股权常见条款虽被《公司法》明令禁止，但立法缺位造成了其投资风险的急剧上升。而美国投资者较为青睐的优先清算权，则因《公司法》第187条"清算后剩余财产按照股东持有的股份比例分配"而产生法律障碍。

在我国《公司法》及证监会相关政策并未提供优先股良好的生存条件之时，现行《公司法》的一股一权原则、禁止回购制度又与优先股的权利内涵相冲突。[1]因此私募股权投资者们以"小红筹模式""协议控制模式"或"秦发模式"转而利用普通法系公司法制度寻求法律保护。其中"小红筹模式"即蒙牛、国美等知名企业采取的针对我国境内权益，在境外进行私募、上市的投资模式，而"秦发模式"是对"小红筹模式"的升级，不再采用协议控制加反向收购的方式，而是通过 IPO 进行海外上市。[2]

因此，我国私募股权的高速发展伴随着优先股设置的法律障碍以及由此引发的离岸对赌热潮，使得投资者们关于"对赌协议"境内法律保护的信心蒙上了一层阴霾。

（二）对赌协议的概念与交易结构

1. 对赌协议的概念辨析

笔者于第一部分列举的十数经典案例中的对赌协议多表现为合同中约定业绩承诺条款，不能达到业绩承诺时股东或公司支付补偿款或回购股权的交易形式，但对赌协议是否应局限于此定位？

学界常将对赌协议理解为 Valuation Adjustment Mechanism（VAM），即估值调整机制的粗略译法，亦因此赋予其"舶来品"的属性。但美国风险投资合同示范文本[3]或相关文献中均无"对赌协议"或称估值调整机制的踪迹。[4]

我国有学者称，业界一般将棘轮条款[5]（反稀释条款）解释为对赌协议

---

〔1〕 汪青松："优先股的市场实践与制度建构"，载《证券市场导报》2014年第3期。

〔2〕 季境：《私募股权投资交易法律适用与实践》，人民出版社2016年版，第20~25页。

〔3〕 美国风险投资协会：《美国风险投资示范文本》，北京市大成律师事务所、北京市律师协会风险投资委员会译，法律出版社2006年版，第267~285页。

〔4〕 潘林："重新认识'合同'与'公司'——基于'对赌协议'类案的中美比较研究"，载《中外法学》2017年第1期。

〔5〕 具体条款范本见美国风险投资协会：《美国风险投资示范文本》，北京市大成律师事务所、北京市律师协会风险投资委员会译，法律出版社2006年版，第267~285页。

的原型。但笔者认为棘轮条款指美国优先股衍生权利制度中防御性保护措施，具体表现为当融资标的公司遭遇困难而需要再次融资时为防止前期投资者股权被稀释而约定其可以无需对价获得更高比例股权或以相对低价继续购入股权，[1]并存在"完全棘轮"与"加权平均"两种调整方式。[2]因此棘轮条款的目的是在私募股权交易中保护投资权益不因投资企业与后续投资者的交易而遭受影响，而非对估值中的不确定因素加以调整。棘轮条款与估值之间并非后者影响前者，反而常体现为前者的确定影响后者的形成。棘轮条款可视为公司发行的期权，投资者可依此在将来某一条件下获得更多股权，这一投资保障常使后续投资者出价降低，公司估值降低。[3]综上，棘轮条款的目的及在交易结构中的作用皆与我国估值调整机制的讨论范围有所差别，且我国反稀释条款在私募股权交易合同中也区分于对赌条款常有出现，因此笔者并不赞同棘轮条款为我国对赌协议原型之理论。

而回归美国风险投资示范合同文本，并未发现与我国案例中广泛存在的补偿款约定具有类似目的、调整方式的约定范本，较为相似的企业并购中的earnout条款（盈利能力支付计划）[4]也因其调整领域不同而无法在合法性出路问题方面产生借鉴意义。在同样具有资本维持原则规制的美国，"硅谷无对赌"现象的产生实际上依赖于尽职调查中信息不对称现象的缓解以及市场的博弈。且实践中美国私募股权常以分阶段融资的方式通过多次、重复博弈达到降低初始投资估值过高带来的损失的目的，并防止资本维持原则的触发。[5]

在我国境内对赌协议尚未能普及重复博弈模式的情况下，独特的补偿款约定才应为估值调整机制研究的重点，而该机制本身虽在我国较少涉及，却

---

〔1〕 陈朝毅："'对赌协议'法律效力分析与制度建构"，中国政法大学2016年博士学位论文。

〔2〕 李寿双：《中国式私募股权投资——基于中国法的本土化路径》，法律出版社2008年版，第78页。

〔3〕 Andrew Metrick：Venture Capital and the Finance of Innovation，转引自〔美〕Josh Lerner, Ann Leamon, FeldaHardymon：《风险投资、私募股权与创业融资》，路跃兵、刘晋泽译，清华大学出版社2015年版，第56页。

〔4〕 潘林："重新认识'合同'与'公司'——基于'对赌协议'类案的中美比较研究"，载《中外法学》2017年第1期。

〔5〕 刘燕："对赌协议与公司资本管制：美国实践及其启示"，载《环球法律评论》2016年第3期。

应予考虑包括反稀释条款、共同出售权和强制随售权条款等在内的衍生性优先权利条款。综上，本文论题所涉"对赌协议"以估值调整条款（现金补偿）为主，以相关调整机制衍生权利安排为辅，但出于用语习惯、讨论便利，笔者于下文仍以"对赌协议"代称之。

2. 对赌类型

我国常见的对赌类型（广义）包括价款弥补型及股权弥补型，股权弥补型又可分为以下四类。[1]

（1）股权回购型。

股权回购型即目标公司未在约定期限内完成相应的承诺目标时，投资者通过要求目标公司回购其持有的全部或部分股权的方式实现退出。

（2）股权对赌型。

股权对赌型通常指目标公司在未完成业绩承诺时应以低价或无对价将特定股权转让于投资者的约定。通常情况下股权对赌型表现为双向对赌，即相反条件出现时，由投资者将其持有的股权转让于目标公司实际控制人及其他主体。

（3）股权优先型。

股权优先型是指约定对赌协议的相关条件未能成就时，投资者获取特定的优先权利，如一票否决权、股权优先分配权等。

（4）股权激励型。

股权激励型是指转让主体主要为目标公司高管，以激励其勤勉工作的对赌类型。

笔者以为以上四种股权对赌类型中股权回购型及股权对赌型更为常见，相关条款效力引发实务界较大争议，且于估值调整机制中起到更为主要的作用。

3. 估值调整的相关交易结构

如前所述，美国私募股权的投资过程可以分为五个步骤，即项目寻找、筛选、估值、构架和管理。[2]其中估值环节是私募股权投资的项目定价阶段，

---

〔1〕 陈泽桐、赵宇："我国 PE 对赌协议的类型化分析及其诉讼案例启示"，载郭晓文、刘晓春主编：《中国股权投资与公司治理》，对外经济贸易大学出版社 2014 年版。

〔2〕 Tyzoon T. Tyebjee, Albert V. Bruno, "A Model of Venture Capital Investment Activity", *Management Science*, 30 No. 6, 1984, pp. 1051–1066.

但其常因非上市企业的特殊性而被视为是投资者的一大挑战。

首先，对非上市企业的估值通常具有更高的不确定性。非上市企业，尤其是初创企业在投资预测的过程中通常显示为负现金流，企业预期回报具有极高的不确定性。而对于成熟企业来说，其运营能力的提升在现阶段资金已经陷入困难的情况下仍然难以预估。其次，信息的不对称性是我国较境外成熟市场面临的更加严峻的问题。融资企业股东在控制企业的过程中自然享有信息获取的优势地位，即使在投资者经过高成本的尽职调查后，也不能完全消除信息不对称带来的估值困难。[1]甚至在融资者因此背负道德风险，投资者产生"风险忧虑"的情况下，出现许多投资者出于过度自我保护而使估值调整条款偏离其调整范围程度较为夸张的现象，并由此引发该条款效力的争议。再次，私募股权投资市场中的初创企业固定资产一般不足以进行估值，而员工和创意等无形资产估值尤其复杂。最后，目标公司可能多次募集资金，其资本结构将不断变化，加上市场的多变性影响，估值结果的可参考时段常常很短。[2]

综合上述现象，私募股权投资中合理估值尤其困难，加之各种估值方法对上述不确定因素敏感程度不同，常出现不同估值方法得出差异极大的估值结果的情况，难以确定某一方法即为该项目中的合理估值方式。

我国经典估值理论为收益法、市场法（市盈率法、市净率法）、成本法及期权估值法。以最为常见的市盈率法为例，有学者经过对355家样本企业上市前与上市后的利润总额同比增长率计算，得出PE入伙目标企业时选用市盈率数值偏高的结论。[3]因此经典估值理论的偏差在实证研究结果中已经并不少见。

在估值几乎注定存在偏差的投资环境中，估值调整的存在对于交易双方的利益保护均十分必要。但估值调整的定价方式合理与否则是第二层交易结构中的主要问题。

---

〔1〕 李有星、冯泽良："对赌协议的中国制度环境思考"，载《浙江大学学报（人文社会科学版）》2014年第1期。

〔2〕 ［美］Josh Lerner, Ann Leamon, Felda Hardymon：《风险投资、私募股权与创业融资》，路跃兵、刘晋泽译，清华大学出版社2015年版，第96页。

〔3〕 陈华强："中国私募股权投资估值不确定性问题的研究"，厦门大学2014年硕士学位论文。

有学者通过 20 个具体案例的采集，分析其不同的对赌条款赔偿金额计算方式，[1]从而得出其中徐州海伦哲、双成药业等 15 个案例[2]的补偿款金额均为固定值，而蒙牛乳业、勤上光电、金刚玻璃、天晟新材及掌趣科技的补偿款数额为非固定数值的结论。其中蒙牛乳业与勤上光电的计算公式为股价终值的函数，其余三家为终期市盈率、利润及销售收入的函数。虽后续研究并未将计算公式与对赌协议价值偏离度相关联，数据也未能表明两个变量之间存在明显联系，但较为明显的结论表明偏离度几乎均为正值且大多数企业存在 10% 以上的偏离度。而这种定价偏离现象背后的原因可以总结为投资方自我保护引发的风险溢价。综合前述内容可得，估值调整的正当性源于估值的"必然"偏差，优先权衍生权利条款的保护、防御等性质常导致风险溢价的产生，其本身的偏差是否引发对赌条款"不平等"性质的争议需要具体分析其估值调整的过程加以判断。

三、对赌协议的合法性出路

（一）现有裁判思路的问题

根据第一部分中笔者对裁判思路的总结，实务中多采"二元论"立场，裁判理由集中于"违反公司法相关规定""违反公司法资本维持的原则""违反投资领域风险分担的原则""损害公司及债权人利益""保底条款无效"等理论。

1. 违反投资领域风险共担原则

投资领域的风险共担原则最初源于 1990 年最高人民法院《关于审理联营合同纠纷案件若干问题的解答》，该文件明确了联营活动的基本原则为"共负盈亏、共担风险"。1997 年颁布的《合伙企业法》第 2 条对合伙企业的定义指明合伙企业为"共担风险"的营利性组织，但现行合伙企业法的定义表述

---

〔1〕 王茵田、黄张凯、陈梦："'不平等条约？'：我国对赌协议的风险因素分析"，载《金融研究》2017 年第 8 期。

〔2〕 15 个案例中的对赌主体分别为：太子奶、徐州海伦哲、双成药业、安洁科技、隆鑫动力、久安公司、海王星辰、西安佳韵社、东光微电、爱国者电子、中交通力、宁夏华辉、永乐家电、雨润食品。

已更改为普通合伙企业与有限合伙企业的概念集合。

由此已可以窥见我国于计划经济时代采取的对风险分配的强制性要求已经在现行立法中逐渐弱化，亦可理解为商法领域中国家强制力干预的削弱。因此笔者拟类比合伙企业中的风险分配说明风险共担原则的适用现状。有限合伙企业中普通合伙人与有限合伙人承担不同程度的风险，即企业财产不足以清偿债务时，有限合伙人仅以出资额为限承担责任，而普通合伙人承担无限连带责任。由此，一般认为有限责任的风险承担为"损失存在于投入之中的安排"。[1]而正是这种不同的风险分配方式使得"货币资本与技术资本得以有机结合"，有限合伙人的出资甚至可以达到99%，但经常不参与企业的经营管理，普通合伙人对于企业经营的实际控制与该种风险分配方式相适应。[2]与此类似的，私募股权投资人是以退出为目的进入目标公司的股东行列的，通常不参与经营管理，而公司的盈亏又与其实际控制人的作为密切相连，意思自治下的风险分配应具合理性。

同时投资人作为股东自然与目标公司共同承担盈亏后果，对于风险分配的合理性探讨仅集中于估值调整机制。管见以为，私募股权投资人与一般股东进入目标公司的目的有所不同，前者仅关注退出并持股获利的过程，因此目标公司获得投资人投资款项从而实现上市或者渡过融资困境已经获得了期限利益。而投资者常基于负现金流或经营困难的现状在包含众多不确定因素的估值指导下进行投资。估值调整实际上仅是为实现投资者投资目的及平衡双方利益而设置的机制，恰恰与法院认为的规避风险目的相反，因此"风险共担"与否不应只着眼于补偿款的支付，其认定不应表面化、刻板化。同时，若认为投资领域必然遵循"风险共担"的表面化强制性认定，将与现行合伙企业法确定的有限合伙企业的概念引入相冲突，不利于调动投资人投资积极性，对私募股权等市场具有消极影响。

2. 对赌条款因属于保底条款无效

"禁止保底协议"同样规定于《关于审理联营合同纠纷案件若干问题的解

---

〔1〕 [加] 布莱恩·R. 柴芬斯：《公司法：理论、结构和运作》，林华伟、魏旻译，法律出版社2001年版，第533页。

〔2〕 王保树："有限合伙人的有限责任——风险分配与债权人保护"，载《法学研究》2008年第6期。

答》中，但能否因此扩大解释至私募股权投资领域？笔者认为扩大解释不妥。

首先，前已述及，"保底条款"的刻板化认定并不合理，且非强制性的风险共担原则不能因此作为无效事由。其次，我国"保底条款无效"的适用集中于证券法、证券投资基金法等，禁止受托人与证券公司、基金管理人的委托理财合同中设定保底条款。此种规定是基于信息不对称等现象为保护投资人，防止专业机构破坏市场稳定性而形成的利益衡量结果。[1]特殊领域中的禁止是作为例外加以规定的，未由法律明文禁止的应属于意思自治的范畴，不应一味作出无效认定。

3. 违反资本维持原则，损害第三人利益

近乎所有作出"与公司对赌无效"判决的裁判文书中都有提及的裁判理由是"违反资本维持原则"以及"损害第三人利益"。

我国公司法继受大陆法系的传统公司法理论，以资本三原则为公司法基本原则，即以资本确定原则为前提，以资本不变原则为保障，以资本维持原则为核心。[2]但是资本维持原则的表述并未在我国现行公司法立法体系中出现，仅在个别法条中可寻其踪迹。如《公司法》第166条规定的利润分配顺序，要求公司应当先弥补亏损，提取法定公积金后才可向股东分配利润，弥补亏损作为维持公司资本的程序得到法定前置，体现出资本维持原则的运用。

但是资本维持原则的具体内涵并未在公司法中加以明确，而追本溯源，以比较法为参照系则可以明晰其概念。英国法上的两个著名判例 Guinness v. Land Corporation of Island 和 Trevor v. Whitworth 明确了资本维持原则对于公司行为的限制体现为"无法庭许可，资本不得返还给股东"。[3]德国法上资本维持原则在规定中体现在禁止退回资产以及限制股份回购上，有学者将该原则称为一种防御保护机制，即法律保护公司资产在原始资本金额范围内免遭股东的侵害。[4]韩国法上有学者将其形象地比喻为"防止资本流向股东的

---

〔1〕 季境：《私募股权投资交易法律适用与实践》，人民出版社 2016 年版，第 62 页。

〔2〕 傅穹："公司资本维持原则的现代思考"，载《社会科学战线》2004 年第 1 期。

〔3〕 张保华："资本维持原则解析——以'维持'的误读与澄清为视角"，载《法治研究》2012 年第 4 期。

〔4〕 ［德］格茨·怀克、克里斯蒂娜·温德比西勒：《德国公司法》，殷盛译，法律出版社 2010 年版，第 358 页、第 366 页、第 367 页。

防水墙"，即资本维持原则禁止通过资本交易使公司财产不当流出。[1]综上所述，资本维持原则的内涵并不是将公司资本严格限制为与注册资本相当的实缴资本，更不是要求公司资本不受一丝一毫减损，而是限制公司行为，禁止其以非法方式将资本返还于股东。[2]正常经营活动中的资本亏损不应当被视为对资本维持原则的违反，实际上更无法要求公司在经营中从不亏损，甚至可以说在千变万化的市场中资本的波动才是常态，而"资本不变"只能是空想。

因此判断是否违反资本维持原则的标准应为对赌协议是否属于以非法方式将资本返还于股东。投资人在合同履行后取得股东身份，并以退出机制的实现为目的，将其在判断合同效力时评价为股东是否存在逻辑谬误暂且不论，"非法方式"显然是对投资合同进行了不当评价。公司作为成熟商主体与投资者签订合同，不可仅依据其财产的减少而不论其支付补偿款的请求权基础是合同法律关系还是公司法律关系就判断其违反资本维持原则。公司的财产属性与组织属性是公司本质论的论题（笔者将于下文详述），在私募股权投资市场上作为一个具备商事行为能力的交易主体不应被过分特殊保护，此亦为意思自治与公司法强制力干预的界限问题。

至于回购型对赌是否因限制回购的具体条款触及资本维持原则而无效，笔者以为，首先回购约定本身并非基于调整估值目的的约定，仅为对退出方式的约定，本非估值调整协议所包含范围；其次以回购为退出方式的约定若受《公司法》第142条限制回购条款规制则属于退出的事实障碍，而非合同无效理由。2018年10月26日通过的《全国人民代表大会常务委员会关于修改〈中华人民共和国公司法〉的决定》中将限制回购的范围缩小，尤其是第6项"上市公司为维护公司价值及股东权益所必需"的回购情形已经大大增加了公司回购股份的履行可能性，在此之前我国实务中常采取减资形式完成回购亦不违反强制性规定。回购带来的违约风险实际上仍应通过优先股制度规避，优先股条款在比较法上常包含赎回权，即可赎回优先股，由此避免触

---

〔1〕 ［韩］李哲松：《韩国公司法》，吴日焕译，中国政法大学出版社2000年版，第150页。

〔2〕 张保华："资本维持原则解析——以'维持'的误读与澄清为视角"，载《法治研究》2012年第4期。

发资本维持原则的适用。

笔者在上文阐述了资本维持原则的内涵，但基于我国普遍对此存在误解的现状，"实然"与"应然"产生了冲突碰撞，此时对赌协议是否又有避免引发资本维持争议的余地？管见以为，只有在净利润不足以履行即支付补偿款将导致责任资产减少的情况下才有可能触发资本维持原则的管制。由于合同成立生效时并无该原则适用预期，因此属于履行障碍问题，应以违约责任承担加以解决。同时，未至于减少注册资本的情况下，应就具体案件事实根据财务状况判断资金究竟来自资本公积、盈余公积、未分配利润还是抽逃股本。至于"损害第三人利益"与否的判断是建立在利益衡量的基础上的，当公司作为合同法律关系的平等主体之一参与交易时，不应将私募股权投资人地位滞后于其他债权人进行保护，否则又将进入其股东身份的表面化解读误区。但个别对赌协议确实存在"赌"的性质，即运用错误的计算方式进行项目定价，具有较明显射幸性的合同应该破除笔者以上对估值调整条款目的正当性的推断，损害第三人利益，从而存在无效可能，因此应当针对个案具体估值过程进行分析。

（二）解释论视野下的对赌协议合法化出路——合同性质及效力

排除以上司法裁判中引用的无效事由之后，笔者将从解释论角度探究对赌协议合法化出路，即分析其合同性质，肯定合同效力。笔者认为个别学者将对赌协议的民法属性与商法属性结合起来认为其合同性质是"综合体"[1]的理论实际上是从不同侧面评价对赌协议，因此不必作为独立的主流观点进行讨论。本文仅就射幸合同论、担保合同论、附条件合同论与特殊产品买卖合同论的误区进行分析，并说明特殊期权合同论的合理之处。而对赌协议效力分析实际上引发了对于该协议中法律关系界定以及公司本质论的相关讨论，笔者从投资人与目标公司的合同法律关系，公司的成熟商主体组织性质及公司法对于利益衡量的干预合理性进行论述，从而在解释论视野下肯定对赌协议效力。

---

[1] 孙艳军："对赌协议的价值判断与我国多层次资本市场的发展"，载《上海金融》2011年第9期。

1. 对赌协议的性质

（1）对赌协议非射幸合同。

持该观点者认为，射幸合同的主要特点为"特定行为后果具有不确定性"，"双方当事人均有获利、受损可能"，由于对赌协议包含的业绩承诺是对将来即使积极作为也可能无法达到的条件的承诺，属于约定不确定事项，且对赌协议双方在承诺条件达成时均获利，在未达成时均受损，因此属于射幸合同。[1]

射幸合同的基本特征应为"射幸合同履行的不确定性"以及"金钱或当事人对价外观上的不均衡性"。[2]射幸合同履行的不确定性非指合同的履行存在不确定因素，而是履行与否取决于未来的某不确定事件发生的后果，俗称"买机会"。对赌协议中具有不确定因素的是业绩承诺的实现，但企业业绩是其实际控制人或控股股东经营运转的结果，是结合其积极作为加之市场变动等因素的结果。即使私募股权市场具有高风险性，也不应将双方期望与估值相对应的实际业绩视为某一方获取巨大利益的"机会"。此种认定是将估值调整条款与投资协议割裂的结果，前已述及，估值调整条款仅是针对估值结果不确定性的利益平衡手段，而非体现局部不均衡性，但获取利益或颗粒无收的两极结果在射幸合同中是合同目的的体现，两者截然不同。

而对赌协议在承诺条件达成时均获利，在未达成时均受损的现象是由其公司与股东的法律关系维系的，非因对赌协议，故由此认为对赌协议为射幸合同的理由不能成立。

（2）对赌协议非担保合同。

持该观点学者认为，合同担保具有"存在于债权债务之中"及"担保形式法定"的特点，而对赌协议运用于私募股权投资之中，其对投资者可以起到投资保护作用，因此虽无担保之名，却有担保之实。[3]但笔者认为，担保合同是作为债权债务合同的从合同存在，从而在效力等方面具有特殊性，而对赌协议不存在主从合同问题，[4]且对赌协议的"保护"作用与担保合同的

〔1〕 谢海霞："对赌协议的法律性质探析"，载《法学杂志》2010年第1期。

〔2〕 肖和保、杨佳媚："论保险合同之射幸性——兼评保险合同免责条款的正当性"，载《财经理论与实践》2008年第1期。

〔3〕 李岩："对赌协议法律性质之探究"，载《金融法苑》总第78辑。

〔4〕 胡伟："私募股权投资'对赌协议'的反思与展望——以我国'PE对赌第一案'为例"，载《金融与法律》2014年第1期。

"补充性"存在诸多不同，对赌协议是预判企业价值后在已完成部分（投资款支付）的基础上加以调整以接近预判价值的保障，而担保合同是对合同履行能够得以"实现"的保障。担保合同以主合同债务存在为前提，是为保证主合同履行的实现而达成的合意，但估值调整条款中的补偿款承诺是出于对投资估值中不确定因素的"补正"，笔者以为不能因此将所有履行不确定性风险的合同都理解为担保合同。

（3）对赌协议非我国语境下的附条件合同。

持该观点者认为，根据《合同法》第45条，当事人对合同的效力可以约定附条件。附生效条件的合同，自条件成就时生效。附解除条件的合同，自条件成就时失效。所附条件是将来发生的不确定的客观事实，是当事人任意选择的合法的事实。而在对赌协议中体现为：其一，对赌协议所约定的业绩指标是将来发生的事实；其二，该业绩指标的实现受制于多个因素，在签署对赌协议时属于不确定的客观事实；其三，对赌协议的条件是双方当事人任意选择的事实；其四，业绩指标的实现属于合法事实，因此对赌协议应为附条件合同。[1]

笔者以为我国语境下的附条件合同内涵局限于《合同法》第45条中的附生效条件合同与附解除条件合同，即效力附条件合同。但对赌协议中是业绩承诺的达成与否（兼含主观因素与客观因素的条件）影响合同双方义务的履行，即英美法上的义务附条件合同。[2]当目标公司未实现业绩承诺时，其义务包含补偿款支付或回购股权等，如为双向对赌则投资者需履行股权奖励、现金奖励等义务。需要注意的是，附条件合同中"条件"的概念应与射幸合同中的"不确定事件"相区别，后者发生与否一般更依赖于外界客观事实的形成，具有"碰运气"的性质，不同于对赌协议语境下的成熟商事行为前提。虽然笔者认为对赌协议的业绩承诺的实现可以评价为"条件"，但由于义务附条件合同尚未在大陆法系的合同法体系中得到承认，因此对赌协议不应属于我国语境下的附条件合同。

---

〔1〕 杨明宇："私募股权投资中对赌协议性质与合法性探析——兼评海富投资案"，载《证券市场导报》2014年2月号。

〔2〕 刘迎霜："私募股权基金投资中对赌协议的法律解析"，载《国际商务》2015年第1期。

（4）对赌协议不应界定为特殊产品买卖合同。

季境博士提出对赌协议应属于特殊产品买卖合同，主张对赌协议的补偿款支付属于买卖合同中价格不确定时采取的"多退少补"模式。参照"按质论价"买卖合同适用法律，仅在交易标的物方面存在特殊性。[1]

笔者认为将对赌协议界定为买卖合同的一种，是意味着将合同法上的无名有偿合同划入买卖合同的范围内，是对买卖合同外延的不当扩大。买卖合同在合同法上具有特殊地位，体现在《合同法》第 174 条"法律对其他有偿合同有规定的，依照其规定；没有规定的，参照买卖合同的有关规定"中。有偿合同相对于无偿合同最显著的特征即为其"对价性"，而对价性指履行与对待履行之间互为条件、互为牵连的关系。[2]买卖合同通常表现为"钱货互易"的对价性极为明显的形式，加之是最为普遍、交易结构简单的合同，其他有偿合同多与其有较为类似之处，因此可以参照适用。但针对《合同法》第 174 条的解读，易军教授认为该条属于不完全法条，实质是类推适用，仅能借鉴、模仿，亦为宣示并在客观上进一步强化了买卖在诸有名合同中的范式地位。[3]同时第 174 条是对法律漏洞的承认，而不是将其他有偿合同一味归入买卖合同的范围。笔者以为买卖合同的外延正因其范式地位而应当予以限制，季境博士认为对赌协议属于特殊产品的买卖合同实际上是将投资合同视为对股权的买卖，估值调整协议将不确定的价款根据实际业绩进行调整。但股权是基于社员权的概括性权利，与合同法中买卖合同标的物具有本质上的差异。由此导致买卖合同相关的交付、标的物瑕疵担保等规定都不能类推适用，标的物的特殊性已经使得合同的基本特性有所不同。综上，笔者以为不应将估值调整条款与投资协议认定为特殊产品的买卖合同。

（5）对赌协议的性质——特殊期权合同。

笔者认为，对赌协议在合同法上应属于无名合同，在金融法上与期权合同的本质特征相同，又因与标准股票期权合同存在差异，而应归于特殊期权合同。但若要真正赋予对赌协议以法律地位还应于合同法分论中独立于其他

类型合同进行规定。

期权指权利人在特定期间内享有以执行价格购买或出售标的资产的权利。期权合同则体现为双方关于此权利以及该方当事人支付期权权利金的义务的合意。[1]期权有两种类型，一为看涨期权，即赋予期权持有者在将来某个日期以一定价格买入某资产的权利，看涨期权持有者希望股权价格上涨；一为看跌期权，即赋予期权持有者在将来某个日期以一定价格卖出某资产的权利，持有者希望股权价格下跌。[2]对赌协议具有类似于看涨期权的性质，即投资人在合同成立生效后享有买入目标公司股票的权利，并希望股权价格上涨以持股获利。

从某种意义上讲，期权是价格风险保险的一种形式，持有者可以以较低的当前成本锁定标的资产的价格。一般意义上的期权可以用来保护期权持有者免受不利价格变动的损害。[3]对赌协议具有相同意义上的避险作用，补偿款用于调整双方在目标公司未能完成业绩承诺时的"不平等"关系，保证一定程度上的公平交易，避免投资者因市场波动遭受巨大亏损。

但对赌协议并不是标准的股票期权，而是类似于不标准产品中的两值期权（binary option），即当标的资产价值达到执行价格时，该类期权的回报为一个固定数量的期权，换言之，是具有不连续收益的期权。[4]在私募股权投资的交易结构中表现为私募股权投资者通过估值确定项目定价，在业绩承诺未能实现时，目标公司通过支付补偿款使得投资者真正投入的资产价格锁定于相对固定的值，从而降低市场波动或经营不善对投资者收益的影响。并且目标公司股权的实际价值与投资款进行比较，如果实际价值低于投资款，获得的是相对固定的给付（与该时点的市场无关），是不连续的"收益"。

若为股权激励型对赌，则目标公司在达到业绩目标时，管理层可以从投资者处获得股权，交易结构中包含两份期权协议。虽然不可评价为标准股票

---

[1] 袁国际："期权合同研究"，中国政法大学 2007 年博士学位论文。

[2] [加]约翰·赫尔（John C. Hull）：《期权、期货及其他衍生产品》，[加]王勇、索吾林译，机械工业出版社 2014 年版，第 167 页。

[3] 国家员工所有权中心编：《股票期权的理论、设计与实践》，张志强译，上海远东出版社 2001 年版，第 109 页。

[4] [加]约翰·赫尔（John C. Hull）：《期权、期货及其他衍生产品》，[加]王勇、索吾林译，机械工业出版社 2014 年版，第 171 页。

期权，但当投资人从管理者手中获取股权调整投资款时，属于特殊的看空企业业绩的股票期权。[1]

2. 对赌协议的效力分析

对赌协议合法性出路的探究实际上就是排除无效事由的过程，而在司法实践中显现出来的关于其效力认定的误区是对于对赌协议中法律关系、公司本质的理解等问题的认识错误。同时，我国裁判思路少有提及的是股东平等原则的违反，因此笔者将于下文分析该原则对合同效力的影响。

（1）对赌协议违反股东平等原则？

我国对赌协议的相关案例中鲜少涉及股东平等原则的讨论，但投资人股东身份与债权人身份的"重合"使其是否触发股东平等原则的适用存在一定的解释空间。

我国私募股权投资中投资人获取股东资格主要通过增资扩股与收购股份的方式进行，前者的决策程序根据公司法规定应为股东会或股东大会决议，而股权转让在有限责任公司中需满足股东过半数同意等条件，收购股份有限公司股份在公司法的规定中则采自由转让模式。因此除 Pre-IPO 投资中常采用的私募股权投资基金外，投资人进入目标公司一般均经过股东会决议，仅在 PIPE 投资等折价收购股份的情形下存在股东不知情的可能性。

由此，在经过股东会或股东大会决议的增资扩股或股权转让中，股东平等原则自然得以体现，异议小股东的保护体现在公司法规定的赔偿、决议瑕疵之诉等救济途径中，不在股东平等原则的讨论范围内。因此，笔者将主要说明投资人收购股份时是否存在股东平等原则的适用。

如前所述，投资人以退出为目的进入目标公司，其与公司的合意中通常包含棘轮条款、拖售权与随售权条款等具有"优先"性质的权利约定。该类优先性衍生权利在美国金融实务中被视为可转换债券性质的"非标准优先股"所含权利条款。因此当投资人以收购普通股的形式获得股东资格时，虽然可解释为投资成长中企业是投资人基于数种优先性权利的条件而做出的选择，其获得股东身份的正当性源于目标公司对投资款需求下的理性选择。但合同履行将产生投资人作为普通股股东享有优先权利的法律后果，而其他股东又

---

〔1〕 李岩："对赌协议法律性质之探究"，载《金融法苑》总第78辑。

并未享有优先收购对外转让的股份的权利，并未获得前述交易机会，使得普通股股东之间存在实际上的不平等现象，违反股东平等原则的内涵之一即"同类股东的权利义务内容相同"。笔者以为，此种不平等现象是优先股制度缺失带来的法律风险，但股东平等原则作为公司法中体现私法平等原则的基本原则对合同效力的影响仍需依赖于具体强制性法律规定。我国公司法中股东平等原则通常体现于累积投票制、股东一般性权利的赋予等条款中，并无因此解释投资协议无效的可能性，但这源于立法中体现股东平等原则的条款匮乏，而不能作为未违反股东平等原则的原因。

因此笔者主张投资人收购优先股以降低以上法律风险，但如前所述优先股是否存在对股东平等原则的挑战在我国仍备受争议。在多元主义影响下产生的复合主义股东平等观将股东平等的判断标准概括为股东自主行为之自由的平等、股东权利形式上的平等、股东获得利益机会的平等、股东获得利益总体份额上的平等以及差别原则的标准。[1]优先股的设置并不会导致其他股东基于股东身份获益的机会或总体数额的区别，仅可能在股东权利方面存在形式上平等的争议。股东权利形式上的平等这一标准是基于股东在公司中的主体地位产生的，即对公司具有同等重要性的股东权利在形式上应当是平等的。但优先股制度的设计即为使公司股东承担不同义务，享有不同权利，在此意义上并未违反股东平等原则。笔者主张于公司法中确认优先股的制度设计，并于下文立法论部分详述。

（2）对赌协议中法律关系及对公司本质的理解。

如前所述，对赌协议的交易结构最为特殊之处表现为投资人的投资目的为最终持股获利，以退出为目的进入目标公司。因此在对赌协议签订时，投资人尚未具有目标公司的股东身份，其股东身份是投资款支付带来的合同履行的结果。而无效论观点中大部分以其股东义务的违反作为合同的无效事由，则是混淆了合同效力与合同履行。有学者引用区分原则加以说明，即债权合同以权利变动为目的而权利变动则为合同履行的结果，因此债权合同效力与合同履行是为不同层次的问题。[2]尤其在最高人民法院关于认定合同效力的司法解释中正体现了其对于两者的区分意识，《关于当前形势下审理民商事合

---

[1] 田尧："股东平等原则的本体及其实现"，吉林大学2013年博士学位论文。
[2] 蔡立东："行政审批与权利转让合同的效力"，载《中国法学》2013年第1期。

同纠纷案件若干问题的指导意见》中规定："如果强制性规范规制的是合同行为本身即只要该合同行为发生即绝对地损害国家利益或者社会公共利益的，人民法院应当认定合同无效。如果强制性规定规制的是当事人的'市场准入'资格而非某种类型的合同行为，或者规制的是某种合同的履行行为而非某类合同行为，人民法院对于此类合同效力的认定，应当慎重把握。"[1]股东从公司处获得财产的行为并不一概违反效力性强制性规定，因其股东身份属于合同履行结果而不应影响合同效力，从而根本不存在触发股东义务条款适用的可能性。

笔者以上讨论立足于投资人与目标公司的合同法律关系，但在排除无效事由的过程中可见数种无效论皆以公司法律关系为前提，这使人不禁发问：在双方既是合同相对人又是公司及其股东时，合同法律关系与公司法律关系界限如何体现？公司法对于合同法律关系的强制力干预又应限制于何种程度？

首先，公司与股东之所以可以成立合同法律关系，而不会直接因公司的清偿而认定违反股东义务，盖因公司不仅具有财产性质，更应被评价为成熟商主体。曹兴权教授将商主体概括为交易与组织的混合机制，[2]即公司首先是客观存在的、以营利为目的的组织体；其次如科斯所称，公司是一个集中代表各种要素所有者利益的独立主体——"价格机制的替代"。[3]因此公司的本质特征除体现内部关系的"合同网络"说外，[4]其在市场上更应体现为能够自主选择交易对象、承担交易风险、获取交易利益的主体。因此单独以公司财产减少，股东相应获利的表面现象认定违法是对于公司本质的错误认识。

其次，在目标公司与投资人成立合同法律关系，并因合同履行而形成公司法律关系时，对两种法律关系的调整在交叉范围内应表现为利益衡量的结果。合同法律关系中以双方当事人意思自治为先，合同法仅在侵犯国家利益、

〔1〕 潘林："重新认识'合同'与'公司'——基于'对赌协议'类案的中美比较研究"，载《中外法学》2017年第1期。

〔2〕 曹兴权："商主体制度的逻辑理路与规范展开"，载《北方法学》2008年第2期。

〔3〕 喻中："科斯的法律经济学思想述论——读《企业、市场与法律》"，载《政法论坛》2014年第3期。

〔4〕 蔡立东："公司本质论纲——公司法理论体系逻辑起点解读"，载《法制与社会发展》2004年第1期。

社会公共利益或违反诚实信用原则等情况下，以推断当事人真实意思为主要手段，为保证交易目的实现而进行规制。而公司法是公法和私法融合的产物，其各项制度都体现出社会、公司与股东三者的利益平衡。[1]我国公司法在数次修订过程中都表现出一定的国家干预色彩，但现行公司法已经于较大程度上给予公司意思自治的空间。在对赌协议问题中，司法裁判的思路体现出我国公司法对债权人利益给予强力保护的习惯。当投资人具备股东身份时，合同履行将使公司资产客观上流向股东，此时投资人对公司享有基于对赌协议的债权，成为公司债权人。但司法裁判将基于合同法律关系的投资人利益滞后于公司债权人的利益，直接认定为无效。有学者认为此种认定未免有"法律家父主义"之嫌，不应一概优先保护，而应由债权人启动事后救济措施，而非由法院在事前主动进行干预。[2]笔者以为，利益衡量的结果应有四种模式：（1）保护债权人利益，认定对赌协议无效；（2）由债权人事后启动救济措施，赋予债权人选择权；（3）统一将投资人的债权顺位滞后，但肯定其效力；（4）将投资人作为与其他债权人享有完全平等权利的债权人进行同等保护。前述解释论视野下应有第四种模式的存在空间，笔者对于利益衡量模式的选择是出于降低当事人风险的考虑，主张根据我国司法实践进行妥协，即适当采用深石原则将股东债权劣后于普通债权人实现。

深石原则指以防止从属公司股东侵害债权人利益为目的，在从属公司进行重整、清算或和解等程序时，根据控股股东是否存在侵害债权人或其他股东权利的情形决定债权清偿顺序。[3]通常表现为控股股东滞后于公司普通债权人即优先股股东清偿。对赌协议可以采用投资人作为目标公司股东而劣后清偿的方式，预防其触发资本维持原则，以避侵犯债权人利益之嫌。

（三）立法论视野下的建议

除在现行立法的范围内赋予对赌协议合法化解释的空间外，笔者亦在立

---

［1］ 赵旭东主编：《公司法学》，高等教育出版社 2015 年版，第 44 页。

［2］ 潘林："重新认识'合同'与'公司'——基于'对赌协议'类案的中美比较研究"，载《中外法学》2017 年第 1 期。

［3］ 陈朝毅："'对赌协议'法律效力分析与制度建构"，中国政法大学 2016 年博士学位论文。

法论视野下对公司法、证券法及相关政策提出了立法建议。

1. 优先股立法建议

我国实际上已经存在优先股的立法实践，证监会在 2014 年颁布了《优先股试点管理办法》，但该办法将优先股发行主体限制为上市公司及非上市公众公司，而尚未产生面向公司法一般主体的优先股立法。借鉴日本在此方面的历史演进，可以得出影响我国目前推进优先股立法的因素主要有：（1）投机股东较多；（2）违反公司法一股一权原则；（3）税收优惠缺失。[1]

实际上以上因素并不能阻碍优先股立法进程，因为优先股立法的需求正是来源于目前资本市场上的投资需求，来源于对赌协议中优先权保障的必要性。但我国优先股设置的障碍主要来源于优先股为股东创设了道德风险，打破了我国长期以来一股一权的原则。但优先股的设置实际上符合股东平等原则，当公司发行两种股份时，股东平等的含义不同于仅存在普通股股东之时。即平等的含义应当在三种关系中体现——普通股股东之间、优先股股东与普通股股东之间、优先股股东之间，优先股股东与普通股股东之间的平等是优先股发行上双方地位的平等；普通股股东之间、优先股股东之间的平等则是股份上的平等。[2]

因此，优先股立法并非为优先股股东创设投机之便，而是降低成本、促进投资、活跃市场的制度创新，应被我国公司法采纳。

2. 可转换公司债立法建议

可转换公司债投资人可以在一定期限内按约定条件将其所持有的公司债券转换为股权的公司债，其兼具债性与股性，在风险投资的大本营美国，这是常见的私募股权投资方式之一。可转换公司债除具双重性质外，还因能够降低代理成本、常附加赎回与回售条款而备受投资人与目标公司青睐。但我国私募股权投资中鲜少涉及可转换公司债，盖因其发行条件限制了私募股权投资的工具选择。《上市公司证券发行管理办法》第 13 条规定了增发的条件，而第 14 条中关于可转债的条件规定明显高于增发。该办法同时规定发行可转债应当提供担保，即可转债的发行主体不单应为经营状况良好、偿债能力较高的公司，同时还应提供全额担保。私募股权投资中主要的成长型企业几乎

---

[1] 张志坡："优先股的立法、实践与启示"，载《金陵法律评论》2012 年第 1 期。

[2] 张志坡："优先股的发行"，载《法律科学》2015 年第 2 期。

完全被排除在可转债发行主体之外，但可转债本身适合存在严重债务代理成本、股权代理成本、逆向选择成本甚至财务危机成本的高风险、高成长企业，[1]因此其制度适用现状与制度目的大不相符。

在《证券法》授权证监会对非公开发行股票进行规范的同时，《创业板上市公司证券发行管理规定暂行办法》与《上市公司证券发行管理办法》并未授予私募发行可转债以合法地位，进一步导致可转债于私募股权投资中的缺失。综上所述，可转换公司债因其与成长型企业的契合性而应作为私募股权投资工具，因此我国证券法等响应法律应进行相关制度设计，助力私募股权投资市场的发展。

3. 废止清理对赌等相关政策的建议

证券法对于对赌协议的合法性并未给予评价，但其在对拟上市企业的监管中采取要求清理对赌协议，坚决禁止 IPO 企业参与对赌的态度。《首次公开发行股票并上市管理办法》要求拟上市企业保持股权清晰，但对赌协议将造成股权巨大变动，因此应予清理。此种全民禁止方式的不合理性显而易见，对赌协议效力判断应建立在监管部门深入了解对赌过程，分析对赌条款的基础上。我国证券监管部门的监管理念仍停留在确保股权结构的稳定、确保上市企业长足发展的层面，但上市企业本就更应具备面对市场风险的能力，对赌协议也应尽早摆脱道德风险固有印象的束缚。

因此，证券法应结合公司法现行立法，针对私募股权市场进行细化规定，结合肯定对赌协议合法性的监管措施，开展上市企业监管的个案个办。

结 论

司法实践中最高人民法院确定的对赌协议裁判思路形成了实务界"二元论"的错误认识，从而影响对赌协议效力和性质的合理认定。对赌协议实质上指代估值调整条款，在私募股权交易中表现为对项目估值、定价的调整，而由于私募股权投资中目标公司的特殊性，估值偏差几乎不可避免，因此估值调整自然具有正当性。要明确对赌协议的合法化地位不能缺少对其性质的探究，在现行合同法中其法律地位只能被界定为无名合同，虽然在我国语境

---

〔1〕 傅赵戎："私募股权投资契约的公司法解读"，西南政法大学 2015 年博士学位论文。

下属于非附条件合同，但实质上属于英美法概念中的义务附条件合同。笔者认为对赌协议具有类似两值期权的性质，非标准期权合同，但属于特殊的期权合同。对赌协议的合法性出路探究应着眼于解释论立场肯定对赌协议效力，从排除其无效事由开始，裁判中常涉及的"违反公司法资本维持的原则"是对资本维持原则的误读，而"侵犯债权人利益"则是对利益衡量模式的错误选择。以上误区多是对合同履行与合同效力的不当混同及公司法对合同法律关系的过分干预导致的。在现行立法下对于对赌协议的合法性解读增加了交易的法律风险，因此笔者以为公司法应进行优先股的立法设计，证券法及相关政策也应废除"一刀切"式的对上市企业对赌的清理要求并增加可转换公司债的相关制度设计。

弥补税收法定的民主赤字

中国政法大学法学院 2016 级 2 班　谭子文

指导老师：中国政法大学法学院副教授　李松锋

摘　要　税收法定面临着难以完全规制税法具体实施，无法有效控制非税收入，以及本身与国家能力的增强需求有张力等难题，这无疑会使得税收法定的规范意旨落空。上述困境的原因在于，财政领域的民主可以分为两个方面，一为由代议制机构制定法律来规制政府在财政领域的行为，一为由代议制机构就财政重大事项直接作出决断，而税收法定原则只体现了第一方面的民主要求。在与税收法定对应的意义上，第二方面的民主要求可以归为财政收入民主原则，即预算案中所有的财政收入都要经代议制机构审查批准。财政收入民主原则将规范税法实施，促进对非税收入的规制，以及成为政府职能转变与税收法定的枢纽。财政收入民主原则本身需要在立法确认的前提下，通过建立预算委员会以及引入预算听证来落实。

关键词　税收法定　财政收入民主　预算民主　预算收入

引　言

十八届三中全会《中共中央关于全面深化改革若干重大问题的决定》提出"落实税收法定原则"；十八届四中全会《中共中央关于全面推进依法治国若干重大问题的决定》更是提出财政税收是立法的重点领域。税收法定原则发轫于 1215 年《英国大宪章》，是"无代表不纳税"的法律性表述，强调征税权的行使必须限定在法律规定的范围内，国民的纳税义务也要有法律依据。"税款征纳是一种关涉公民财产的侵犯或剥夺行为"，[1]在控权理念的背景下，征税行为尤应受民主的统制。特别是在 2015 年全国人大通过了修改《立法法》的决定后，税收法定原则最终在立法层面上得到了确认，即"税种的设立、税率的确定和税收征收管理等税收基本制度"只能由法律规定。然而，在讨论千呼万唤始出来的税收法定原则时，学界的关注点大多仅限于如何落实税收法定本身的内涵，[2]但通过民主在财政领域的二分法，笔者认为税收法定原则须与财政收入民主原则联合发挥作用，方可完成其"控权与保障纳税人权利"[3]的使命，后者指预算案中所有的财政收入都要经代议制机构审查批准。问题在于，一方面，对财政收入民主原则的讨论鲜现于国内学界，学界更为熟悉的是其上位概念即财政民主原则或财政民主主义，[4]学界之所以有这样的认识，原因在于大多数学者始终将预算研究的重心放在支出而非收入上，[5]这一观点本身符合预算的原始含义，即预算强调"钱如何花"的问题，但这并不意味着我们就应放弃对预算收入的探讨，事实上，已经有学者

---

〔1〕 褚睿刚、邹雄："走出行政主导主义：税收法定视角下税收任务之重塑"，载《财税改革的法律逻辑》，湖北人民出版社 2015 年版，第 13 页。

〔1〕 为方便读者在阅读本文时进行对照，现将税收法定原则内涵概括为三点：一是税收要素法定原则，即纳税人、征税对象、税目、计税依据、税率等税收基本要素应当由法律规定；二是税收要素明确原则，即税收要素在法律规定中应尽可能明确，以避免漏洞歧义；三是征税合法性原则，即税务机关必须严格依据法律的规定征收税款，无权变动法定税收要素和法定税收程序。参见刘剑文：《财税法——原理、案例与材料》，北京大学出版社 2017 年版，第 183 页。

〔3〕 刘剑文：《强国之道——财税法治的破与立》，社会科学文献出版社 2013 年版，第 34 页。

〔4〕 对财政民主原则的讨论可参见熊伟："财政法基本原则论纲"，载《中国法学》2004 年第 4 期；蔡茂寅："略论财政法之基本原则"，载《财政立宪与预算法变革——第二届中国财税法前沿问题高端论坛论文集》，知识产权出版社 2013 年版，第 322~324 页；姚来燕：《我国人大财政权研究》，中国检察出版社 2010 年版，第 60~61 页。

〔5〕 参见熊伟：《财政法基本问题》，北京大学出版社 2012 年版，第 222~239 页。学界之所以有这样的认识，很大程度上是基于对收入预算效力的认识，即"岁入预算在性质上只是对特定年度内国家收入的预估，即非命令岁入机关应该获取预算金额之收入，亦非准许岁入机关禁止获取预算金额之收入即为已足"，参见蔡茂寅：《预算法之原理》，元照出版公司 2008 年版，第 76 页。熊伟教授在书中亦表达了类似的观点，即"不管何种收入形式，预算都不足以成为征收依据"，参见熊伟：《财政法基本问题》，北京大学出版社 2012 年版，第 229 页。换言之，这种观点认为预算收入纯粹是一个技术问题，只需按照经济学、财政学、管理学等方法测算即可。

就"重预算支出而轻预算收入"的观点给予批判，[1]但仍未引起学界足够重视；另一方面，即使在讨论财政收入民主原则时，[2]也鲜有学者将其作为一个与税收法定配套的原则来讨论。而本文之所以将财政民主原则或财政民主主义的下位概念——财政收入民主原则抽离出来以作专门的讨论，是基于民主在财政领域的二分法，从而提出该原则是税收法定原则的一个配套原则，前者将在破解后者遇到的难题中发挥重要的作用，这是本文意欲强调的关键所在。需要说明的是，本文并非在指责税收法定原则本身的不足，而是意在强调税收法定原则需与财政收入民主原则并举，换言之，二者乃"车之两轮，鸟之两翼"。

一、税收法定原则的未尽之处

按照中共中央政治局审议通过的《深化财税体制改革总体方案》，我国将于2020年基本建立现代财政制度。在十二届全国人大三次会议新闻发布会上，大会发言人傅莹更是明确表示力争在2020年前全面落实税收法定原则。[3]结合十三届全国人大常委会发布的立法规划，在2020年前或至迟在本届全国人大代表任期结束前，税收领域的法律都将由全国人大或其常委会通过。[4]政府征税行为入法似乎已尘埃落定，但税收法定原则仍有许多难以规制的领域，而这些领域的问题又直接与它相关。

（一）难以完全规制税法的具体实施

"一项法律规定的有效性必须同其在社会秩序中的实效区别开来。"[5]法

---

〔1〕 参见徐阳光："预算立法与政府间财政关系之法治化建设"，载《财政立宪与预算法变革——第二届中国财税法前沿问题高端论坛论文集》，知识产权出版社2013年版，第322～324页；姚来燕：《我国人大财政权研究》，中国检察出版社2010年版，第300～305页。

〔2〕 对财政收入民主原则的讨论，可参见刘剑文："宪政与中国财政民主"，载《税务研究》2008年第4期；刘剑文：《财税法总论》，北京大学出版社2016年版，第205页。

〔3〕 参见赵晓辉等："十二届全国人大三次会议举行新闻发布会大会发言人傅莹就诸多热点问题答中外记者问"，载 http://www.gov.cn/xinwen/2015-03/05/content_2826237.htm，最后访问时间：2018年10月2日。

〔4〕 在十三届全国人大常委会立法规划中，全国人大常委会将税收领域的立法列为第一类项目，即条件比较成熟、任期内拟提请审议的立法项目。

〔5〕 ［美］博登海默：《法理学：法律哲学与法律方法》，邓正来译，中国政法大学出版社2017年版，第349页。

律的有效性对应某一特定行为规则是否具备一条应得到遵守与实施的法律规则的资格条件，法律的实效对应的是该行为规则是否在事实上得到实施。[1] 税收法定原则的基本要求是征税必须有法律依据。税法的有效性是价值判断的问题，虽然其判断标准也是不一，但大抵可与十六字方针中的"科学立法"相对应，这是税收法定原则自身落实的问题，并非本文讨论的重点。本文假设通过的税法皆具有有效性，[2] 或者在并不完全对应的基础上，称税法皆是良法，但税法在事实世界将与价值领域背离，理由如下。

税法发挥作用的基本途径是通过三段论的推理过程。大前提即税收法规，对应着税法的有效性问题，我们将税法规范中应纳税的行为称为 M；小前提是税务机关工作人员对某一特定主体行为 S 是否能为 M 包含的判断，这一过程对应着税法的实效，即税务机关工作人员是否遵循了正确的解释方法来审慎地讨论了 S 与 M 的关系。笔者认为，除去其本身法律素养的高低、自身的偏好等个体因素外，对税务机关工作人员有着普遍影响的因素是税收任务的完成与否。税收任务本意是为督促税务人员勤勉征税，但存在于我国的普遍现象是税收任务真的成为一种"任务"，一种"领导交代的非完成不可的任务"。[3] 在这种税收竞赛的晋升激励下，税务人员在分析小前提时更易做出某一特定主体行为 S 被 M 包含的判断。这一弊病的根源在于立法与执法的分离，因为税法一经制定就不再由立法机关具体实施，税法在价值层面上对行政机

〔1〕 ［美］博登海默：《法理学：法律哲学与法律方法》，邓正来译，中国政法大学出版社 2017 年版，第 361 页。

〔2〕 当然，这个假设也是很难成立的。虽然这个问题不是本文讨论的重点，但法律的有效性毕竟对法律的实效有着影响，故简要讨论该问题如下：我国的特殊情况在于税收法定原则也仅是刚刚在《立法法》层面得到确立，迄今为止，仅有个人所得税、船舶吨税、烟叶税、企业所得税、环境保护税、车船税在法律层面得到确立，而牵动利益面更广、争议更大的增值税、消费税等主要税种尚未法定。可以预见的是，按照 2020 年全面落实税收法定的目标，这些都将是"难啃的硬骨头"。增值税、消费税本身就是税收收入中占比最大的税种，是政府税收收入的主要来源，其入法的进程必将比船舶吨税、车船税等小税种所面临的挑战、争议要多得多，各利益相关方力量博弈预示着在短短几年内落实税收法定的过程必将是艰难的。况且，牵涉利益面广、争议大的主要税种如果匆匆入法，其是否是良法值得考量，根据立法规划，增值税、消费税等主要税种的提请审议机关或牵头起草单位均为国务院，那么国务院能够在多大程度上突破自己之前制定的行政法规也值得关注。

〔3〕 关于官员晋升激励对税收任务的影响可参见冯辉、沈肇章："地方财政收入预决算偏离：晋升激励与税收任务"，载《广东财经大学学报》2015 年第 5 期。

关有约束力并不意味着事实层面上也是如此。当然，笔者并非在批判立法与执法相分离这一由来已久的传统，但在税法的具体实施上，税收法定确实难以确保税法实施过程中有效性与实效的统一。

（二）无法有效规制非税收入

财政收入并不只是税收收入，还包括各种类型的非税收入。根据财政部数据，2017 年非税收入占财政收入的 16.4%。[1]根据 2014 年修正后的《预算法》第 27 条之规定，财政收入包括税收收入、行政事业性收费收入、国有资源（资产）有偿使用收入、转移性收入和其他收入。[2]"除行政事业性收费收入、国有资源（资产）有偿使用收入比较明确外，转移性收入和其他收入的表述也比较宽泛。"[3]即使 2015 年《预算法》第 4 条规定将政府所有收支均纳入预算管理，实行全口径预算，但"由于法律条文间的冲突、部门既得利益的守成、繁多法定支出的横亘以及人大预算监督的失范等诸多因素"，[4]第 4 条规范意旨的实现实有难度。我国非税收入经历过一段野蛮增长的时期，2008 年经济危机以来，一方面，非税收入保持了高速增长，从 2008 年到 2017 年，非税收入年均增长率为 16.56%，而同时期国内生产总值年均增长率为 11.90%，前者增长率比后者高出 4.66 个百分点；另一方面，其增长速度也极不稳定，在高峰增长时期，非税收入年增长率超过 40%，是年均增长率的两

---

〔1〕 根据财政部官方网站数据，2017 年全国非税收入为 28 222.90 亿元，全国财政收入为 172 592.77 亿元，载 http://yss. mof. gov. cn/qgczjs/201807/t20180712_ 2959579. html，最后访问时间：2018 年 10 月 20 日。需要说明的是，为更准确地展示政府收入情况，本部分数据均采取的是决算数，即年度末最终政府所实际征得的收入，但无论是采取预算数还是决算数，对本文讨论几乎不产生影响。原因在于，虽然决算数与年度初人大批准的预算数总是有不可避免的差异，但除非是法律（如《排污费征收使用管理条例》的废止与《环境保护税法》的生效）或社会经济运行（如经济危机、贸易战）的重大变动，二者差异一般维持在个位数的百分点以内。

〔2〕 同时，根据财政部 2016 年制定的《政府非税收入管理办法》，非税收入包括行政事业性收费收入、政府性基金收入、罚没收入、国有资源（资产）有偿使用收入、国有资本收益、彩票公益金收入、特许经营收入、中央银行收入、以政府名义接受的捐赠收入、主管部门集中收入、政府收入的利息收入、其他非税收入等十二种。

〔3〕 翟继光："论财政收入的法律规制"，载《财政监督》2018 年第 13 期。

〔4〕 杜坤："财税法定视域下全口径预算的实施困境及其走向"，载《浙江工商大学学报》2015 年第 5 期。

倍多，这也足以说明对其规制之必要。[1]图 1 是 2008～2017 年度非税收入与国内生产总值增长率统计图。

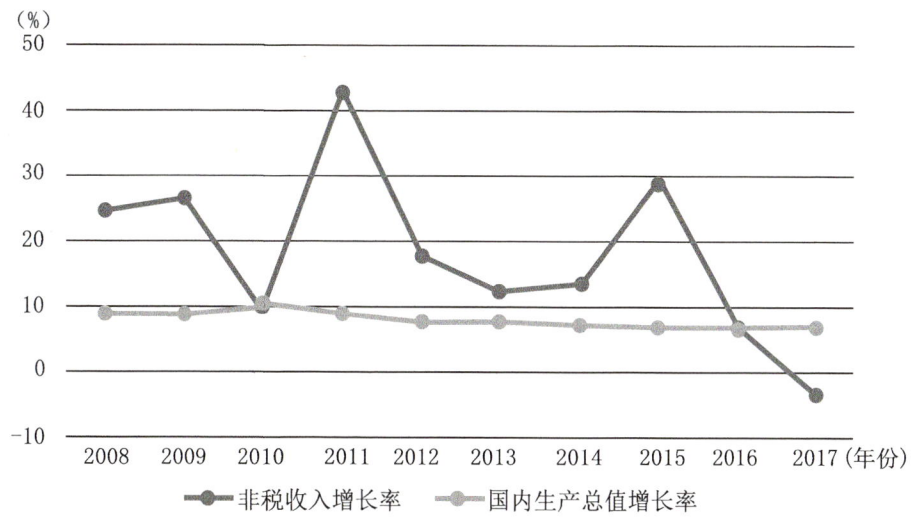

图 1　2008～2017 年非税收入与国内生产总值增长率统计图

　　虽然在 2017 年，非税收入在十年来第一次出现负增长，但这主要是财政部在 2016 年颁布的《政府非税收入管理办法》以及推进简政放权、减少行政审批的结果。2017 年的负增长只能说明过去我们非税收入征收太过混乱，如普遍存在的乱收费现象，有许多收费的依据特别是地方政府规章乃至效力更低的规范性文件本身就有问题，还有许多收费连依据都没有，对这些混乱的非税收入征收行为稍加规范就能减去一大部分非税收入。但这并没有从根本上解决非税收入增长如脱缰野马的问题。非税收入之所以野蛮增长，是因为

---

　　〔1〕　在本部分的非税收入数据中，2007～2016 年度数据取自国家统计局官方网站，2017 年度数据取自财政部官方网站，前者引自 http://data. stats. gov. cn/easyquery. htm? cn=C01，后者引自 http://yss. mof. gov. cn/qgczjs/201807/t20180712_ 2959579. html，最后访问日期：2018 年 10 月 20 日，非税收入增长系由笔者根据上述数据独自计算得出，现将原始数据附注如下：2007 年至 2017 年非税收入分别为 5699.81 亿元，7106.56 亿元，8996.71 亿元，9890.72 亿元，14 136.04亿元，16 639.24 亿元，18 678.94 亿元，21 194.72 亿元，27 347.03 亿元，29 244.24 亿元，28 222.90 亿元。本部分的国内生产总值增长率均引自国家统计局历年发布的《国民经济和社会发展统计公报》。

政府要用其来补足财政缺口，这是各类"创收"手段在各地层出不穷的重要原因。特别是对地方而言，虽然运行二十余年之久的分税制业已成为历史，但中央财权强而地方财权弱的局面并未得到根本改变，地方财政缺口仍存，非税收入仍将作为政府填补财政缺口的工具。

可能会引起疑惑的是，对非税收收入的规制与否，与税收法定并无直接关系。但历史经验表明，"立法机关或行政机关搁置或架空税收法定原则的主要方法是通过征收规费或其他财政收入的形式，来规避税收法定原则，这些财政收入往往仅在名称上不同于税，但实质就是一种税"。[1]比如曾经引起广泛讨论的社会保障费改税争论，再如 2018 年新开征的脱胎于排污费的环境保护税，这表明在不同时期税费种类是变化的，今日之税很可能成为明日之费，那么税收法定原则显然有归于落空的境地的可能性，所以对非税收入的法律规制将直接影响税收法定的落实。

（三）与增强国家能力需求间的张力

在实现中华民族伟大复兴"中国梦"的背景下，构建强大的国家能力似乎是一个必然的选择，这就需要国家增强从社会提取资源的能力。米格代尔将国家能力分为提取、渗透、规制和分配能力，提取能力指国家从社会中取得人力、物力、财力的能力，最重要的是建立更强大的军队、征集更多税收的能力。[2]强大的提取能力又是由政府掌握与实施的。

社会主义制度的优越性之一即在于集中力量办大事，如我国领衔的"一带一路"倡议，虽然其后期能带来丰厚回报，但在前期尚需大量投入；虽然我们倡导投入的重要乃至主要来源是社会资本，但如果没有中国政府的领投，

---

〔1〕 翟继光：《税法学原理——税法理论的反思与重构》，立信会计出版社 2011 年版，第 19 页。

〔2〕 参见［美］乔尔·米格代尔：《强社会与弱国家：第三世界的国家社会关系及国家能力》，张长东等译，江苏人民出版社 2012 年版，第 5 页、第 23 页。需要注意的是，正如作者在文中所言，"本书就是关于国家领导人通过国家的计划、政策和行动来实现其改造社会的目标的能力的"，该书构建的是国家和其他社会组织争夺社会控制的国家与社会关系的模型，其所强调的国家能力是相对于社会而言的，与本文的国家能力概念尚有差别。不过本文在这里讨论的是国家的提取能力，而上述差异并不会影响"提取能力"概念在米格代尔一书与本文间的互通性，因为本文和该书在这点上都强调的是国家从社会提取资源的能力。

社会资本也很难被撬动。同时，政府的行政属性决定了其天然具有扩张的属性，我国正在做的简政放权正是针对该点，这也说明政府行政扩张的属性在现阶段是不能完全克服的，是政府固有的局限性。政府有一种扩张自我财权的天然冲动。这种冲动反映到增强国家能力上来，势必使政府在编制预算草案中，有将财政收入扩大的趋势。[1]虽然我国《预算法》明确规定，政府享有预算编制权，这也是世界各主要发达国家早已确定的制度，但与发达国家的议员相比，我国人大代表限于人大会期短与自身的兼职性、非专业性等特点，很难对具有经济学、管理学、政治学、法学、会计学、统计学等多学科交叉特点的预算案展开实质性审查，很难提出专业性问题。我国也确实认识到这一点，于是2014年修改的《预算法》第22条规定，由全国人大财政经济委员会（以下简称财经委）对预算草案进行初步审查，各地方由有关专门委员会或常委会审查。但上述机构都不是专业的预算机关，如财经委，其本身就任务繁多，[2]是无法完成对预算草案的详尽专业分析的。这从实际层面决定了政府提交的预算草案在最终形成的预算案中占据绝对支配地位。这实际上形成了当前行政主导主义的课税方式，即政府为使税收更好地满足财政需求，通过行政力量左右税收工作进程，[3]这显然与旨在控制和规范征税权，保护纳税人权相关的税收法定原则[4]形成矛盾。

二、破局之道——财政收入民主原则

承载着众人厚望的税收法定原则，何以面临如此多的困境？换言之，税收法定如果有如此多的不足，何以能成为广受称赞的一个原则？这是因

〔1〕 根据国家统计局公布的数据，2018年1~5月份，全国预算收入同比增长12.2%，其中税收收入增加15.8%，比上年同期加快5.2个百分点，是GDP增长速度的两倍多。参见宁吉喆："经济运行稳中向好高质量发展向前迈进"，载http://www.stats.gov.cn/tjsj/sjjd/201806/t20180626_1606245.html，最后访问日期：2018年9月21日。

〔2〕 根据中国人大网的表述，全国人大财经委肩负着审议、提交议案，具体实施宪法监督，质询，执法监督等众多职能，载http://www.npc.gov.cn/npc/bmzz/caizheng/node_1678.html，最后访问日期：2018年9月21日。

〔3〕 参见褚睿刚、邹雄："走出行政主导主义：税收法定视角下税收任务之重塑"，载《财税改革的法律逻辑》，湖北人民出版社2015年版，第12页。

〔4〕 参见刘剑文："落实税收法定原则的现实路径"，载《政法论坛》2015年第3期。

为我们在追求税收法定的落实中忽略了与税收法定原则配套的财政收入民主原则。

究其根本，税收法定的背后是人民的民主呼求在起作用，人民希望借由民主来统制政府在财政征收领域的行为。税收法定正是通过民主代议制机构所立之法来统制政府的征收行为的。只有明确了税收法定的根源在于民主的观念，我们才能发现其为何遭遇如此多的困境。问题的症结即在于，税收法定虽然体现了财政领域的民主，但并没有充分体现民主。[1] 回顾上一部分，其一，因为税收竞赛式的激励机制的存在，税法并没有得到理想的适用，民主在立法与执法之间出现了断层；其二，非税收入并不能受到税法中民主因素的统制，进而恣意狂飙；其三，政府作为预算的编制主体，因为其提交的预算草案在最终审批通过的预算案中起支配地位，所以为满足自身收入需求，确立行政主导下的税收任务，税收的征收将不再以税法为基准，而是以税收任务的完成度为基准，税法的民主性受到强烈冲击。

"一般而言，议会对财政事项行使决定权，可以通过两种法律途径：一是对具体财政问题进行审查批准；二是将有关财政活动的普遍规则制定为法律。"[2] 正是这一对财政领域之民主的二分法，让我们清晰地看到了税收法定只体现了民主的一个方面，即上述观点中的"将有关财政活动的普遍规则制定为法律"，这一途径着眼于法律的形式规范，强调征税"有法可依"，但忽略了另一条路径，即"对具体财政问题进行审查批准"，这一途径反映到税收问题上来，最主要的表现就是要由代议制机构来审查批准政府提交的预算案中的税收，本文暂且将其概括为税收民主原则，强调政府的税收预算要受到民主的统制。本文并没有直接将税收民主作为破解税收法定困境的工具，而是采用了税收民主的上位概念即财政收入民主原则，强调预算案中的所有的

---

[1] 本文在这里采用相对狭义的民主概念，即强调由选举产生的代议制机构进行决策以及制约政府。

[2] 熊伟："财政法基本原则论纲"，载《中国法学》2004年第4期。同时可供参考的是我国台湾地区蔡茂寅教授的观点，他提出，"盖民主统制首重以立法权制衡行政权，而立法权之主要内容则为制定法律与预算审议，两者相辅相成，缺一不可，此两者亦构成民主主义之骨干"，参见蔡茂寅："略论财政法之基本原则"，载《财政立宪与预算法变革——第二届中国财税法前沿问题高端论坛论文集》，知识产权出版社2013年版，第323页。

财政收入都要经代议制机构审查批准。[1]简述理由如下。

从语义上看，财政收入民主本应是与财政收入法定[2]相对应的概念，但这种看法忽略了历史上税收法定与财政收入法定的关系。我们知道，税收法定是伴随资产阶级掌握政权确立的，这一时期，在人们的观念中，政府财政收入实际上基本等于税收。直到19世纪下半叶，伴随着经济危机与大量社会矛盾的出现，"行政国家"产生。[3]政府"守夜人"的角色被打破后，政府的收入来源就远不限于税收了，如包含为支持公共事业发展的政府性基金。"对于人民而言，无论是征收什么，只要是无偿地从自己手中取走了本来属于自己的财产，就应当受到法定原则的约束。"[4]至此，法定原则的约束由税收扩展到财政收入领域，财政收入法定原则也就因此确立下来。税收法定原则因为历史最为悠久，其确立的过程也是伴随着资产阶级革命的惊涛骇浪，所以尤为人们珍视与津津乐道。如果资产阶级开始掌握政权的时期是19世纪下半叶，那么其时更有可能广为人知的就是财政收入法定原则了。在当下的中国，并不存在由税收法定经过数十年乃至上百年而过渡到财政收入法定的历史背景，税收法定与财政收入法定的确立几乎是同步的。如果仅仅是为概念上的对应，而弃财政收入民主原则不采，除了可以做到概念上的整齐外，对解决问题并无实益，甚至会引发新的问题，如第二部分提及的非税收入难被税收法定规制，这时我们应该直接一步进入到财政收入民主原则，这更符合

---

〔1〕 对"财政收入民主"这一概念的细化，可参见刘剑文等：《财税法总论》，北京大学出版社2016年版，第205页。需要说明的是，财政收入民主原则并非指政府年终财政收入要与年初预算案中的财政收入保持完全一致，因为这是不可能的，年初预算收入是政府经过精密计算的结果，但并不代表其与年终实际收入没有误差或不可调整。财政收入民主原则强调的是预算案中的财政预算收入的法律性，即其规范约束力，这是其民主统制的实质意义之所在，参见张超、张献勇："预算的规范约束力：位阶与内容——兼论预算的宪政蕴含"，载《财政立宪与预算法变革——第二届中国财税法前沿问题高端论坛论文集》，知识产权出版社2013年版，第130~132页。况且，根据我国实际预算执行状况来看，年初预算收入与年终决算收入实际上差距也很小。

〔2〕 财政收入法定是税收法定的上位概念，指政府征收包括税收与非税收在内的一切财政收入都需要有法律依据。参见刘剑文等：《财税法总论》，北京大学出版社2016年版，第199页。

〔3〕 参见姜明安主编：《行政法与行政诉讼法》，北京大学出版社、高等教育出版社2015年版，第8~10页。

〔4〕 翟继光：《税法学原理——税法理论的反思与重构》，立信会计出版社2011年版，第20页。

现实背景。[1]接下来，本文将就财政收入民主如何破局进行探讨。

（一）规范税法实施

财政收入民主原则强调预算案的审议过程须有民主意见的充分表达，那么一个经过民主充分讨论的预算案应是一个与社会经济发展水平相适应的预算案，这亦是民主的价值所在。以上一部分讨论的税收任务为例，因为税法一经制定就不再由立法机关具体实施，所以税法因税收竞赛在价值层面与事实层面出现分离。但财政收入民主原则却可以通过预算案来阻却上述不良影响。因为税收竞赛的根源在于政府确立的过高的财政收入目标，税务机关正常的执法过程并不能满足这一收入要求，因此才设立了激励机制，即税务人员"收得越多，升得越快"。但是，合理的财政收入目标将作为税务机关的税收任务的标杆，当税务机关工作人员在以三段论的方式适用税法，需要判断某一特定主体行为是否是应纳税行为时，将更趋于税法条款的本意。换言之，预算案实际上将民意推进到了具体的税收执法过程中，弥补了代议制机构不能直接执法的不足。一个合理的财政收入目标不会逼迫税务机关为完成税收任务而罔顾税法条款本身的规范意旨。国家税务总局提出"预算确定的税收任务"，逐步推进征税行为与预算的统一，恰是一个好的例证。[2]

（二）促进对非税收入的规范

税收法定仅对税收进行规制，而对政府征收非税收入的行为并没有预备

---

[1] 本文之所以没有采取税收民主的概念，也是出于以下两种考虑：第一，为避免与税收法定概念的混淆，因为税收法定中的"法"也是民主的产物，正如熊伟教授所言，"从渊源上看，财政法定主义实际上是财政民主主义的一种实现形式。在财政法的发展史上，财政法定也往往和财政民主交错重叠"，参见熊伟："财政法基本原则论纲"，载《中国法学》2004年第4期。而且，税收法定在人们的观念中已经与税收民主密不可分了，在现有的语境下，实难将其作为两个概念使用。第二，预算案通常被作为一个整体讨论，如果我们采用税收民主的概念，即强调税收预算要经代议制机构的审查批准，实际上是不符合代议制机构审查的习惯的，因为代议制机构在审查时最先考虑的是全局的财政收入，这是因为代议制机构是人民的代表，人民最关心的是政府总共要从自己手上拿走多少财富，至于政府是采用税的形式还是其他形式，这并不重要。

[2] 参见邓力平："落实税收法定原则与依法治税的中国道路"，载《东南学术》2015年第5期。

防波堤，最终极可能引发非税收入野蛮增长的结果。财政收入民主为此提供了宏观上的解决方案，其通过代议制机构审议的预算案，将包括非税收入在内的财政收入涵摄到民主统制的范围内。更重要的是，它虽不直接调整微观的具体征收行为，但做了一个限制政府征收总量的笼子，有助于克服政府征收行为的任意性。从中国的现实来说，这个笼子对政府的作用比具体调整政府征收行为的法律还要有效得多。比如广受诟病的被赋予创收功能的交通违法行为罚款。"运动式罚款"层出不穷，即在为完成创收任务时期，交警执法极严甚至到了苛刻的地步。

上述非税收领域的乱象实际上揭示了我国的一个立法困境，即非税收立法混乱。与税收法定相比，非税收立法实际上不仅包括全国人大及其常委会制定的法律，还有行政法规、地方性法规、部门规章、地方政府规章等。对此，最好的办法是仿照税收法定，将此全部统一由狭义的法律来规制，政府各项收入都要有狭义的法律依据，实现一般意义上的财政收入法定。但这显然是不现实的，因为全国人大并没有这么多的立法资源可供使用。据此，现在更具操作性的是借助财政收入民主原则，即先通过人大将政府的总收入控制住，因为如果预算案是经过人大充分审查讨论的，那么其中的财政收入就应是在与社会经济发展水平相适应的合理范围内，那么政府完成这一收入总额的过程也应是平和的，自然不需要搞大规模的各类"创收"，非税收领域的乱象也可因财政收入总额的控制而得到缓解。

（三）成为政府职能转变与税收法定的枢纽

财政收入法定原则是随着 2018 年《预算法》的出台而确立的，"修改前的《预算法》是同其制定时的社会经济之客观情势相适应的，因此整部法律表现出较明显的'管理法'色彩，预算被作为政府对社会、上级政府对下级政府进行有效管控的工具"。[1]2018 年《预算法》第 1 条将立法宗旨表述为"规范政府收支行为，强化预算约束，加强对预算的管理和监督，建立健全全面规范、公开透明的预算制度"，同时删去了"加强国家宏观调

---

〔1〕 刘剑文："预算法治的三维建构：观念、原则和机制——兼论新《预算法》的突破"，载《法学杂志》2015 年第 4 期。

控"等语。[1]"现代预算制度的一个特点就是公共财政预算，指的是财政的职能以及预算所保障的对象就是在更好发挥市场决定性作用的前提下，建设服务型政府。"[2]财政收入法定的背后实际上是转变政府职能尤其是经济职能的理念。政府职能行使具体地受政府的财力资源即预算的约束，将所有预算收入都纳入人大批准的预算案之中，将有助于达到从预算层面来推动政府职能转变的目标。这与十八届三中全会确立的市场起决定性作用的理念是一脉相承的，当前政府从简政放权入手，让"有形的手"该进的进，该退的退。这一理顺政府职能的过程，实际上是把政府想做的与能做的通过财政收入全部纳入民主的直接统制范围。如此，政府征税的过程也会与自己应行的合理职能相适应。

任何一个政府都想干大事，我们对此并不予以反对，"守夜人"式的政府早已是过去时。如果政府能厘清自己的职能，把该为之大事做好，将有力促进社会经济发展，如克林顿政府时期开始实施的"信息高速公路"计划，花费弥繁的信息网络建设带来的效益远超其投入。而如何去识别这些政府该做的大事，即促进政府职能优化，财政收入法定实际上起到了枢纽作用。就财政领域而言，它通过将财政收入全部纳入预算案之中，实际上起到了督促政府职能转变的作用。因为在理想的预算审议过程中，代议制机构显然不会被动地接受政府提交的预算草案，不会对政府的收入要求照单全收，二者在相互接触中就预算案进行"讨价还价"，以求最优的预算方案。这一过程实际上就将政府不必要的收入需求限制住，督促政府把该发挥的职能放在首位，财政收入的绝大部分又来自于税收，政府扩张财权的天然冲动被遏制住，税收法定与增强国家能力间的张力也能得到缓解。

---

[1] 值得注意的是，十八届三中全会《中共中央关于全面深化改革若干重大问题的决定》提出的是"科学的宏观调控"，但该法第1条直接将"宏观调控"删去，而宏观调控一直是政府最重要的经济职能，该条的修改实际反映出政府管理逐渐从预算领域退出的趋势。十九大报告中亦提出，"着力构建市场机制有效、微观主体有活力、宏观调控有度的经济体制"，作为官方话语的"加强宏观调控"一语正式从官方文件中退出。

[2] 施正文等："预算法修改：'管理法'转向'控权法'"，载《法制日报》2014年5月2日，第4版。

三、财政收入民主原则的落实

本文的核心思想在于基于民主在财政领域的二分法，将财政收入民主原则作为与税收法定原则的配套实施原则，以解决与后者直接相关的问题。但上一部分的破解之道实际上确立在一个最基本的前提下，即财政收入民主原则能够得以落实，如此其方可发挥实践价值，否则一切皆是"镜中花，水中月"。笔者认为除立法上对此原则的确认外，其落实应以现有的人大制度为基准，因为本文强调的正是代议制民主的作用。从人大制度内部看，应在人大下增设专门机构——预算委员会，增强人大审批预算的力量；从人大制度外部看，面对在具体操作层面容易出现的"政府强而人大弱"的情形，不仅要从内部增强人大的力量，也要在外部给予人大以民主支撑，因而参与式民主的典型代表——预算听证应登上舞台。

（一）立法确认

从事实的立法层面看，《预算法》的修改要早于《立法法》中关于税收法定原则的修改。从修改进程上看，前者更是远早于后者。《预算法》的修订议程从2004年就由全国人大正式启动，预算工作委员会在随后也拿出最初的修正案，但后被束之高阁，但关于《预算法》修改的讨论并未停止。2009年，第十一届全国人大决定重启修订进程。在此次修改进程中，仅是起草小组就由预算工作委员会、财政部、发改委、审计署等十几个部门联合组成，连最初的修正草案都是由预工委与财政部分别起草的草案拼合而成的，其间争议之大、力量之博弈可见一斑。[1]后几经波折，直到2014年，《预算法》的修正案才正式审议通过，前后已是十年计。《预算法》新增的第4条规定，"预算由预算收入和预算支出组成。政府的全部收入和支出都应当纳入预算"，这从立法层面上确立了财政收入民主原则，即经人大审议的预算案要涵盖所有的财政收入。财政收入民主的诞生可谓不易，但或许也可表明经过反复博弈，各相关部门在《预算法》的修改中已经达成相当程度的共识，那么后续

---

〔1〕 参见韦森：《国家治理体制现代化：税收法定、预算法修改预算法定》，商务印书馆2017年版，第110~111页。

落实该工作的展开或许会更顺畅。

（二）增设预算委员会

财政收入民主原则的根本在于发挥人大在审议预算案中的作用，这要求做大量的审查工作，而我国人大会期短，那么人大提前介入编制自然是理想选择。虽然我国设有预算工作委员会，但由于是常委会下设的工作机构而非实权机构，职能仅仅是协助财经委完成各项工作，独立性不强，所以我们认为在人大增设专门的预算委员会是理想的选择。[1]而且预算委员会的职能不仅在于审批预算案，也要参与到预算案的编制中去，使预算案中的财政收入有更高的民主参与度。

预算案从编制到审批是一个极长而复杂的过程。以美国为例，联邦预算的编制，大约从每年的一月底或二月初开始，此时距预算草案提交国会还有一年左右的时间，距该财政年度开始还有十八个月左右的时间，仅是国会审议的过程就有半年之久。[2]因为美国国会将预算当做立法来看待，不同于我国人大仅是将其作为一个审批程序。所以，我国若想落实财政收入民主原则，就要完善我国的预算编制程序，那么基于预算编制的专业性、过程的复杂性，建立一个专业的预算委员会理应是一个自然选择。而且与欧美不同的是，我国的预算委员会应参与到预算的编制中。虽然按照传统的经验来看，预算编制权掌握在政府手中，议会拥有的是预算批准权，我国法律亦是如此规定。但这是基于分权制衡的考量，而我国不是像美国一样三权分立的国家，人大对政府的约束与监督是单向的，那么人大也应该参与到预算的编制中，以实

---

[1] 学界一直呼吁加强人大对财税预算的监督，并给出了不同路径，如本文提到的在人大下设专门的委员会，参见朱大旗："新《预算法》：着力加强人大对预算全方位的审查监督"，载《中华人民共和国预算法释义》，中国法制出版社 2015 年版；再如增强审计机构相对于政府的独立性，甚至在人大中设立由专业人员组成的审计委员会，让审计模式由行政型偏向于立法型，参见刘剑文：《强国之道——财税法治的破与立》，社会科学文献出版社 2013 年版，第 136 页，但一方面考虑到审计与我国当下反腐工作紧密相关，所以在这一政治背景下，审计工作由行政机关掌握或许更易与反腐任务相匹配；另一方面，在实行立法型审计模式的国家，审计机关的主要职能在于审计预算执行情况，即预算支出，这与本文所讨论的预算收入尚有不同，参见张献勇《预算权研究》，中国民主法制出版社 2008 年版，第 158~166 页。

[2] 王淑杰："论我国政府预算制度的完善——兼论美国现代政府预算制度"，载《中央财经大学学报》2010 年第 10 期。

现对政府更好的监督。[1]通过预算委员会的提前介入与实质审批监督，实现更能体现民意、经过更充分讨论的预算。诞生于此过程中的预算案，实际上能起到更好规划财政收入，以此引导政府合理征税的作用。

（三）引入预算听证以推进预算公开

笔者在前文中提到，本文总体上在代议制民主的框架下使用"民主"概念，即由选举产生的代议制机构进行决策与制约政府，对应到本文主题，即由代议制机构审查批准政府预算案中的所有财政收入。但现代民主远非仅有一种形式，在这里笔者意欲引入另一种民主形式——参与式民主，即"以公众直接参与决策和治理过程为基础的民主"，[2]这实际上与当下流行的"公共预算"概念紧密相关。公共预算强调政府的预算应是一个民主的、公开的决策和监督过程，即一方面让人大对预算进行实质性的审查批准，另一方面在人大审查批准期间有公众的广泛参与，[3]前者是代议制民主下的论题，后者则是参与式民主的要求。需要说明的是，本文总体布局是在代议制民主下展开讨论的，之所以侧开一枝，又围绕参与式民主进行探讨，是因为我国的一个普遍状况是"政府强而人大弱"，如果这个情况不得到解决，代议制机构的民主统制作用就发挥不出来，所以本文试图用参与式民主来补足代议制民主对政府的制约。

编制与审批预算案中的财政收入时要有公众的广泛参与是参与式民主的

---

〔1〕 代议制机构参与到预算的编制过程，这一做法确实与传统的预算权分配机制大有不同，但这并非笔者肆意划夺各机关职能之笔。以美国为例，在1974年通过《美国国会预算和扣押法案》后，国会有了自己的预算编制机构，虽然该机构是独立编制一份预算，而非直接参与行政机构编制的预算，但这至少说明国会与行政机构在编制过程中是存在互动的。因为国会编制的预算虽然不能提交审议，但至少能给行政机构提供参考。要言之，国会与政府在预算编制过程中的定位并非泾渭分明。参见肖鹏："中美政府预算编制机制设计差异与启示"，载《中央财经大学学报》2009年第11期。

〔2〕 蔡定剑：《民主是一种现代生活》，社会科学文献出版社2010年版，第184页。关于代议制民主与参与式民主的区分可参见该书第177~186页。

〔3〕 参见蔡定剑：《每个人都是改革的缔造者：蔡定剑论民主、法治与人权》，法律出版社2011年版，第52~53页。

基本要求。"国外公众参与预算的基本方式就是预算听证"，[1]这也是笔者最为力推的一种方式，实践中各地有立法听证、城镇规划听证、涨价听证，无论成效如何，这至少表明我国国家机构与公众有展开听证的经验，这是最适合普遍展开的一种形式。[2]一方面，预算听证提供了一个有效的沟通平台，为民意提供了更多被倾听的机会；另一方面，也是更为重要的是，预算听证实际上增进了预算编制与审批过程的透明与公开，这是其得以真正发挥作用之处。

2007年颁布的《政府信息公开条例》第10条，2014年修改的《预算法》第14条、第45条、第89条等对预算公开做了规定，但问题在于这些规定一方面是原则性的，没有具体的制度保障；另一方面，"预算公开的对象除审批通过的预算外，理论上还应该包括预算草案"，[3]可现行法大多强调事后的公开审批结果，试问，预算案既已被批准，民意又如何被吸纳？预算听证有利于弥补预算公开没有具体制度保障的空白。我们希望能够在编制与审批两个阶段都引入预算听证，其中最要紧的是在编制时期，因为预算是以政府为主导的，政府对自己的预算收入需求最为清楚，所以编制时期的预算听证将由民众直接与政府沟通；而预算审批则是以人大为主导，但预算草案终究是由政府编制的，民意最终还是要通过人大来反馈给政府，因此从信息传递环节繁简来看，显然前一种方式更为理想。因此，理想的预算听证模式将是以编制时期为主导，审批时期为补充。在编制时期，预算听证迫使政府公开编制细节。"中国传统政治，若说凭技术，也早已有两千年的经验，但有它可宝贵的地方。最可宝贵处，就是在公开。"[4]细数历史，除少数时期外，中国没有搞秘密政治的传统。公开是对政府的天然威慑，当政府的行为被暴露在阳光下，被容许公民反复评论时，一方面公开的压力将迫使政府在公开前自我仔

---

[1] 蔡定剑：《每个人都是改革的缔造者：蔡定剑论民主、法治与人权》，法律出版社2011年版，第65页。

[2] 各国的公众参与方法除了公开听证、公开咨询、公众会议外，还发展出了各具特色的参与方式，如英国的市民评判团、焦点小组，法国的公共辩论，意大利的政府展示会等，关于此方面的论述可参见蔡定剑：《民主是一种现代生活》，社会科学文献出版社2010年版，第228~240页。

[3] 熊伟：《财政法基本问题》，北京大学出版社2012年版，第247页。

[4] 钱穆：《中国历代政治得失》，生活·读书·新知三联书店2005年版，第137页。

细审视预算案中的财政收入，以"自省"的方式优化财政收入方案；另一方面，"预算公开是保障公民知情权的需要"。[1]代议制的政治价值之一，即在于"打破政治的秘密主义，把他移于公开的论坛，因而唤起国民的注意，为刺激舆论之重要的原动力"。[2]预算听证将以公开的方式激活《宪法》第27条第2款规定的人民对政府的监督作用。听证要求政府对预算草案中财政收入进行说明，而预算直接关系着利益，这是激发民众参与决策的关键。民意的直接表达在自媒体时代，犹如达摩克利斯之剑悬在政府的头上，民众发声的力量就是民主力量的直接体现，这也是参与式民主价值之所在。在实践中，"政府强而人大弱"是一种普遍的现象，这意味着单靠人大与政府的博弈很难完成我们的目标，而民意对政府预算草案中财政收入的评议甚至冲击，将有力补足人大在审批时对政府的制约。正是在这个意义上，预算听证作为一种参与式民主的方式起到了补充人大审批预算案这一代议制民主形式的作用。[3]

结　语

承载厚望的税收法定原则最终在《立法法》中得到确认，本是喜人之举，但却遭遇难以规制税法的具体实施、无法对非税收入进行有效规制，以及与增强国家能力间有张力等种种困局。究其缘由，观乎现代财政民主，以两个方面最为重要，一为由代议制机构制定法律来规制政府在财政领域的行为，一为由代议制机构就财政重大事项直接作出决断。对应到本文主题，税收法定体现了第一方面的民主要求，即政府征税要有法律依据并受法律统制。问

---

〔1〕 胡锦光、张献勇："预算公开的价值与进路"，载《南开学报（哲学社会科学版）》2011年第2期。

〔2〕 ［日］美浓部达吉：《宪法学原理》，欧宗祐等译，中国政法大学出版社2003年版，第327页。

〔3〕 预算听证还面临着一个与现阶段人大审批预算案同样的问题，即并不能保证大多数人大代表或听证会成员拥有足够的专业知识。当然最直接的做法是建设听证会代表的筛选机制，对听证会代表作出专业知识上的要求，但这显然不符合参与式民主的意旨，会使听证会有沦落为"精英政治"的风险；笔者建议可为听证会代表提供专家咨询，并将其作为政府的一项义务。关于如何破解我国听证困局，可参见章志远："价格听证困境的解决之道"，载《法商研究》2005年第2期。

题在于，由于税收法定原则太过深入人心，而使我们的目光皆聚焦于此，但税收领域的民主化诉求仅靠税收法定原则难以保障，这也是税收法定遭受困境之原因所在，换言之，税收法定体现了民主但并没有充分体现民主。第二方面的民主要求尚需财政收入民主原则的出场才能获得实现的保障，即政府全部的财政预算收入都要经代议制机构的审查批准。财政收入民主原则体现了更高的民主参与度，因为法律一经制定就不再由代议制机构具体实施，而预算案的审议过程是代议制机构与政府的互动过程，时刻不能缺少代议制机构的参与。在我国，财政收入民主原则将规范税法实施，促进税务机关征税行为与预算收入的统一；在非税收入立法供给不足的情况下，它通过设定合理的财政收入目标，来抵消政府为完成征收任务而行任意之举的影响；它还可通过与社会经济发展水平相适应的预算案来推动政府职能的转变，以消弭税收法定与增强国家能力需求之间的张力。当然，财政收入民主原则本身的落实除了立法上的确认外，尚需建立专门的预算委员会，以助人大实质行使审批预算收入的职能；同时，参与式民主框架下的预算听证也将以推进预算公开的方式促成上述目标。

"财政作用乃是国家取财于民、用之于民的过程及结果，鉴于其公事物的性质，在国民主权原则的拘束下，有必要依国民多数意见形成决策并予以监督。"[1]我们之所以追求税收法定，不是因为希望看到一部部法律，否则将落入追求形式规范的陷阱，而是因为期待法律背后彰显的民主对政府的规制，这是最为要害的地方。财政收入民主原则弥补了税收法定原则在民主领域的不足，甚至可被称为与其配套的姊妹原则，应被共同树立在财政体制改革的大道上。

---

〔1〕 蔡茂寅："略论财政法之基本原则"，载《财政立宪与预算法变革——第二届中国财税法前沿问题高端论坛论文集》，知识产权出版社 2013 年版，第 322 页。

宪法解释的困境与出路

——以原旨主义为例

中国政法大学法学院 1701 班　曹家豪

指导老师：中国政法大学法学院讲师　赵一单

摘　要　"反多数难题"批评美国法院的司法审查，质疑非民选法官推翻民选议会立法的正当性。原旨主义理论认为宪法原旨的正当性优于民选议会，法官依照制宪时期公众对宪法文本的理解进行宪法解释即可正当化司法审查，将"司法审查是否正当"的质疑转向对宪法解释技术的研究，即探索"什么范围内进行司法审查属于正当"。然而历史学家分析堪称原旨主义标杆的判决意见，证明法官没有进行也无能力进行合格的历史研究以探求宪法原旨，且建国时期的利益纠纷导致先民不存在对宪法的统一理解或"原旨"，因此原旨主义难以约束或指导司法审查实践，而原因在于轻视了最高法院制定公共政策的职能。利用社会科学证据降低案件裁判的信息成本有望限制并优化法官的决断。

关键词　反多数难题　原旨主义　宪法解释　信息成本　社会科学证据

引　言

美国的司法审查（Judicial Review）[1]历来为人称道，联邦最高法院通过

---

[1]　司法审查（Judicial Review），"指法院有权对政府其他部门的行为是否合法进行审查，尤指法院确认立法和行政机关的行为违宪而使其无效的权力"。参见《元照英美法词典》，北京大学出版社 2017 年版，第 750 页。

司法审查这柄尚方宝剑为穷人提供了平等的司法援助、[1]保证新闻言论自由、[2]捍卫刑事被告权利，[3]塑造了一个个保护民权的里程碑式的判决。但在 1962 年，亚历山大·毕克尔（Alexander Bickel）在其著作《最小危险部门：政治法庭上的最高法院》中提出反多数难题（Counter-Majoritarian Problem），认为司法审查在性质上与多数主义的民主政体相悖：为何非民选的法官有权推翻代表多数人意志的议会立法？[4]

需要说明的是，法院在推翻代议机构立法时并非随心所欲，而是给出"法律违宪"的正当性证明。于是质疑司法审查的"反多数难题"转化为两阶层的疑问：

I. 美国宪法是两个世纪前的古董文本，为何当代人要遵守它的命令，进而与宪法相悖的当代立法必须被推翻？[5]

II. 即使前一质疑得到了回应，则如何保证法院（而不是别的机关）才是承担下列任务的最合适机关：保证宪法效力得到实现，且不滥用该权力（司法审查）为一己私利服务？[6]

对于第一阶层的疑问，即为何当代立法要服从古典宪法，约翰·哈特·伊利（John Hart Ely）持保留意见，主张只有在立法机关代表民意的功能受阻

---

[1] Gideon v. Wainwirght, 372 U. S. 335 (1963).

[2] New York Times Co. v. Sullivan, 376 U. S. 254 (1964).

[3] Miranda v. Arizona, 384 U. S. 436 (1966).

[4] 毕克尔的原话是："当最高法院宣布立法机构通过的一部法案或选举产生的总统的某一行动违宪的时候，它妨碍了真实的、此时此地的人民所选举出的代表们的意志；它行使了控制权，但却不是为了占据优势的多数的利益，而是与之唱对台戏。"［美］亚历山大·毕克尔：《最小危险部门：政治法庭上的最高法院》，姚中秋译，北京大学出版社 2007 年版，第 17 页。

[5] 麦克奈尔认为，"任何支持宪政主义的人都必须回答一个问题，即为什么现在的美国人应该受到二百多年前的人们所作决定的约束。多年前的宪法起草者和批准者不仅不代表我们，也不代表当时的一些黑人和妇女"。换句话说，为何自由发展的现代社会要被制宪者从坟墓里伸出的"死人之手"紧紧束缚？此即美国宪法上有名的"死手难题"（Dead Hand）。Michael W. McConnell, "Textualism and Democratic Legitimacy: Texualism and the Dead Hand of the Past", *George Washington Law Review*, 66 (1998). 转引自侯学宾：《美国宪法解释中的原旨主义》，法律出版社 2015 年版，第 98 页。

[6] 事实上，早在 1787 年的制宪会议上就有对司法审查问题的讨论，有人提出设立法制审查委员会，有人主张将违宪审查权交给法院，但最终由于分歧过大不了了之。参见周永坤："违宪审查的民主正当性问题"，载《法制与社会发展》2007 年第 4 期。

时法院才可"出手",因为这种情况下的代议制程序已经失灵,不值得信赖:"我们选举出来的代表事实上并没有代表他们所应当代表的利益,因为他们阻碍了政治变革的渠道,或者成了多数人实施暴政的帮凶。"而法院的职能在于监督代议程序,疏通政治变革的渠道,保证比赛程序而非比赛结果的公正。[1] 布鲁斯·阿克曼(Bruce Akerman)认为,美国存在"高级立法"与"普通立法"的"二元民主制"。"日常政治"下的民众不关心公共利益,因此代议机构的"普通立法"只是利益集团博弈的产物,而"宪法时间"下人民被普遍动员起来为自己的利益奔走,这时形成的"高级立法"就具有高于"普通立法"的民主正当性,而美国历史上存在建国初期、重建时期(南北战争后)、新政时期(罗斯福新政)三次高级立法时刻,法官们需要将此前三次高级立法时刻确立的原则综合到其所处的时代。如果当代民众想要推翻过去超多数民主的决定,就必须使用"高级立法",经过"示意"(signaling)、"提议"(proposing)、"触发"(triggering)、"批准"(ratifying)和"巩固"(consolidating)五大阶段。[2]

可以看出,伊利与阿克曼对"死手难题"给出的辩解仍然是"民主",即"服从程度更高的民主而推翻程度更低的民主","更低程度的民主"在伊利看来指"立法机关代表民意能力受阻",在阿克曼看来则是人民不关心民主政治的"普通时间"。但伊利的学说没有给出何时"立法机关民主功能失灵"的判断标准,而阿克曼的理论贡献更多的在于事后解释美国历史上著名的宪政事件,难以预测并指导未来的宪政运行。[3] 换句话说,即使我们认为这两种理论对上文第一阶层疑问的解说足够令人信服,但它们对第二阶层疑问的语焉不详,仍使之存在理论解说力的致命缺陷。

---

〔1〕 〔美〕约翰·哈特·伊利:《民主与不信任:司法审查的一个理论》,张卓明译,法律出版社 2011 年版,第 74~108 页。

〔2〕 参见〔美〕布鲁斯·阿克曼:《我们人民:奠基》,汪庆华译,中国政法大学出版社 2013 年版;〔美〕布鲁斯·阿克曼:《我们人民:转型》,田雷译,中国政法大学出版社 2014 年版。

〔3〕 就事后解释的功能而言阿克曼的理论也并不完善:人民无法认识到自己何时处在"宪法时间";"高级立法"要求的五阶段让"宪法时间"过于神秘化;将罗斯福新政视为高级立法途径相当于在宪法文本之外开辟了一条新的修宪途径。对阿克曼理论的有关批评,参见汪庆华:"宪法与人民——从布鲁斯·阿克曼《我们人民:奠基》谈起",载《政法论坛》2005 年第 6 期。

　　因此旨在同时回应两阶层疑问的原旨主义理论应运而生。"原旨主义是指应依据制宪者的意图或者宪法条文的含义来解释宪法。"[1]为回应第一阶层的死手难题，原旨主义仍坚持"应当服从程度更高的民主而推翻程度更低的民主"，因此司法审查的正当性来源于以宪法文本形式保存的超多数民主意志，尤其是立宪时期效力更高的"宪法原旨"；而理解宪法意义以执行多数民主真实意愿的最佳机构，一定是专职于解释法律并解决纠纷的法院，而不是行政机关或立法机关，这就有力地回应了第二阶层的疑问。于是原旨主义对法院的行为提出了规范性的主张：为了保证宪法得到正确的解读并防止法院监守自盗，必须把宪法文本诞生时对文本含义的理解，作为解释的终极目标与检验标准。由此，学者们对司法审查的研究，从追求政治哲学层面的正当性，转向了探求法律解释技术的适当性。

　　马克思曾指出，"哲学家们只是用不同的方式解释世界，而问题在于改变世界"。上述学说在理论层面似乎令人信服地回应了反多数难题，但理论的真正价值在于指导实践，如果原旨主义这一宪法解释技术既能帮助法官快捷高效地做出宪法的正确解读，又能避免法官滥用解读宪法原意的权力，还能让最后的司法裁决体现超多数民主优于多数民主的真实价值，那么我们才能心悦诚服地接受司法审查这一实践的正当性，学习原旨主义等宪法解释技术并对其不断优化。

　　本文第一部分与第二部分，梳理原旨主义思想史，并以哥伦比亚特区诉赫勒案（District of Columbia v. Heller，以下简称赫勒案）[2]加以检验，论证原旨主义理论与实践出入较大，难以指导实践；本文第三部分，论证当代美国多头民主体制下，表达社会利益、实行规则之治才是掌握司法审查大权的联邦最高法院的职能所在，学者忽略这一现实展开的理论纷争鲜有实际价值；文章第四部分与结语，讨论社会科学证据介入审判对于宪法解释的启示。

---

　　[1]　Paul Brest, "The Misconceived Quest for the Original Understanding", 60 *Boston University Law Review*, 204（1980）.

　　[2]　District of Columbia v. Heller, 554 U. S. 570（2008）.

一、原旨主义理论

(一) 原旨主义思想史

经过 40 年的发展，原旨主义发展为一整个理论家族，蔚为大观。为了界定原旨主义各派理论的基本共识与核心立场，我国学者侯学宾在美国学者劳伦斯·索罗姆（Lawrance Solum）的研究基础上，归纳了原旨主义家族的三个基本命题：

（1）含义命题：宪法的原旨客观存在，并且内涵于宪法文本的条款含义之中并保持稳定；

（2）原初命题：宪法原旨固定在历史上的制宪时期和修宪时期，而非今天或其他时期；

（3）忠诚命题：宪法解释中应当坚持宪法原旨。[1]

历史上，原旨主义的诞生更大程度上是出于政治原因，而非理论原因，即原旨主义更大程度上是为了给保守派势力反对沃伦法院司法能动主义提供理论解说而诞生，而并非由于伊利与阿克曼等人的现存理论难以自圆其说急需理论修补。因此早期的原旨主义并未明确"含义命题"中的"宪法原旨"究竟为何物，而只是笼统地坚持：起草者的意图才是宪法解释的目标，进而以此反对司法能动主义，要求法院的行为受到制宪者意图和宪法的控制。[2]

保罗·布莱斯特（Paul Brest）质疑原旨主义：在认识论上，如何确定一个具有众多成员的机构所形成的集体意志？[3]在价值论上，将宪法解释的目

---

[1] 侯学宾：《美国宪法解释中的原旨主义》，法律出版社 2015 年版，第 56 页以下。

[2] 如 Robert H. Bork, "Neutral Principles and Some First Amendment Problems", *Indiana Law Journal*, 47 (1971); Raul Berger, *The Government by Judiciary: The Transformation of the Fourteenth Amendment*, Harvard University Press, 1977. 转引自侯学宾：《美国宪法解释中的原旨主义》，法律出版社 2015 年版，第 16 页。

[3] 詹姆斯·麦迪逊（James Madison Jr.）对 1788 年费城会议的记录被认为是理解制宪者意图的钥匙。但有学者发现，虽然麦迪逊的记录与其他代表的零散记录可以相互印证，但由于制宪会议坚持保密原则，麦迪逊的所有记录实际上是他自己回忆起来的内容，被记录下来的内容只占整场会议的一小部分，其正确性与完整性值得怀疑，因此麦迪逊的记录"混乱得无法让我们据此解释起草者的意图"。James H. Hutson, "The Creation of the Constitution: The Integrity of the Documentary Record", *Texas Law Review*, 65 (1986), p.25. 此处所指的"会议记录"已被翻译为中文，参见 [美] 詹姆斯·麦迪逊：《辩论：美国制宪会议记录》，尹宣译，译林出版社 2014 年版。

标置于少数起草者的原初意图上是否具有民主的正当性？[1]而杰斐逊·鲍威尔（H. Jefferson Powell）则质疑原旨主义本身存在自反性，因为原旨主义假定制宪者最初就希望后世的司法机关把他们当时的主观意图当作宪法解释的最终目标，但通过对美国普通法的传统与制宪时期的历史分析，可以发现制宪者的意图并非如此。[2]

针对含义命题的质疑，即制宪者集体意图如何获得，原旨主义转变了解释的对象，形成了"批准者原初意图"理论，学者们认为宪法批准者比宪法起草者更能代表"我们人民"的利益，因此原旨主义应当像追寻起草者原初意图一样探求批准者意图。[3]但各州国民大会批准宪法的原始记录已所剩无几，远不及麦迪逊对费城会议的记录那样详细，且州国民大会上的分歧与费城会议相比有过之而无不及，就算只是一个州的国民大会都难有统一的"批准者意图"，更不用说在互相怀疑、利益冲突的十三个州之间找到统一的"批准者共识"。

于是原旨主义转向"原初公共理解"理论（Original Public Meaning）。罗伯特·伯克（Robert Bork）认为，法官解释法律应当按照法律在制定时人们理解的含义解释法律。虽然宪法起草者和批准者制定并实施了宪法，但他们的理解仍然是少数人的意图，不具有多数民主赋予的正当性，因此解释的目标必须从制宪者、批准者的意图转向人民大众的理解，即所谓"原初公共理解"（Original Public Meaning）。要得到这样的理解，必须通过记录历史的二手资料，比如会议上的争论、公开辩论、报刊文章或当时的字典。[4]此外，还有学者提出了原初方法的原旨主义（Original Methods Originalism），认为不仅解释的目标要定为制宪时的原初公共理解，法官解释法律的方法也必须遵循当时公认的权威方法，即建国时期宪法起草者、批准者和公众期望指导宪

---

[1]　Paul Brest, "The Misconceived Quest for the Original Understanding", *Boston University Law Review*, 60（1970）.

[2]　H. Jefferson Powell, "The Original Understanding of Original Intent", 98 *Harvard Law Review*, 903（1985）.

[3]　Charles A. Miller, *The Supreme Court and the Use of History*, Simon and Schuster, 1969, p. 150. 转引自侯学宾：《美国宪法解释中的原旨主义》，法律出版社 2015 年版，第 18 页。

[4]　Robert H. Bork, *The Tempting of America: The Political Seduction of the Law*, Free Press, 1990. 转引自范进学、施嵩：《美国宪法原意主义方法论》，法律出版社 2012 年版，第 116 页。

法实践的解释方法。[1]

(二) 斯卡利亚的原旨主义理论

事实上，以上各位学者的理论没有受过任何宪法裁判案件的检验，因此我们很难作出评价。而美国联邦最高法院的大法官斯卡利亚（Justice Antonin Scalia，1986~2016 年在任）也是一位原旨主义者，秉持与伯克的"原初理解主义"类似的"文本主义"（Textualism）。为了阐释自己的理论立场，他发表论文《原旨主义：更小的罪恶》[2]，并出版著作《联邦法院如何解释法律》[3]，其判决、论文、著作完整地展现了一位原旨主义者的理论立场与审判实践。如果有哪一种原旨主义理论可以被认为有效地指导了司法实践，非斯卡利亚的"文本主义"莫属。因此，在用实际案例检验原旨主义之前，我们首先探查斯卡利亚是如何构建自己的理论的。

1. 解释的目标

首先，我们需要明确法律解释的目标。在与德沃金（Ronald Dworkin）的交流中，斯卡利亚对立法者能给我们留下的材料做出了区分：

（1）期待意图：立法者希望通过制定法令达到的社会效果，即立法者想做什么；

（2）语义意图：立法者使用这样的语词想要表达的语言含义，即立法者想说什么；

（3）法律文本：立法者实际写下的法条文字，即立法者实际说了什么。[4]

---

〔1〕 John O. McGinnis & Michael B. Rappaport, "Original Meaning Methods Originalism: A New Theory of Interpretation and the Case Against Construction", *Northwestern University Law Review*, 103 (2009), p. 772.

〔2〕 Antonin Scalia, "Originalism: The Lesser Evil", 57 *University of Cincinnati Law Review*, 849 (1989).

〔3〕 [美] 安东宁·斯卡利亚：《联邦法院如何解释法律》，蒋惠岭、黄斌译，中国法制出版社 2017 年版。

〔4〕 斯卡利亚受邀在普林斯顿大学人类价值研究中心举办的坦纳讲座上发表了演讲 (Tanner Lectures at University Center for Human Values at Princeton University)，德沃金对其演讲做出点评，点评中提出了此种三分法，而斯卡利亚在对德沃金的回应中认可了这一说法。德沃金的区分，参见 [美] 安东宁·斯卡利亚：《联邦法院如何解释法律》，蒋惠岭、黄斌译，中国法制出版社 2017 年版，第 165~170 页；斯卡利亚的回应，参见第 205 页。

斯卡利亚认为，原旨主义解释的目标是，排除法律文本中"词不达意"问题后所发现的语义意图，而不是期待意图。这是因为，统治社会的应当是法律本身，而非法律背后的立法者意图，若通过法律意图的内容而非法律表述的内容决定法律的含义，如此做法同样是暴政。[1] 因此，解释的目标不应是当今社会哲学家，甚至道德准则变幻莫测的后世子孙期望法条具有的含义，更不是法官们用"未经表达的立法意图"精致包装的个人意见。[2]

2. 解释的方法

接下来，原旨主义的解释方法是"文义解释"与"时代语境探寻"。斯卡利亚解释道，"文义解释"不是严格的解释，不是宽泛的解释，而是合理的解释，[3] 它不超出法律用语相对固定的含义，包含词句应当具有的意义，且并非不考虑立法的目的、社会适应性，并非过分拘泥于词句。文义解释也包括文本解释原则，如明示其一则排斥其他的原则、文理/语境/上下文解释的原则、列举个别以代表同类的原则，等等。[4] "时代语境探寻"则指的是阅读立法年代的思想资料，以便用当时的一般理解对语义意图做出更好的探求。但斯卡利亚特别强调，阅读史料只是为了获得理解词句的语境，而非探求立法者当时的期待意图。[5]

对于原旨主义学说，本文提出三个疑问：第一，各位学者探求"立宪者意图""批准者意图""文本原初含义"，目的就在于寻找一个不受法官主观意愿左右而客观稳定存在的宪法"原旨"，然而宪法原旨是否真实客观存在？第二，在司法实践中，法官是否真的能逻辑连贯、言行一致地严格按照各位学者提出的要求，考查宪法的原初意图或者原初含义，进而对判决理由的写作与裁决结果的形成产生建设性的指导作用？第三，如果法官真的能按照要求完成

---

〔1〕［美］安东宁·斯卡利亚：《联邦法院如何解释法律》，蒋惠岭、黄斌译，中国法制出版社 2017 年版，第 23 页。

〔2〕［美］安东宁·斯卡利亚：《联邦法院如何解释法律》，蒋惠岭、黄斌译，中国法制出版社 2017 年版，第 206 页。

〔3〕［美］安东宁·斯卡利亚：《联邦法院如何解释法律》，蒋惠岭、黄斌译，中国法制出版社 2017 年版，第 32 页。

〔4〕［美］安东宁·斯卡利亚：《联邦法院如何解释法律》，蒋惠岭、黄斌译，中国法制出版社 2017 年版，第 35 页。

〔5〕［美］安东宁·斯卡利亚：《联邦法院如何解释法律》，蒋惠岭、黄斌译，中国法制出版社 2017 年版，第 41~50 页。

这一套高难度体操动作，又能在多大程度上促进社会整体福利的发展？

形而上的理论争执永远不能讨论出令人信服的依据。以下通过赫勒案检验原旨主义是否能令人信服地回应以上三个质疑。

二、对原旨主义的检验：哥伦比亚特区诉赫勒案

本案中，美国联邦最高法院作出 5：4 的判决，斯卡利亚大法官代表多数派五位大法官起草了法庭意见，判决宪法第二修正案〔1〕保护个人持有武器的权利（an individual right to keep and bear arms），且这一权利与是否在民兵组织（militia）中服役无关；禁止人们在家中持有手枪的法律违反宪法第二修正案，应当被推翻；若法律禁止为紧急情况下的自卫目的而在家持有枪支，则违反宪法第二修正案，该法律应当被推翻。〔2〕

该案判决为原旨主义者广泛认可，有学者称："制宪二百多年以来，该案是第一次将原旨主义理论这么清晰地、仔细地和具体地用于解释宪法条文。"〔3〕而斯卡利亚的判决意见被称为"最高法院有史以来对'原初公共含义'（Original Public Meaning）这一法律解释方法的最好展现"。〔4〕如果说有哪一份判决最令原旨主义者满意，在理论上最能经得起质疑的话，这份判决意见自然是我们的首选。

（一）斯卡利亚解读的原初含义

斯卡利亚在法庭意见中开门见山指出："在解释第二修正案的文本时，我们受到以下原则的指引：宪法的遣词造句应该为选民所能理解；它对于单词和词组的使用是规范的、平常的、有别于专业性的意思。"也就是说，18 世

---

〔1〕 美国宪法第二修正案："管理良好的民兵组织，为保证自由州的安全所必须，人民持有和携带武器的权利不得侵犯。"（A well-regulated militia, being necessary to the security of a free state, the right of the people to keep and bear arms, shall not be infringed.）

〔2〕 District of Columbia v. Heller, 554 U. S. 570（2008）.

〔3〕 哈佛大学法学院教授凯斯·桑斯坦（Cass Sunstein）之语。转引自东来、江振春："从'持枪权'看美国宪法的解释"，载《读书》2009 年第 8 期。

〔4〕 Randy Barnett, "News Flash: The Constitution Means What it Says", *Wall Street Journal*, June 26, 2008, at A13. 转引自 Saul Cornell, "Originalism on Trial: The Use and Abuse of History in District of Columbia v. Heller", 69 *Ohio State Law Journal*, 625（2008）.

纪受过一般程度教育的美国公民对文本字面意思的理解，才是经验意义上修正案的真正含义，才是规范意义上宪法解释的应然目标。

该案宪法解释中的第一个问题就是如何处理"导言条款"（Prefatory Clause）与"操作条款"（Operative Clause）之间的关系。宪法修正案第二条可以分为前半部分的导言条款，即"管理良好的民兵组织，为保证自由州的安全所必须"（A well-regulated militia, being necessary to the security of a free state），以及后半部分的操作条款，即"人民持有和携带武器的权利不得侵犯"（the right of the people to keep and bear arms, shall not be infringed）。那么导言条款的意图与宣示能对操作条款的效力范围作出限制吗？斯卡利亚认为："前者（导言条款）并不能在语法上限制后者（操作条款）的含义，而是只宣示一个目的。"[1]也就是说，"导言条款既不限制也不扩张操作条款的含义范围"。[2]

解释中的第二个争议为："人民持有和携带武器的权利"是否仅限于和军事用途有关？即该条修正案是否仅保护正式民兵组织的持枪权利，而不保护一般大众的持枪权利？

斯卡利亚借助史料逐字解释操作条款的含义，以回答这一疑问。

持枪权的保护范围到底有多大，关键是对第二修正案里"人民的权利"（the right of the people）的含义到底如何界定。斯卡利亚指出，宪法第一修正案的集会请愿条款与第四修正案的免受搜查条款都使用了"the right of the people"的措辞，这一用法明显表示"人民的权利"是个人的权利，而不是通过参加某个集体才能获得的权利。[3]通过翻阅18世纪末与19世纪初的词典，斯卡利亚认为"持有和携带武器"（keep and bear arms）中的"武器"（arms）也包括非战争用途的武器，且可以涵盖在18世纪还没有出现的现代

---

〔1〕 District of Columbia v. Heller, 554 U. S. 570, 128 S. Ct. , at 2789（2008）.

〔2〕 District of Columbia v. Heller, 554 U. S. 570, 128 S. Ct. , at 2789.

〔3〕 宪法第一修正案："国会不得制定关于下列事项的法律：……剥夺人民和平集会和向政府请愿伸冤的权利。"（Congress shall make no law respecting…the right of the people peaceably to assemble, and to petition the Government for a redress of grievances. ）宪法第四修正案："人民的人身、住宅、文件和财产不受无理搜查和扣押的权利，不得被侵犯……"（The right of the people to be secure in their persons, houses, papers, and effects, against unreasonable searches and seizures, shall not be violated. ）

武器；[1]根据词典的定义，"持有（武器）"（keep）是与民兵组织无关的一般表达；而"携带武器"（bear arms）是"为了在与人对峙时采取进攻或防御行为，而在衣物或口袋里装载、携带武器"；[2]在没有与介词against搭配时，"携带武器"（bear arms）没有"被压迫进而反抗暴君"的军事意图，因此同样与民兵组织无关。[3]

如果操作条款保证的是与民兵组织无关的个人的持枪权利，那为何导言条款还要特别提到民兵组织呢？逐词解读过操作条款的含义之后，斯卡利亚再回到导言条款考查其含义，认为它唯一作用就是宣示"禁止取缔民兵组织"，以便人民可以随时组织武装抵抗联邦政府的暴政或者外来国家的入侵，而这与操作条款保卫个人持枪权利的含义正好契合。斯卡利亚解释道："如果要取缔民兵组织，暴君不会直接禁止这个组织的存在，而会通过以下间接的方式：剥夺人民持有武器的权利，建立特选民兵（selected militia）或常备军来压制政治异己。这样的事情曾经在英格兰发生，进而推动了英国《权利法案》将持枪的权利写入法典加以保护。"[4]由此，导言条款的目的与操作条款的效力契合，斯卡利亚清楚地论证了宪法第二修正案保护的是：与是否参加民兵组织无关的个人持枪的权利。

(二) 历史学家：这不是原旨

宪法第二修正案解释问题的核心争议，就在于导言条款对操作条款的含义是否有实质影响。斯卡利亚给出的答案是：没有影响。为支持自己的观点，斯卡利亚在以上论述中还特意引用了两部19世纪晚期有关法律解释的著作[5]，以求解释目标和解释方法同时遵循原旨主义，来证明导言条款不能控制操作条款。[6]

---

[1] District of Columbia v. Heller, 554 U. S. 570, 128 S. Ct. , at 2792 (2008).

[2] District of Columbia v. Heller, 554 U. S. 570, 128 S. Ct. , at 2793.

[3] District of Columbia v. Heller, 554 U. S. 570, 128 S. Ct. , at 2794.

[4] District of Columbia v. Heller, 554 U. S. 570, 128 S. Ct. , at 2801 (2008).

[5] 包括英国学者 F. Dwarris1871 年的著作 *A General Treatise on Statutes* 和美国学者 T. Sedgwick1874 年的著作 *The Interpretation and Construction of Statutory and Constitutional Law*。参见 District of Columbia v. Heller, 554 U. S. 570, 128 S. Ct. at 2789 (2008).

[6] 要求遵循原初解释方法，即"原初方法主义"，也是原旨主义理论阵营的学说之一，参见前文对原旨主义思想史的介绍。

但斯卡利亚的这一"业余史学研究"很快遭到了专业历史学家的批评，被讥讽为结果导向的"律师事务所历史学"（Law Office History）。[1]俄亥俄州立大学的历史学教授索尔·康奈尔（Saul Cornell）认为，如果斯卡利亚真要始终如一地坚持原初公共含义这一解释方法，就必须按照18世纪占据主流的法律解释方法来理解文本的含义，而不能听从百年之后19世纪晚期学者的法律解释观点。波斯纳（Richard Posner）评论道："要是不使用宪法起草者和批准者期望法庭解释宪法条款的方法，所谓原旨主义只是一场骗局。"[2]

康奈尔为我们找到了18世纪真正占据权威的法律解释方法。在《权利法案》得到批准的18世纪末期，美国充分吸收英国社会的有益影响，因此享有北美殖民地法学界权威话语权的是英国法官，如柯克大法官（Sir Edward Coke，1552—1634）、布莱克斯通大法官（Sir William Blackstone，1723—1780）。[3]在20世纪之前，美国的法律人才主要通过师傅带徒弟的学徒制度（apprenticeship system）培养，而并不依赖法学院的正规教育体制，因此传授给他们技巧的也大多数是治安法官（justices of the peace）、当地警长（sheriffs），而非法学教授。[4]在这一漫长的时间里，提供给学徒们的读物都是简明的法律

---

〔1〕 哈佛大学法学院教授马克·图什奈特（Mark Tushnet）在博客上讽刺，大法官们收集史料的目的都是证明自己的预设立场，对不合自己意见的史料都弃之不用，列出的史料都是为了自圆其说，这正好说明了"为什么法官当不了历史学家"，Mark Tushnet to Balkinization, *More on Heller*, 载 https://balkin. blogspot. com/2008/06/more-on-heller. html, 最后访问时间：2018 年 11 月 13 日；德克萨大学奥斯汀分校的桑福德·列文森教授（Sanford Levinson）在博客里表达了同样的观点，Sanford Levinson to Balkinization, *Some Preliminary Reflections on Heller*, 载 https://balkin. blogspot. com/2008/06/some-preliminary-reflections-on-heller. html, 最后访问日期：2018 年 11 月 13 日。

〔2〕 Richard Posner, "In Defense of Looseness: The Supreme Court and Gun Control", *The New Republic*, Aug. 27, 2008, at 32. 转引自 Saul Cornell, "Originalism on Trial: The Use and Abuse of History in District of Columbia v. Heller", 69 *Ohio State Law Journal*, 625 (2008).

〔3〕 事实上斯卡利亚自己在判决书里就引用了布莱克斯通的《英国法释义》（*Commentaries on the Laws of England*）来证明"持有武器"与军事目的无关，参见 District of Columbia v. Heller, 554 U. S. 570, 128 S. Ct. , at 2792 (2008).

〔4〕 从 1789 年到 1936 年，联邦最高法院一共选任了 77 位法官，只有 14 位接受了正规的法学院教育。任东来等：《最有权势的法院：美国最高法院研究》，南京大学出版社 2011 年版，第 165 页。

指南 (lay legal guide)，其中最有名的则是 *Conductor Generalis*，而这本著作直接沿袭柯克大法官和布莱克斯通大法官的正统英国观点 (orthodox British practice)。[1] 事实上，即使是最强调宪法解释应当使用原初方法的原旨主义学者也承认布莱克斯通的权威地位。[2] 由此可见，这些英国法官在 18 世纪运用的法律解释方法才是宪法修正案通过时多数人解读法律的真实手段。

而布莱克斯通大法官在其著作《英国法释义》(*Commentaries on the Laws of England*) 中明确了其解释观点："如果某个词语或者句子的含义模棱两可、含糊其辞或错综复杂，语境就需要被用来与词语和句子进行对比（以确定它们的含义）。因此序言 (Preamble) 经常被援引，以帮助理解议会的法令 (Thus the proeme, or preamble, is often called in to help the construction of an act of parliament)。"[3]

制宪时期之后的 19 世纪初期，另外一位有影响力的人物，即美国最高法院大法官斯托利 (Justice Joseph Story, 1812~1845 年在任) 同样支持布莱克斯通的观点，他在其著作中指出："在正常的司法过程中，这是一个被广泛承认的准则 (maxim)：成文法的序言 (Preamble) 是获知立法者意图、修正法条

---

[1] *Conductor Generalis* 一书的全称是 *The Conductor Generalis, or, The Office, Duty & Authority of Justices of The Peace, High-Sheriffs, Under-Sheriffs, Coroners, Constables, Gaolers, Jury-Men, & Overseers of The Poor: As Also, The Office of Clerks of Assize, & of The Peace, &C. VI*, 作者为 Burn, R. 与 Parker, J., 在 1801 年于 Philadelphia 由 M. Carey 出版社发行第四版。转引自 Saul Cornell, "Originalism on Trial: The Use and Abuse of History in District of Columbia v. Heller", 69 *Ohio State Law Journal*, 625 (2008).

[2] 约翰·马克金尼斯 (John McGinnis) 和麦克·鲁珀帕帕托 (Michael Rappaport) 发现建国时期的权威著作鲜有提及"宪法阐释"(Construction)，因此认为基思·惠廷顿 (Keith Whittington) 提出的宪法阐释理论并非制宪先贤认可的"原初方法"(Original Meaning Methods)，应当予以反对。而作为他们核心论据的"建国时期权威著作"正是布莱克斯通的著作。参见 John O. McGinnis & Michael B. Rappaport, "Original Meaning Methods Originalism: A New Theory of Interpretation and the Case Against Construction", *Northwestern University Law Review*, 103 (2009), p.772. 惠廷顿的理论，参见 [美] 基思·E. 惠廷顿：《宪法解释：文本含义，原初意图与司法审查》，杜强强、刘国、柳建龙译，中国人民大学出版社 2006 年版。

[3] William Blackstone, *Commentaries on the Laws of England*, Oxford University Press, 1765. 转引自 Saul Cornell, "Originalism on Trial: The Use and Abuse of History in District of Columbia v. Heller", 69 *Ohio State Law Journal*, 625 (2008).

内的意外错误、了解制定法意欲达成之目的的关键。"〔1〕

当然，布莱克斯通、斯托利谈论的"序言"（Preamble）指的是"宪法或法律、法规的起初部分，说明立法的缘由和所要达到的目的"，〔2〕比如美国宪法的著名序言"我们人民"（We the people）；而斯卡利亚指称的"导言条款"（Prefatory Clause），指的是同一法条内无明显规范性表述的文字，二者性质并不完全相同。但同一条文的上下句关系，应当被认为比同一制定法的序言和条款关系更为紧密，因此导言（Prefatory Clause）应当比序言（Preamble）更大程度地影响条款实际文义。布莱克斯通与斯托利均认为制定法的序言（Preamble）对具体条款的含义有影响，根据举重明轻的逻辑规则，他们断然不会认可斯卡利亚抛开导言条款（Prefatory Clause）兀自解释操作条款的做法。斯卡利亚选择法律解释方法时不顾制宪时代真正的法律权威，而选取百年之后名不见经传的学者的观点，他对原旨主义的坚守程度值得怀疑。

从判决意见还能看出，斯卡利亚其实并不反对制定法序言（Preamble）对法律解释的影响，这就让他的解释方法有自相矛盾之嫌。在1783年，波士顿市政府通过了一项法律，禁止在波士顿城区内的任何住宅里储存装载了弹药的枪支（storing a loaded gun in any dwelling in Boston）。〔3〕哥伦比亚特区的政府律师及其法庭之友们认为这强有力地证明了，制宪先贤们认可政府拥有管制枪支的强力治安权（a robust Police Power）。但赫勒的辩护律师则宣称这根本不是管制枪械的法律，而是为了防控火灾所制定的城市管理条例。〔4〕斯卡利亚采纳了后者的观点，给出的理由是：根据该法的前言（Preamble）可

---

〔1〕 Joseph Story, *Commentaries on the Constitution of the United States*, § 459 (Da Capo Press 1970) (1833). 转引自 Saul Cornell, "Originalism on Trial: The Use and Abuse of History in District of Columbia v. Heller", 69 *Ohio State Law Journal*, 625 (2008). 斯卡利亚在判决书中同样引用过斯托利的观点来证明宪法第二修正案里"自由州"（Free State）的"州"（State）指的是"政治实体"（Polity）而不是行政区划上的"州"，因此就算哥伦比亚特区不是行政州，也可以适用宪法第二修正案。District of Columbia v. Heller, 554 U. S. 570, 128 S. Ct. at 2800 (2008).

〔2〕 《元照英美法词典》，北京大学出版社2017年版，第1076页。

〔3〕 参见案件的调卷令申请 Petition for Writ of Certiorari at 16, District of Columbia v. Heller, 128 S. Ct 2783 (2008)；以及案件的法庭之友摘要 Brief for Brady Center et al. as Amici Curiae Supporting Petitioner at 9, District of Columbia v. Heller, 128 S. Ct. 2783 (2008).

〔4〕 参见案件的答辩意见书 Brief for Respondent at 21 n. 7., District of Columbia v. Heller, 128 S. Ct. 2783 (2008).

以得知，这一条款的目的在于保护消防员免受枪支有可能走火的危险。[1]在解读这一原本含义清楚的法条文本时，斯卡利亚利用了制定法的前言来限缩其意义范围，而这正是斯卡利亚在解读宪法第二修正案时所反对的，"导言条款既不限制也不扩张操作条款的含义范围"。[2]

此外，斯卡利亚把导言条款撂在一边、先看操作条款的从后往前解释的方法也引来了极大的批评。康奈尔指出，制宪时，国会曾特地把詹姆斯·麦迪逊（James Madison）提交的文本调换了语序，意图就在于让民兵条款前置于持有和携带枪支条款，保证导言条款能涵摄与控制（precede）操作条款；[3]如今斯卡利亚任意调换语序解释宪法，正是对当时国会意图（或者理解）最直接的逆反。康奈尔批评道："本质上，斯卡利亚重新撰写了这条修正案，恢复了（麦迪逊）最原始的语序……重写《权利法案》一定不是原旨主义的做法，而是司法能动主义最恶劣的形态。"[4]

事实上，历史从来都是错综复杂的，对于宪法的含义，在任何一个年代都不会存在毫无争议的权威统一观点。麦迪逊曾说："宪法不是传说中智慧女神的单个头脑中的产物，而应视作许许多多头脑和许许多多双手的产物。"[5]布朗大学历史学教授戈登·伍德（Gordon S. Wood）评论道，多数历史学家早已抛弃了寻找宪法唯一完整含义的努力，现在几乎所有的学者都在研究宪法对于特定人群的含义，如农民这样的非精英阶层。建国时期并不是一片祥和，而是充满了对几乎所有主要宪政问题的重大分歧。[6]我们可以争论如何评价

---

[1] District of Columbia v. Heller, 128 S. Ct., at 2819 (2008).

[2] District of Columbia v. Heller, 128 S. Ct., at 2789 (2008).

[3] 麦迪逊在最初的提案中如此措辞："人民持有和携带枪支的权利不可侵犯；装备精良、训练有素的民兵，为保证一个自由州的安全所必需；但因宗教原因不可携带枪支的人，不得被强迫服役。"也就是说，最后被接受的版本调换了前两款的语序，并删除了最后一款。转引自 Saul Cornell, "Originalism on Trial: The Use and Abuse of History in District of Columbia v. Heller", 69 *Ohio State Law Journal*, 625 (2008)。

[4] Saul Cornell, "Originalism on Trial: The Use and Abuse of History in District of Columbia v. Heller", 69 *Ohio State Law Journal*, 625 (2008).

[5] 转引自李松锋："揭开美国制宪会议的面纱——'辩论'成功的法则"，载苏力主编：《法律书评》（第 5 辑），北京大学出版社 2007 年版，第 172 页。

[6] Gordon S. Wood, "Ideology and the Origins of Liberal America", *William & Mary Quarterly*, 628, 632-33 (1987). 转引自 Saul Cornell, "Originalism on Trial: The Use and Abuse of History in District of Columbia v. Heller", 69 *Ohio State Law Journal*, 625 (2008).

不同观点之间的相对重要性，但绝不能仅仅把自己的对历史的认识建立在当时少数人的抗议之上。同样重要的是，我们需要注意这些理解是如何随着时代变迁的，而原旨主义者显然没有达到这个要求。

由此，本文可以做出小结：由于美国建国时期的激烈争议与利益冲突，即使那时也不存在得到多数人认可的"原初公共理解"（Original Public Meaning），原旨主义探求的目标并不清晰明确；而考查原旨主义的裁判实践，则发现斯卡利亚并没有言行一致地选用"文义解释"与"时代语境探寻"的解释方法，通过严谨的历史研究发现先民对宪法的理解；实际上，其裁决结果的形成很大程度上取决于对何为"权威解释方法"的选取，而对于为何做出这些选择，斯卡利亚并没有给出令人信服的理由。

三、宪法解释与信息成本

也许还会有学者对以上质疑作出回应：只要把专业的历史学家送入法院，或者为法官配备专职的历史研究团队，增强后的历史研究能力能让法官找到制宪时期最权威的解释方法、最多数人对宪法条文的理解，进而撰写出所有历史学家都无可挑剔的完美判决。但追寻历史真相的历程无穷无尽，即使大法官试图把判决当作史学论文来写，并做到登峰造极，也永远会有更为权威严谨的历史学者站出来指责这份判决意见是"律师事务所历史学"。这条研究能力的"军备竞赛"之路不会导向理想的司法裁决方式。

陷入这一困境的原因就在于，研究者们误解了司法制度的性质与法律解释的功能。"实践中的法律解释是一个制度的产物，即一个权力结构的产物，是一个集体活动的产物，而不是纯粹个人性的智识探讨的结果。"[1]司法的目标断然不是产出大量优秀的史学研究论文，而法律解释的意义也不在于提供场域让大法官任意驰骋个人的史学研究能力。我们想要什么样的裁判技术，取决于我们想要什么样的司法裁判，而这最终取决于我们想要什么样的最高法院。要探寻什么是适合最高法院运用的司法裁决技术，我们必须首先回答设立最高法院这一机构的目的何在，乃至司法系统的目的何在。

---

〔1〕 苏力："解释的难题——对几种法律文本解释方法的追问"，载《中国社会科学》1997年第4期。

（一）最高法院的角色定位

科斯定理指出，界限清晰的产权能够节省交易的成本，[1]那么司法的目标就是为当事人做出合理的权利配置并用国家垄断暴力加以保护。社会成员对法律和契约赋予自己的权利产生争议时，法院裁判的目标是给出一个合理的权利配置方案，将权利初始配置给对其评价最高的人，也就是在被告可以接受的范围内，给予足以令原告满意的权利救济。

但是权利之所以具有价值，就在于对权利能够得到保护的充分信赖，而信赖则来源于已经持有的权利不会未经协商地失去法律的保护，在不同地域持有的权利能得到全国范围内统一的平等保护。于是"法不溯及既往""法律的平等保护"就具有重要的经济价值。因此，司法系统为了实现对系统外部配置并保护权利的职能，必须在系统内部实现对法律适用方法的前后统一与地域统一。这也是审级制度之意义的一种理解：当事人行使上诉的权利寻求纠正下级法院的法律适用，而上级法院审查下级法院裁判做出重审、改判、驳回的决定，正是维持司法统一性的过程。

一事一议地解决下级法院的个案错判，法院能力所及只能产出数量有限的判决，无法让高级别的法院统一更大范围内的司法适用。因此这些法院必须通过个案裁判之外的手段进行更有效率的司法统一，这在英美法国家是下级法院遵循上级法院判决的"遵循先例原则"（Stare Decisis），而在我国则是准立法性质的"指导意见"与"司法解释"。这些活动不仅配置案件当事人的权利，更会为类似案件尚未提起诉讼的"潜在当事人"预先给出权利配置方案。而级别越高的法院，统一司法的职责与权力越大，管辖的地域与事项范围越广，则权利配置影响的利益更大、利益主体更多。有时案外人的权利评价比案件当事人的权利评价更高，这导致了最高法院不是或者主要不是为了配置案件当事人权利而裁判案件，它"并不主要关心，而且从来也不关心纠正下级法院决定的错误……因此，［它的］职能是根据美国宪法、法律和条约来解决在联邦问题上具有广泛重要意义的意见冲突，并对下级法院行使监

---

[1] 参见［美］罗纳德·科斯："社会成本问题"，载［美］罗纳德·科斯：《企业、市场与法律》，盛洪、陈郁译校，上海三联书店1990年版，第75~129页。

督权"。[1]所以最高法院的判决，主要试图影响因而也必须事先考查的是，复杂而互相影响的深刻社会因素：裁决对现有权利体系的影响、利益集团可能的行动、社会舆论的评价、其他权力机关的反应等。

（二）信息成本与法律解释

于是，最高法院必须真实、全面、彻底地获得有关社会权利配置现状的信息，进而利用这些信息准确衡量既得利益者与欲得利益者对法律权利的评价孰高孰低，在衡量之后通过判决将法律权利配置给对其评价最高的人，重新界定"合理的权利配置"。然而合理的判决不能只考虑权利配置的结果，还要考虑权利配置的过程，因为权利重新配置的过程本身也会产生成本，其中最为重要的成本是信息成本（Information Cost，IC），即在"法院获取有关社会权利配置现状的信息"这一过程中产生的成本，例如：一个案件上诉至最高法院所经过的漫长程序，正是通过时间与人力的代价换取双方当事人对案件事实的充分澄清，以及案外人对其利害关系的充分展示；而我国最高人民法院制定司法解释的过程则需要经过"走访""成果转化""专家论证会""处理""公开征求意见"等多项环节，其不厌其烦地走过这些类似立法的繁琐程序，也是为了获取宝贵的真实信息。[2]

为避免上述高昂信息成本，法院也可遵循惯例判案，即不再查明当前各方对权利的评价高低，而直接把惯例中的权利配置方案不经修改地适用于当前案件，但如果判决错误，则各方必须纠正无效的法律权利配置，承担这一过程中的交易成本（Transaction Cost，TC）；由于惯例中的权利配置方案也可能恰好满足当前案件的裁判需求，因此应当考虑遵循惯例也能判决正确的概率 P，以交易成本 TC 的期望值 $P * TC$ 作为判断基准。裁决的关键，就在于权衡 IC 与 $P * TC$ 的大小，若 $IC < P * TC$，则法院应找到对法律权利评价最高的人，

---

[1] 苏力："司法解释、公共政策和最高法院——从最高法院有关'奸淫幼女'的司法解释切入"，载《法学》2003 年第 8 期。

[2] 侯猛：《中国最高人民法院研究——以司法的影响力切入》，法律出版社 2007 年版，第 122 页。

把初始的法律权利配置给他；若 IC>P＊TC，则法院应遵循先例裁判。[1]简言之，若判决前拥有权利者对权利的评价值为 V1，而判决后拥有权利者对权利的评价值为 V2，IC 与 P＊TC 两个值中的更小者为 M，则司法过程的全部任务就在于使下列值最大：V2-V1-M。

于是原旨主义在此体现了它的经济合理性。在信息成本过高，法院只能在不确定情况下作出决策时，原旨主义假定当前社会的权利配置格局与"文本原初含义"或"制宪者原初意图"中最初的理想设计保持一致，并保守地维持立宪者的权利安排，将当今社会的权利格局还原为历史某一时刻的情况。然而语义模糊的宪法即使在诞生之初也没有清晰的产权分配，当时人们对宪法的理解、后来的法院判决与社会实践，应当被认为是权利格局变动这一永不停息的连续不断过程在每一个时代的横截面，是各个特定时代利益博弈的结果，并不代表当前社会的真实情况。这种情况下作出的裁决往往与"合理的权利分配方案"相去甚远，当事人为了纠正错误的权利配置必须承担巨大的交易成本。对于特定方法的固执并不能真正解决最高法院如何作出公共决策的难题。

正确应对这一难题的方式应当是降低最高法院了解社会真实情况的信息成本，而不是继续创造不确定状态下法官如何猜测真实情况的窍门。正如现代侦查学与法医学发展成熟后，"海瑞定理"进入了博物馆一样，[2]对于无法彻底把握社会真实情况的案件，若仍墨守成规依靠法官的政治经验与论证能力予以应对，[3]其后果要么是对民意判断失误造成威望受

---

〔1〕 ［美］罗伯特·考特、托马斯·尤伦：《法和经济学》，史晋川等译，格致出版社、上海三联书店、上海人民出版社 2012 年版，第 85～86 页。

〔2〕 "海瑞定理"，在经济资产的两可案件中，无法明晰的产权应配置给经济资产缺乏的人；以及文化资产的两可案件中，无法明晰的产权应配置给文化资产丰裕的人。参见苏力："'海瑞定理'的经济学解读"，载《中国社会科学》2006 年第 6 期。

〔3〕 最高法院对法官政治经验的依赖，从政治家法官的比例可见一斑：从 1789 年美国联邦最高法院成立到 2009 年的 220 年间，共有 115 人成为联邦最高法院大法官，其中有 22 位在上任之前是联邦行政分支官员，8 位曾任联邦参议员，4 位曾任联邦众议员，甚至还有 3 位州长，这些政治家总计 37 位，占总人数的 32%。而上任前没有司法经验的大法官有 35 位，17 位首席大法官中 8 位没有司法经验，其中著名的有约翰·马歇尔（Chief Justice John Marshall，1801～1835 年在任，上任前为国务卿），厄尔·沃伦（Chief Justice Earl Warren，1953～1969 年在任，上任前为加州州长）。任东来等：《最有权势的法院：美国最高法院研究》，南京大学出版社 2011年版，第 167～169 页。

损，[1]要么是精心设计的政策造成意外的消极后果[2]。面对社会生活日益复杂的发展趋势，我们需要新的手段降低最高法院的信息成本。

审判中社会科学证据的介入或许是一道希望的光芒。

四、一种可能的出路：社会科学证据

（一）论证的科学化

1962 年，美国学者戴维斯（Kenneth Culp Davis）在《行政程序中解决证据问题的一个方法》一文中创新地将案件事实划分为"立法事实"和"裁判事实"，前者针对的是法官在造法时需要考虑的事实，后者则仅仅适用已经确立的原则来解决某个案件中特定的诉讼当事人之间的纠纷。[3]

由于裁判结果涉及切身利益，因此案件当事人有充足的激励为法院决策提供大量的事实信息；且当事人通常最了解系争案件的真实情况，所以由当事人举证能够使信息成本最小化。正是利用了这一点，民事、刑事案件由诉讼双方自行查明"裁判事实"，因此取得了巨大成效，如利用心理学实验测量消费者是否易混淆相似商品、利用测谎仪测试证言可信度、利用统计学方法

---

〔1〕 如 Kennedy v. Louisiana 案。美国联邦最高法院通过历数各州废除死刑的立法进程，为自己"只要强奸（幼女）者无意且没有致被害人死亡，就不能判处死刑"的判决找出了存在"举国共识"（National Consensus）的理由，但媒体曝出在案件判决之前，国会通过的《统一军事法典》（*Uniform Code of Military Justice*）正好允许对强奸幼女者施加死刑，且该法典在众议院通过时，是 374 票对 41 票，而在参议院通过时，则是 95 票对 0 票，顿时舆论哗然。Kennedy v. Louisiana, 554 U. S. 407 (2008)，参见张守东："美国死刑制度的宪法法理及其未来——以 Kennedy v. Louisiana 案为例"，载《法学》2011 年第 3 期。

〔2〕 如我国《最高人民法院关于民事诉讼证据的若干规定》（法释〔2001〕33 号）（2019 年已被修正）第 4 条第 8 项规定："因医疗行为引起的侵权诉讼，由医疗机构就医疗行为与损害结果之间不存在因果关系及不存在医疗过错承担举证责任。"将医疗侵权行为举证责任倒置，初衷本是保护患者利益，但有研究发现，医疗机构为了规避赔偿风险，广泛采取"防御性医疗行为"，增加不必要检查项目、提高护理级别、使诊疗行为趋于保守；而患者的"过度维权行为"也日益增多，导致医疗纠纷增多、赔偿数额增大、医患矛盾日益尖锐。万鸿君："试论医疗侵权诉讼举证责任倒置对医患双方行为的负性影响"，载《中国卫生事业管理》2009 年第 2 期。

〔3〕 Kenneth Culp Davis, "An Approach to Problems of Evidence in the Administrative Process", 55 *Harvard Law Review*, 364 (1962). 转引自梁坤："社会科学证据在美国的发展及其启示"，载《环球法律评论》2012 年第 1 期。

从大量当事人中抽样选出参诉代表以提高诉讼效率、利用社会调查报告细化淫秽物品的社区标准、测量死刑是否能起到对罪犯的阻吓作用、评定侵权案件中行为与结果的因果关系等。[1]在美国,社会科学证据已广泛应用到民事与刑事审判之中,在商标侵权案件中,如果诉讼一方不提交消费者是否会混淆不同商标的调查报告,甚至会被认为一定是做了报告但没有发现对自己有利的结果。[2]

而利用社会科学探查"立法事实"则与美国历史上的民权案件紧密结合。学界公认,社会科学在法律中的应用,正起源于布兰戴斯(Louis Brandeis)在穆勒诉俄勒冈案(Muller v. Oregon)中著名的"布兰戴斯诉讼摘要书"(Brandeis Brief)。[3]在该案中被诉请确认违宪的是一部1903年通过的俄勒冈州法律,该法规定洗衣店妇女每日工作时间不得超过10小时。布兰戴斯作为俄勒冈州的政府律师,在其诉讼文书中利用了各类机构的实证调查报告,如马萨诸塞州卫生部、马萨诸塞州劳工统计局、纽约州劳动统计局等政府部门的报告,专业书籍《职业卫生学》、期刊论文《妇女工作的立法控制》等科研成果,乃至柏林劳动立法国际会议报告、法国上议院议程等海外机构的各种资料,甚至是西奥多·罗斯福总统(Theodore Roosevelt,1901~1909年在任)的一篇国情咨文。布兰戴斯凭借对上述社会科学研究成果的熟练运用,成功说服了法院作出以下认定:"妇女的生理结构,以及妇女由此发挥的功能,使得限制或者限定妇女长时间工作之条件的特别立法具有正当性……我们对常识性事项进行了司法认知。"[4]法院拒绝以侵犯契约自由为由推翻这一立法,从而开启了社会科学介入审判的时代。

在后来的布朗案(Brown v. Board of Education of Topeka)中,民权律师同

---

〔1〕 参见〔美〕约翰·莫纳什、劳伦斯·沃克:《法律中的社会科学》,何美欢、樊志斌、黄博译,法律出版社2007年版。该书总结了社会科学在法律中的四种作用:确定事实、帮助立法、确定背景、优化诉讼。

〔2〕 Sandra Edelman, "Failure to Conduct a Survey in Trademark Infringement Cases: A Critique of the Adverse Inference", 90 *Trademark Reporter*, pp. 746-769 (2000). 转引自梁坤:"社会科学证据在美国的发展及其启示",载《环球法律评论》2012年第1期。

〔3〕 Muller v. Oregon, 208 U. S. 412 (1908). 布兰戴斯后来成为联邦最高法院的大法官(1916~1939年在任)。

〔4〕 Muller v. Oregon, 208 U. S. 412 (1908). 转引自〔美〕约翰·莫纳什、劳伦斯·沃克:《法律中的社会科学》,何美欢、樊志斌、黄博译,法律出版社2007年版,第6页。

样利用社会科学研究成果，如瑞典社会科学家贡纳尔·默达尔（Gunnar Myrdal）的著作《美国之痛》（*An American Dilemma*），证明公立学校中的种族隔离制度对黑人学童造成了不可挽回的身心损害，促进了沃伦法院推翻种族隔离制度的进程。[1]而布朗案之后，美国政府推行"纠偏行动"（Affirmative Action）政策，为黑人、印第安人、拉美人等少数族裔在升学、就业、承包政府工程、接受政府资助等社会生活中给予优于白人的特殊待遇，以弥补这些族裔在历史上受到的不公正待遇。后来这一思潮愈演愈烈，白人群体认为自己受到了反向歧视，且纠偏行动削弱了少数族裔在社会中的竞争压力，导致他们在学业水平、工作能力等方面普遍落后于同等条件下的白人，造成了社会资源的浪费，纠偏行动应当被取消。[2]在后来的诉讼中，法院同样援引社会科学研究成果，如充分证明了纠偏行动在各种意义上对社会的整体促进的《河流之形》（*The Shape of the River*）等，在教育公平中的纠偏行动诉讼里作出了公正裁决。[3]

大法官法兰克福特（Justice Felix Frankfurter，1936~1962 年在任）曾说："如何使法官之心明达，如你所知，是最为复杂的问题之一。"[4]社会科学证据在以上民权案件中的出色表现让我们心潮澎湃，也许它就是解决宪法解释

---

〔1〕 Brown v. Board of Education of Topeka, 347 U. S. 483（1954）. 参见［美］益格洛·昂舍塔：《科学证据与法律的平等保护》，王进喜等译，中国法制出版社 2016 年版，第 90 页。

〔2〕 如加州大学董事会诉巴基案〔Regents of University of California v. Bakke, 438 U. S. 265（1978）〕中，原告艾伦·巴基（Allan Bakke）报考加州大学戴维斯校区医学院（University of California Medical School at Davis），由于后者在当年 100 名的录取名额中，专门为黑人等少数族裔保留了 16 个特别名额，导致 GPA 成绩与 MCAT 考试成绩远高于被录取少数族裔学生的原告未能入学。参见任东来等：《美国宪政历程：影响美国的 25 个司法大案》，中国法制出版社 2015 年版，第 349~369 页。

〔3〕《河流之形》是普林斯顿大学前校长威廉·鲍文（William G. Bowen）和哈佛大学前校长德雷克·伯克（Derek Bok）共同出版的作品，该书通过分析 20 世纪 70 年代到 90 年代入学优质大学的超过 45 000 名大学生的学业水平数据，证明了纠偏行动取得的成功。最高法院在 Grutter v. Bollinger 案中引用了这部著作，判决保持生源里的种族多样对于学校十分重要，维持了密歇根大学法学院入学政策里的纠偏行动。Grutter v. Bollinger, 539 U. S. 306（2003）；参见［美］益格洛·昂舍塔：《科学证据与法律的平等保护》，王进喜等译，中国法制出版社 2016 年版，第 249~250 页。

〔4〕 大法官法兰克福特在 Briggs v. Elliott 案中的口头发言，转引自［美］益格洛·昂舍塔：《科学证据与法律的平等保护》，王进喜等译，中国法制出版社 2016 年版，第 1 页。

难题的钥匙。

(二) 质疑与回应

但是，社会科学调查报告也面临着相当的质疑。

首先是社会科学证据对审判是否真的必要。有学者质疑权威的法律规范、长久沿袭的先例做法才是指导正确审判的合适工具，社会科学证据与之相比几乎毫无参考价值。大法官菲利克斯·弗兰克福特曾说："要是宪法有规定，那你提出的所有（社会科学）证据都是离题的，总之……我不在乎什么社会学副教授或者正教授告诉我什么。要是宪法有规定，我不在乎他们说什么。"[1]但正如我们在上文论证的一样，宪法条文的本身含义异常模糊，而法官时常无法在"严格按照立宪原意解释"与"顺应民意、结果导向地解释"之间作出合适的选择，其根源就在于法官并不具备严格考证历史或系统认知社会的专业技能。如果我们发挥经济学上的比较优势原理，让专业化的、真正的历史学家与社会科学家在每一个案件裁决之前，通过严谨、系统的考证与研究，在研究成果经过公开发表并在业界同行的批评与修正中得到检验之后，用真正有说服力的智力成果为判决提供科学的指引，那么就像 DNA 鉴定技术查明真凶让案件水落石出一样，法官在全面彻底地认识历史与现代生活真实情况，以及充分了解不同判决方案导致的所有可能的社会结果及其重要性之后，可以满怀自信地作出决策信息充分、结果得到良好预测的合适判决。

其次是社会科学的可信度问题。这个问题的言外之意即是指纹、足迹、弹道、DNA 等自然科学证据远比社会科学证据值得信任。但同属于科学的二者在本质上并没有区别，自然科学与社会科学都使用事后可反复检验的、尽量保持价值中立的系统研究方法，研究目标都在于探明研究对象的真实属性、与其他事物的互动的运作逻辑、事物产生发展的因果关系等，差别只在于自然科学的研究对象是较长时间不会发生变化的自然界事物，而社会科学的研究对象是瞬息万变的人类社会。可以说，在社会科学中可能发生的研究方法系统误差、伪造结果、不规范操作、研究人员伦理问题等都可能发生在自然

---

[1] Leon Friedman, ed., *Brown v. Board: The Landmark Oral Argument before the Supreme Court*, New Press, 2004, p.65. 转引自梁坤："争议中运用的社会科学证据——评《科学证据与法律的平等保护》"，载《证据科学》2017年第1期。

科学的研究之中。[1]因此美国对自然科学证据的鉴定标准，即"多伯特规则"（Daubert Rule）也应当被用来检验社会科学证据，且一旦通过了检验，这类证据就应当拥有与合格的自然科学证据相同的法律地位，可以单独被法院认定为案件事实。[2]

（三）制度设计

最后是社会科学证据介入审判的制度设计问题。

首先，究竟应当由谁来组织社会科学证据的收集？如果要查明判决事实，这一举证责任通常分担给双方当事人，但在实务中常出现的问题是：法官由于缺乏专业技能，无法对双方当事人提交的调查报告做出实质评价，因而仅仅通过调查机构的权威程度、调查中是否存在明显不诚信行为等形式因素进行审查，换言之，一群社会学家可以用一套专业术语哄骗法官这个门外汉，导致"垃圾科学"泛滥法庭。[3]因此法院需要提高实质审查此类证据的能力。如果法院在体制内部聘请学者建立专门机关，是否能满足这一需求？

对于这一路径的质疑是：如果要设立这样的专门机构，何不设在国会？为何不直接在国会立法时就采用社会科学智力支持的方法？也就是说，法院作为审判机构从来不会比国会这一专业立法机构有更多资源、需求、民主合法性来建立一个专门的社会调研机构，为何要在越俎代庖的道路上一去不复返？

无论法院的判决还是国会的立法最终都是要解决具体的社会问题，因此

---

〔1〕 联邦最高法院曾判决犯罪实验室里的分析人员也属于宪法第六修正案"在刑事诉讼中，被告有权享有……与证人对质的权利……"中的证人，必须出庭与被告对质，这暗示了最高法院认为专家证人与普通证人的证词，都有相同的出现错误的可能性，因此必须利用出庭对质程序减少科学证据鉴定中的差错。Melendez-Diaz v. Massachusetts, 557 U. S. 305 (2009).

〔2〕 多伯特规则："1. 科学技术的正确性是否已经或可以被检验；2. 这个理论或技术已经由同行复核和公开发表；3. 应该考虑已知的或潜在的错误发生率；4. 法院应该考虑该技术在科学团体内的接受程度。"Daubert v. Merrell Dow Pharmaceuticals, Inc. , 509 U. S. 579 (1993). 参见张君周："论法官对科学证据的审查——以美国法官的看守职责为视角"，载《法律科学》（西北政法大学学报）2008年第6期。

〔3〕 这一问题在我国的典型表现就是刑事诉讼中的多头鉴定与重复鉴定问题，如著名的湖南湘潭黄静裸死案，该案共有10份鉴定文书，最后法院采纳了最高人民法院司法鉴定中心法医学鉴定书（最高法院司法鉴医学〔2004〕第066号）的鉴定意见。

幕僚们可以独立于法院与国会，同时为二者提供智力支持，并行不悖。出现具体纠纷前，幕僚们通过专业知识与深入调查，可以整理资料、信息与过往的立法和判决，为国会的立法提供信息支持；而在具体纠纷发生之后，则可以短时间内转变工作方向，检验诉讼双方的调查报告可信度，并根据法院要求对具体审判展开社会科学调查。

在这一方面，法院可以借鉴行政立法的成本—收益评估方法（Cost—Benefit Analysis）。最高法院的一个错误判决不仅会带来显性成本，也会带来隐形成本：显性成本如其他政府部门与利害关系人为适应变动后的法律标准而引起的信息沟通成本、权利重新配置的交易成本；隐性成本则如损害法院公信力、犯罪率上升、就业率下降。正如我们在上文所强调的，法院仅依靠法官的个人经验对重大社会利益进行分配，往往对于判决的社会成本与收益判断失准。

但实际上，这类问题早有成熟研究成果，且已被运用到了行政立法实践之中。成本—收益评估的常用方法共有两种，第一种是基于货币净利益比较的成本—收益分析。这一种方法将调研费用、会晤费用、资料影印费用等立法过程中的直接成本，以及标准变动导致的设备更新费用、对利益受损者的补偿、财政收入的减少等立法后的间接成本，还有财政收入的增加、财政支出的减少、资产的增值等立法直接收益，乃至公民总体健康状况的改善、设备折旧的减缓、人员工作效率的提高、居民对居住条件的满意度提升等立法非直接收益，全部通过一定的方法以货币的形式进行量化比较。而第二种评估方法是基于非货币指标的成本—效果分析（Cost—Effectiveness Analysis），即评估，为了提升或降低犯罪率、义务教育普及率、就业率等非货币指标的一个单位，要付出多少货币成本。[1]两种立法成本效益评估方法并用，便能用数字一目了然地对比立法的利弊。[2]

无论使用两种方法的哪一种，都旨在利用理性的、系统的科研成果充分

---

[1] 参见沙林等："美国的科学立法"，载《中国标准化》2017年第3期。

[2] 如美国环境保护署（United States Environmental Protection Agency, EPA）在2001年10月1日至2011年9月30日之间一共通过了32个规章，其收益大约有848亿~5650亿美元，而成本仅有232亿~293亿美元。参见汪全胜：《立法成本效益评估研究》，知识产权出版社2016年版，第90~91页。

证明制定规章的必要性，所选定方案的可行性，以及在所有可替代方案之中的最优性，最终达到科学立法、科学治理的目的。正是因为社会科学对于政府治理的巨大帮助，美国行政部门早已将这一实践予以制度化固定下来。1993 年 9 月 30 日，克林顿总统（Bill Clinton，1993 ~ 2001 年在任）签署了12866 号行政命令《管制计划与监督》（EO12866，*Regulation Planning and Review*），要求联邦行政部门和独立机构起草规制，都必须事先完成规制影响评估，交给白宫规则和预算办公室（Office of Management and Budget）下属的信息与规制事务办公室（Office of Information and Regulatory Affairs）审核。[1]

　　同样，美国当今已经发展出了非常成熟的政策研究机构产业，即"智库"（Think Tank）产业，它们为联邦行政部门的立法研究需求提供了良好的解决方案。若最高法院在裁决案件时需要专业研究机构的支持，智库也是良好的选择。美国学者肯特·韦佛（Kent Weaver）将智库分为三类：第一类智库为"没有学生的大学"，这类研究机构由学术研究人员组成，与一般大学偏重于理论研究不同，他们偏重通过政策研究来促进对社会、经济、政治、安全和外交等问题的深入理解，其研究成果更贴近现实问题，更容易为决策者使用。这类智库中最为有名的是布鲁金斯学会（The Brookings Institution）与胡佛研究所（Hoover Institution）。第二类智库为政府合同商，他们同样提供社会问题的系统研究服务，但政府部门是他们的主要顾客与资金来源，最为有名的是兰德公司（Rand Corporation）。第三类智库则是政策倡导思想库，由政党与利益集团资助，旨在把强烈的政策声明、党派色彩和意识形态与侵略性的推销手段结合起来，努力影响当前的政策争论，其本质上是政党的选举机器，较为有名的是保守派代表传统基金会（Heritage Foundation）。[2]法院不能受到意识形态的沾染，且需要及时为当事人提供救济的审判也无法等待宽泛宏大、长年累月的研究，因此政府合同商类型的智库应当成为法院的首选。最高法院可以针对社会长期争论的议题委托这类合同商进行调查，在案件发生之后则请求他们鉴定诉讼双方提交的社会科学报告是否可信，以外包的形式解决法院被科学蒙骗的难题。

　　机构设置之外，法院审判之中围绕证据展开的采纳、质证、辩论等诉讼

---

〔1〕　汪全胜：《立法成本效益评估研究》，知识产权出版社 2016 年版，第 76 ~ 78 页。

〔2〕　王莉丽：《旋转门：美国思想库研究》，国家行政学院出版社 2010 年版，第 28 ~ 42 页。

活动程序与证据规则都需要进行相应的改革。根据昂舍塔的梳理，美国学界提出的改革方案有：对于与法院认定"立法事实"有关的科学证据，建立某种审前机制或口头辩论听证机制，促进公开讨论与质疑；重新划分上下级法院的职责，在立法事实认知不足时发回下级法院重审，以便再次上诉时上级法院获得更全面的证据和事实；对含有社会科学信息的法庭之友诉讼文书，提升采纳标准，要求披露研究人员资质、资金来源、研究方法等可信度信息；提升社会科学证据的法律地位，即在满足以下要求时，其可以被当作与判例有同等效力的"社会权威"（Social Authority）：（1）经过了科学共同体的批判性审查；（2）采用了有效的研究方法；（3）可推及系争案件；（4）为大量其他研究所支持。[1]

此外，对于社会科学证据可能的质疑还有两个。一方面，如果专门指定某一特定的机构或个人为法院提供智力支持，如何保证他们诚实可信且技能过硬？法官是否会产生对这些研究人员的依赖，从法官治国变成幕僚治国？另一方面，谁来负担这些研究经费？若由联邦政府支出，施行这一制度所增收益是否能弥补因此增加的纳税负担？若由社会私人力量资助，如何解决利益集团意志对研究成果观点的渗透？

这两个问题的终极解决方案需要理论界与实务界的紧密结合。一方面，学术研究人员的经费通常来自政府拨款，其研究不专门为特定利益集团服务，且这一拨款已在政府预算之内，只需调整政策导向，让研究目标更偏向为实际问题提供对策，便可在不增加成本的前提下提升社会整体决策水平；另一方面，即使研究人员被利益集团收买，公开发表、互相质疑的学术界良性互动也能非常容易地发现并淘汰各类"垃圾科学"，且学术共同体长期、连续、良性的对话对于重大社会问题的解决，远优于仅凭个人经验作出判断的法官和两年或六年一届、主要目的是获得连任而非解决问题、政策连续性较差的国会。

但以上改革方案，无论利用成本—收益分析工具解剖审判、将社会科学调研任务外包给科研机构，还是改革诉讼程序，乃至促进学界与实务融合，对于保守的法院而言，哪一个都很难推行。诚如昂舍塔所言："法院是回应性

---

〔1〕〔美〕益格洛·昂舍塔：《科学证据与法律的平等保护》，王进喜等译，中国法制出版社 2016 年版，第 258~263 页。

的机构，而不是创新性的，并且在规制自身方面总是步伐迟缓。"[1]在此，本文认同梁坤的观点，即创立新的证据规则，明确社会科学证据的性质、法官审查证据的"守门"责任，才是解决社会科学证据困境的终极方案。[2]

结　语

卡多佐曾说："逻辑、历史、习惯、效用，以及为人们接受的正确行为的标准是一些独自或共同影响法律进步的力量。在某个案件中，哪种力量将起支配作用，这在很大程度上必须取决于将因此被推进或损害的诸多社会利益的相对重要性或相对价值。"[3]"相对价值"的衡量曾一直依靠法官的个人能力，但在社会日益复杂的今天，传统的史学断案、经验断案难以为继，社会科学助力审判逐渐成为社会的必然趋势。这也不仅仅是美国联邦最高法院的趋势，而是所有宪政民主国家的必然趋势，因此尽管本文通篇讨论的是美国问题，但有关社会科学和信息成本对宪法解释重要性的讨论，对于我国宪法和法律委员会的建设仍然具有启示意义。[4]最后，本文愿以布朗案上诉摘要书开篇之言结尾：

"社会科学家对于利害攸关的重大道德法律问题并不具有权威；但科学研究者视野内的案件事实问题以及科学证据，最终可以帮助最高法院作出裁判。"[5]

---

〔1〕［美］盎格洛·昂舍塔：《科学证据与法律的平等保护》，王进喜等译，中国法制出版社 2016 年版，第 263 页。

〔2〕梁坤："争议中运用的社会科学证据——评《科学证据与法律的平等保护》"，载《证据科学》2017 年第 1 期。

〔3〕［美］卡多佐：《司法过程的性质》，苏力译，商务印书馆 1998 年版，第 69 页。

〔4〕《全国人民代表大会常务委员会关于全国人民代表大会宪法和法律委员会职责问题的决定》（2018 年 6 月 22 日）："……宪法和法律委员会在继续承担统一审议法律草案等工作的基础上，增加推动宪法实施、开展宪法解释、推进合宪性审查、加强宪法监督、配合宪法宣传等工作职责。"

〔5〕Brown v. Board of Education of Topeka, 347 U. S. 483（1954）. 转引自［美］盎格洛·昂舍塔：《科学证据与法律的平等保护》，王进喜等译，中国法制出版社 2016 年版，第 282 页。

论死亡赔偿金的计算模式

中国政法大学法学院 2016 级 3 班　付嘉琳
指导老师：中国政法大学中美法学院副教授　冯　恺

摘　要　我国法律将死亡赔偿金定性为侵权人对死者近亲属的未来可继承财产利益逸失的赔偿，在数额确定上采用类型化计算的计算模式，其中区分户口、适用固定计算年限的做法为人们所诟病。当前学者提出的死亡赔偿金计算方法，大体上可归入个别化计算和类型化计算两种计算模式之中。本文在对我国死亡赔偿金计算模式存在的问题进行分析、对学者的主要观点进行综述之后认为，死亡赔偿金的计算以继承丧失说为理论基础，采用类型化的计算模式为宜。具体而言，按照死者死亡时的年龄以及其生前工作的性质这一双重标准，将人群归为五类，以死者生前实际收入水平为依据，以全国人均可支配收入为参照，以余命计算法为确定计算年限的方法，进而确定死亡赔偿金的数额。

关键词　死亡赔偿金　计算模式　归类标准　余命计算法

引　言

　　侵权致人死亡总共有两种表现形态，一种是侵权致一人死亡；一种是侵权致数人死亡。2003 年颁布的《最高人民法院关于审理人身损害赔偿案件适用法律若干问题的解释》（法释〔2003〕20 号）（以下简称《人身损害赔偿司法解释》）之中并没有对上述两种表现形态进行区分，而是依据户籍的不同，分别以受诉法院所在地上一年度城镇居民人均可支配收入或者农村居民人均纯收入为计算基础标准，以固定值 20 年作为计算年限来计算死亡赔偿金。但是，此种做法一经公布就引发了社会的诸多讨论，"同命不同价"以及"同命同价"的争论甚嚣尘上。

2010 年生效的《侵权责任法》虽然将侵权致人死亡的两种表现形态进行了区分，并基于社会期望和审理的便利，对于第二种表现形态下的死亡赔偿金的计算做了变通性的规定："因同一侵权行为造成多人死亡的，可以以相同数额确定死亡赔偿金。"但是，对于第一种情形下死亡赔偿金数额的计算，立法者并没有做出任何回应。也就是说，《侵权责任法》并没有确认一种新的死亡赔偿金计算模式，对于死亡赔偿金计算模式的讨论，依然要回到《人身损害赔偿司法解释》之中去。就此，本文依据相关司法解释，尝试对现有死亡赔偿金计算模式存在的问题进行分析，在对诸多学者的观点进行综述之后，拟进行死亡赔偿金计算模式的架构，希望能够对其未来的立法有所助益。

一、我国死亡赔偿金计算模式的现状评析

（一）死亡赔偿金计算模式之选择

1. 死亡赔偿金的性质

恰如张新宝教授所说："合理的死亡赔偿金数额的确定，以对赔偿对象和内容的正确认识为前提，以对死亡赔偿金的正确定性为前提，立法曲折变化的背后，是对侵权死亡赔偿制度之本旨的争议。"[1]死亡赔偿金计算模式的选择与对死亡赔偿金的定性密切相关，因此，对于我国死亡赔偿金计算模式的分析要从死亡赔偿金的性质说起。

关于死亡赔偿金的性质主要有两种学说，即精神抚慰说和逸失利益说。逸失利益说又下分为抚养丧失说和继承丧失说。其中，精神抚慰说认为死亡赔偿金是对受害人的近亲属所作出的因受害人死亡而产生的精神痛苦的损害赔偿，死亡赔偿金被视为笼统意义上的生命赔偿金。[2]逸失利益说则认为死

---

[1] 张新宝："《侵权责任法》死亡赔偿制度解读"，载《中国法学》2010 年第 3 期。

[2] 余帮国："论被扶养人生活费、残疾赔偿金与死亡赔偿金的关系"，载《四川职业技术学院学报》2014 年第 1 期。

亡赔偿金是对受害者近亲属逸失利益的赔偿。在逸失利益说之下又有抚养丧失说和继承丧失说两个子学说：前者认为，由于受害人死亡导致其生前依法定抚养义务供给生活费的被抚养人丧失了生活费来源，加害人对此财产损害应当予以赔偿；后者认为，侵害他人生命致人死亡会造成受害人余命年岁内的收入"逸失"，使得这些原本可以作为受害人财产为其法定继承人所继承的未来可得收入因加害人的侵害行为而丧失，对于这种损害应当予以赔偿。[1]

我国法律对于死亡赔偿金性质的态度经历了从体系内矛盾混乱到逐渐明晰的变化过程。稍早的司法解释将精神损害赔偿（精神抚慰金）与死亡赔偿金相混淆，甚至将死亡赔偿金包含在精神损害赔偿之内。[2]不过，2010年生效的《侵权责任法》将死亡赔偿金与精神损害赔偿区别开来，将其确定为分别独立的损害赔偿项目，从中可以看出，我国现行立法将死亡赔偿金界定为受害人近亲属的逸失利益。再者，《人身损害赔偿司法解释》第29条明确规定死亡赔偿金数额的计算依据的是"上一年度城镇居民人均可支配收入或者农村居民人均纯收入标准"，这一司法解释实际上将死亡赔偿金的性质界定为财产性的收入损失赔偿。综上分析，就死亡赔偿金性质问题而言，我国采用的是"继承丧失说"，即将死亡赔偿金看作是侵权人对死者近亲属的未来可继承财产利益逸失的赔偿。

2. 死亡赔偿金的计算模式

死亡赔偿金数额的确定有定额化计算、个别化计算以及类型化计算三种模式。其中定额化计算指的是，不考虑死者生前的收入情况，按照社会统一的标准来计算死亡赔偿金的一种计算模式；[3]类型化计算指的是，将死者归入不同的社会成员类型，按照此类社会成员的收入情况并且结合死者年龄等因素确定死亡赔偿金数额的一种计算模式；[4]个别化计算指的是，完全依照死者生前的收入状况，按照其可能工作的年限与其年收入乘积减去死者自身可能的生活费用，从而得到死亡赔偿金数额的一种计算模式。

如前文所述，2010年出台的《侵权责任法》对于死亡赔偿金的计算模式

---

〔1〕 参见杨立新：《侵权责任法》，法律出版社2010年版，第132~134页。

〔2〕 参见张新宝："《侵权责任法》死亡赔偿制度解读"，载《中国法学》2010年第3期。

〔3〕 张新宝："《侵权责任法》死亡赔偿制度解读"，载《中国法学》2010年第3期。

〔4〕 乔国香："论死亡赔偿金的性质与计算标准"，山东大学2012年硕士学位论文。

没有作出新的规定，现行死亡赔偿金的计算模式是由 2003 年出台的《人身损害赔偿司法解释》的第 29 条、第 30 条确立下来的。从前述两法条可以看出，我国死亡赔偿金计算采用了类型化的计算模式，此种计算模式具有两个特点：一是，将死者归类于城镇居民或者农村居民，分别以受诉法院所在地（或者赔偿权利人住所地、经常居住地）上一年度城镇居民人均可支配收入、农村居民人均纯收入作为计算的基础标准。二是，原则上以 20 年作为固定的计算年限，不过在两种情形下会对计算年限进行一定的调整：一种是当死者年龄在 60 周岁以上时，其年龄每增加 1 岁计算年限减少 1 年；另一种是当死者在 75 周岁以上时，以 5 年作为固定的计算年限。

（二）死亡赔偿金计算模式之问题评析

出于计算便利的考量，将人群进行归类进而分别计算其死亡赔偿金的做法并无不当。但是，分类本身应当注重科学性，须最大化地使得由此计算得来的不同人群的死亡赔偿金接近其未来能够给近亲属带来的可继承利益。我国以户口作为分类标准，各类别之下除了年龄大于 65 周岁的人，其他均适用 20 年死亡赔偿金计算年限，此种做法并不具有科学性，并不能够实现侵权赔偿所想要达到的损失填平的效果。

1. 关于划分城乡户口

城镇和农村之间存在着巨大的收入差异，这是一个无可否认的事实。所以依照继承丧失说的理论，以城乡户口为标准将人群进行划分，并且分别确定死亡赔偿金，以求实现对于死者近亲属未来可继承利益赔偿的做法具有一定的可采之处。但是，按照户口来进行人群归类也存在着诸多疏漏。

比如，当今人口流动频繁，仅仅依照户口来进行城乡居民的划分，并不利于保护虽为农村户籍但是长期在城镇居住的人群的近亲属的合法权益。为了使得这类人的权益同样能够获得保障，最高人民法院民一庭曾经针对下级法院的请示做出了《关于经常居住地在城镇的农村居民因交通事故伤亡如何计算赔偿费用的复函》，主张死者在城市经商、居住，其经常居住地和主要收入地为城市的，有关损害赔偿费用应当根据当地城镇居民的相关标准进行计算，并且将本复函印发到全国各高级法院以供参考。最高人民法院的做法可以看做是想要对以户口划分人群这一分类模式进行的填补，其努力值得肯定，但是对一个弊端的填补并不意味着这一分类模式的其他弊端就不再存在，现有归类模式存在的问题实际上并没有得到根本性的解决。

例如，在李某同等诉太平洋财险公司等交通事故损害纠纷案中，受害人李某刚身为河南省农村城镇化试点西辛村村民，村内已经基本上无耕地，所有村民均在村企业上班，并且村民的年均纯收入连续 3 年均在 1 万元左右。如果依照法律，按照案件发生之时上一年度河南省农村居民人均纯收入 4800 余元计算 20 年，[1]并不能够实现实质意义上的公正。现有法律无疑使得法官陷入了两难之境，或者违反自己所信仰的法律，转之以呼应社会期望谋求实质公正的实现；或者不顾事实情况，转而以遵从法律作出不公正的判决。在本案中，法官最后选择了依照客观公正，尊重事实的原则，以西辛村居民年均纯收入为基础，对死亡赔偿金的数额进行了确定。

深思这一选择，实际暴露出现有死亡赔偿金计算模式存在的问题：以城乡户口作为划分人群的标准，虽然适应了我国城乡居民收入存在巨大差距的基本国情，能够实现大体上的公正；但是这种分类方法过于僵硬化，抹杀了人的个性，使得死亡赔偿金不能够在个案之中对受害者一方的实际损失进行填补，没有办法实现个案的公正。

2. 关于死亡赔偿金的计算年限

从《人身损害赔偿司法解释》的规定可以看出，我国原则上以 20 年作为死亡赔偿金固定的计算年限，仅仅在年龄大于 60 岁以及年龄大于 75 岁两种例外情况下对于计算年限进行例外性调整。但是，如此规定死亡赔偿金的计算年限具有诸多问题。

首先，30 岁的人其未来可工作年限为 30 年，59 周岁的人其未来可工作年限是 1 年。依照社会经验，两者在死亡之时，前者近亲属未来可继承利益的逸失是高于后者的。但是依照此司法解释的规定，相同户籍的两者在同一年份死亡，并且受诉于同一法院之时，对应各自近亲属所能够获得的死亡赔偿金数额却是相等的。如此规定显然是不公正的。

再者，依据经济学家的统计分析，年龄和"统计学上的生命价值"之间往往呈一个倒立的 U 形结构，也就是说，在一定的年龄之前，"统计学上的生

---

〔1〕 参见赵同彪："死亡赔偿金计算标准与依据的确定"，载《人民法院报》2011 年 8 月 11 日，第 6 版。

命价值"与人的年龄呈正相关，但是经过那个年龄之后，"统计学上的生命价值"与人的年龄呈负相关。[1]所以无视死者死亡时的实际年龄，对于死亡时小于60周岁的人统一设定20年的死亡赔偿金的计算年限显然是存在问题的。

笔者认为，如果要使死亡赔偿金能够反映死者近亲属的未来可继承利益的逸失，那么其计算年限就应当富有个性，而不是统一地采用某一固定的数值。上述问题的存在，反映了我国法律中死亡赔偿金性质与死亡赔偿金计算两者之间的逻辑断裂。

二、学术界关于死亡赔偿金计算模式的主要观点

鉴于现有死亡赔偿金计算模式的不足，学者们纷纷提出对于这一问题的不同见解。如前文所述，关于死亡赔偿金的计算，总共有个别化、类型化以及定额化三种计算模式。在这三种计算模式之中，定额化计算模式在民间呼声比较高，学者们较为推崇的则是个别化与类型化计算模式。[2]

（一）个别化计算模式

主张个别化计算模式的学者，认为应参考死者生前收入和死亡时的年龄等多种因素来确定死亡赔偿金的具体数额。

学者张新宝主张，赔偿的数额主要取决于死者的个人因素，包括死亡时候的年龄、死亡前的收入状况、家庭状况、发展前景等；并且，应对死者为生前收入或者可预期收入过高者、没有收入但是有劳动能力或潜在劳动能力者、无劳动能力也没有可预期的劳动能力者三种特殊情形进行具体规定。[3]

学者琚磊、麻昌华进一步提出，可以采用余命计算法来确定死亡赔偿金的计算年限，即认为死亡赔偿金的计算年限为全国或者法院所在地的平均寿命减去死者死亡时的年龄之差。[4]

---

〔1〕 傅蔚冈："'同命不同价'中的法与理——关于死亡赔偿金制度的反思"，载《法学》2006年第9期。

〔2〕 参见谢慧阳："在定额化与个别化之间：死亡赔偿计算的再思考"，载《西南政法大学学报》2012年第6期。

〔3〕 参见张新宝："《侵权责任法》死亡赔偿制度解读"，载《中国法学》2010年第3期。

〔4〕 参见琚磊、麻昌华："我国死亡赔偿金计算的完善"，载《青海社会科学》2012年第5期。

个别化计算模式的优势在于确定死亡赔偿金数额之时比较充分地考虑了个体的差异；但由于人们的职业、收入、年龄等因素不尽相同，依照这种模式进行死亡赔偿金的计算会比较复杂，当事人亦需要承担比较重的举证责任。

（二）类型化计算模式

1. 学者观点综述

主张类型化计算模式的学者，认为应先将死者按照一定的标准进行归类，之后在各个类群之中分别确定其死亡赔偿金的具体数额。不过，学者们各自主张的归类标准并不相同，主要有以下四种：

（1）以地域来进行归类。在这种观点之下，不同的学者依然具有不同的主张。

学者刘士国主张，每年的赔偿额应以事故发生地前一年的平均工薪收入水平为计算标准，并在此基础上扣除余命年岁的个人生活费用。个人生活费用按照事故发生地前一年平均生活水平进行计算。75 岁以上的，计算年限为5 年；家务劳动者及未参加劳动的未成年人，以社会平均工薪水平为计算标准。[1]

学者钱徐宁主张，以死者的实际收入为基础，以各地域上一年度人均可支配收入为基本界限，如果赔偿权利人能够证明其实际收入比前述标准高，则适用较高的标准；如果当事人实际收入比受诉法院所在地域的上一年度人均可支配收入低或者无法证明的，适用受诉法院的赔偿标准；并且沿用《人身损害赔偿司法解释》之精神，主张如赔偿权利人能够证明其住所地或者经常居住地的人均可支配收入水平高于受诉法院，可以适用前者；此外，认为对于死亡赔偿金应当确定其最低、最高限额。[2]

学者郭欣萍则主张，应按照各地区经济发展水平，将赔偿标准划分为三个层次：经济发达地区、中档经济水平地区、经济欠发达地区。在各个层次上以职工平均工资作为计算标准，并且依照劳动年龄和退休年龄将赔偿年限再次划分为三个层次：0~16 周岁，年龄每增加 1 岁增加 1 年，即按照受害人实际年龄计算赔偿年限；16~60 周岁，按 20 年计算赔偿年限；60 周岁以上

---

[1] 参见刘士国："论人身死伤害的定额化赔偿"，载《法学论坛》2003 年第 6 期。
[2] 参见钱徐宁："死亡赔偿金计算标准问题研究"，苏州大学 2009 年硕士学位论文。

的，年龄每增加 1 岁减少 1 年。[1]

（2）以死者生前的工作性质来进行归类。主张这种观点的代表性学者为乔国香，其认为可以依照死者生前工作性质将群体分为未成年人、暂时失业或未就业的成年人、就业者、退休者、无劳动能力者五种，不同的群体以不同的方法来计算其生前的实际收入。死亡赔偿金的数额以收入作为基数，扣除个人消费，参考未来可工作年限等特殊情况进行调整。[2]

（3）以地域以及死者生前工作性质双重标准来进行归类。主张这种观点的是学者李永飞，其一方面认为应以受害人的实际收入水平作为计算其死亡赔偿金的基础标准，并且根据受害人生前工作性质的不同将其划分为五类人群，对不同人群死亡赔偿金的计算方法进行具体规定；另一方面又以受诉法院上一年度人均可支配收入为基本界限，主张如果赔偿权利人不能够证明受害人实际收入水平或者受害人实际收入水平比受诉法院上一年度人均可支配收入低时，应当以受诉法院上一年度人均可支配收入作为赔偿标准。此外，其还主张沿用《人身损害赔偿司法解释》之精神，当赔偿权利人能够证明其住所地或者经常居住地的人均可支配收入水平高于受诉法院之时，可以适用前者。并且主张对于死亡赔偿金的数额应当设置最低、最高限额。[3]

（4）以死者死亡时的年龄来进行归类。学者李莉主张这种观点，其认为死亡赔偿金数额的确定可以以受害人死亡时的收入为基础，按照国家统计局公布的全国范围内雇佣劳动者在过去 3 年中所得收入的平均涨幅为标准，计算受害人若未死亡则其在将来 20 年应该得到的收入。但 60 周岁以上的，年龄每增加 1 岁减少 1 年；75 周岁的，按照 5 年计算。[4]

2. 计算模式评析

类型化计算模式的优势有三：一是结合人群各自的特点设计不同的计算方法来分别确定其死亡赔偿金数额，基于计算方法的灵活性，类型化计算模

---

〔1〕 参见郭欣萍："人身损害赔偿标准问题之再探讨"，沈阳师范大学 2012 年硕士学位论文。

〔2〕 参见乔国香："论死亡赔偿金的性质与计算标准"，山东大学 2012 年硕士学位论文。

〔3〕 参见李永飞："死亡赔偿金计算标准问题之研究"，贵州民族大学 2014 年硕士学位论文。

〔4〕 参见李莉等："死亡赔偿金计算方法刍议"，载《前沿》2013 年第 4 期。

式可操作性较强；二是部分学者所主张的赔偿权利人对于死者生前收入无法举证证明的，适用受诉法院所在地人均可支配收入的做法，减轻了当事人的举证负担，降低了死亡赔偿金数额的确定难度；三是部分学者所主张的死者生前收入低于受诉法院所在地人均可支配收入的，死亡赔偿金数额的计算参照后者来进行的做法，一方面能够减少贫富差距，另一方面也能够更好地保障受害人近亲属的生活，具有一定的可采之处。

类型化计算模式同样也有劣势，其最大的劣势在于对归类标准的选取要求比较苛刻。如果选取的归类标准不够科学，人的个性化就会被抹杀，依照此种方法计算而来的死亡赔偿金的数额也将不能够实现对受害人近亲属财产性利益的逸失的填补效果。前述学者提出来的四种归类方法具有一定的合理性，但仍不是最佳选择。

三、关于死亡赔偿金计算模式的几点思考

（一）死亡赔偿金计算模式思路之构架

首先，通过对于诸多学者观点的整理可见，学界对于死亡赔偿金的计算模式虽然存在不同的认识，但是大体上均意图使死亡赔偿金能够实现对死者继承人未来可继承利益损失的补偿，这一点实际上与我国法律对于死亡赔偿金性质之选择相契合。既然学理上的现有观点和成文法律上的规定在死亡赔偿金的性质上基本达成一致，并且继承丧失说的应用更有利于实现对赔偿权利人损害的填补，那么，死亡赔偿金计算模式的构造以继承丧失说作为其理论基础为宜。相应地，死亡赔偿金以死者生前实际收入作为计算的基础标准为宜。

其次，不同人群其生前实际收入的确定方法以及死后其近亲属可继承财产的逸失均是不同的，所以，可以采用类型化的死亡赔偿金计算方法，将人群按照一定的标准进行归类，进而分别确定死亡赔偿金的数额。在计算年限方面，为了使得死亡赔偿金能够真正接近死者近亲属可继承利益的逸失，须舍弃《人身损害赔偿司法解释》规定的以 20 年作为固定赔偿年限的做法，代之以余命计算法为宜。

最后，为了防止确定下来的死亡赔偿金数额过大或者过小，防止社会贫

富差距拉大，可以对死亡赔偿金的数额进行一定的调整和限制。

（二）死亡赔偿金计算基础标准之确定

在进行人群归类之时，考虑到《民法总则》第 18 条第 2 款 "16 周岁以上的未成年人，以自己的劳动收入为主要生活来源的，视为完全民事行为能力人" 之规定，应当将未满 18 周岁的人划分为未成年人和经劳动成年的成年人，并且可以将前者单列，将后者划归为就业者的范畴。同时在成年人之中，根据其工作的性质不同，又可将其分为暂时失业或未就业的成年人、就业者和退休者三种。此外，在进行分类的时候还应当顾及一类特殊的人群，即因自身丧失劳动能力而无再就业可能性的无劳动能力者。根据上述分析，可以死者死亡时的年龄及其生前工作的性质为双重标准，将人群划分为以下五类：未成年人、暂时失业或未就业的成年人、就业者（包含劳动成年的未年满 18 周岁的人）、退休者、无劳动能力者。不同群体的死亡赔偿金计算基础标准均与其实际收入有关，不过各个群体确定其实际收入的方法以及进一步确定死亡赔偿金计算基础标准的方法却不相同。

1. 实际收入之确定

（1）失业或者未就业的成年人。失业者和未就业的成年人虽然在死亡之时均没有工作，但是笔者认为并不能依此否认其后续通过劳动获取收入的可能性，侵权人仍然应当给付其近亲属死亡赔偿金，不过对于其实际收入的确定应当更加灵活。具体而言，对于失业者可以以其生前从事的最后一份工作的收入作为参照，结合其可能的发展前景来进行计算；对于未就业的成年人可以参照其生前有意愿从事的职业的平均工资，并结合其学历水平、家庭状况来进行计算。

（2）就业者。因为就业者具有一定的收入来源，所以在对其实际收入的确定上可以以其生前的实际收入为基准，依照其家庭背景和未来发展前景来对这一基准进行具体判断。

（3）退休者。针对退休者，可以直接以其退休金作为实际收入，进而计算死亡赔偿金；如果其退休之后又被返聘的或者参加其他工作有收入的，将这一收入纳入其实际收入之中。[1]

2. 计算基础标准之确定

对于未成年人，作为潜在的劳动力，其死亡给近亲属带来的预期利益的损失不容忽视。因为其年龄尚小，人生存在多种可能性，其生前或者没有实际收入，或者有实际收入但是无法反映其将来能够给其近亲属带来的可继承利益，所以在对其死亡赔偿金的计算上可以借鉴德国的做法，排除地域、户籍、民族、身份等不同，参照全国人均可支配收入，在全国范围内确定一个统一的标准。[2]其中，这里面的人均可支配收入是指个人的各种合法收入扣除向政府缴纳各种现有的税收和费用等以后的余额。国务院部门每年都要统计和公布相关数据。[3]

对于无劳动能力者，基于侵权赔偿意在进行损害填补，而不能使得受害一方获得不当利益的原理，无劳动能力者因为其不具有工作没有收入来源，其去世并不会给继承人带来任何的财产逸失，此时要求侵权人给付死亡赔偿金会使得继承人不当得利，有违侵权赔偿的初衷。所以侵权人无需对其支付死亡赔偿金。这种做法虽然听起来冷酷无情，缺乏对弱势群体的人文关怀，但是法律为法律，人情为人情，两者不容混淆。[4]

对于失业或者未就业的成年人、就业者和退休者这三类人群，除了要对死者生前实际收入进行明确外，还应当引入全国人均可支配收入，并将其与死者生前实际收入相比较，进而确定最终的死亡赔偿金的计算基础标准：如果当事人能够结合上述思路对死者生前的实际收入进行举证，并且生前实际收入大于全国可支配收入，此时以死者生前的实际收入作为死亡赔偿金计算的基础标准；如果当事人无法证明死者生前的实际收入或者受害人生前的实际收入低于全国人均可支配收入的，此时死亡赔偿金的计算应当以全国人均可支配收入作为计算的基础标准。

这样做的好处是，能够在一定程度上提高死者近亲属可以获得的赔偿数额，从而更好地保障死者近亲属的生活，防止贫富差距的拉大。并且，在全

[1] 李永飞："死亡赔偿金计算标准问题之研究"，贵州民族大学 2014 年硕士学位论文。
[2] 参见乔国香："论死亡赔偿金的性质与计算标准"，山东大学 2012 年硕士学位论文。
[3] 钱徐宁："死亡赔偿金计算标准问题研究"，苏州大学 2009 年硕士学位论文。
[4] 参见乔国香："论死亡赔偿金的性质与计算标准"，山东大学 2012 年硕士学位论文。

国范围内采用全国人均可支配收入作为衡量标准，而不是在各个地方适用地方的标准，对各个赔偿权利人来说也更为公正。

（三）死亡赔偿金具体数额之确定

前文已经提及，对于未成年人的死亡赔偿金可以参照全国人均可支配收入确定一个统一的数额；对于无劳动能力者，由于其死亡并不能够导致其近亲属可继承利益的逸失，所以侵权人对其死亡赔偿金的赔偿数额为零。

对于剩下的三类人，其死亡赔偿金的计算年限可以采用余命计算法来进行确定："死亡赔偿金计算年限＝国内平均寿命-死者死亡之时的寿命"。相应地，其死亡赔偿金数额的确定可以参照《关于审理涉外海上人身伤亡案件损害赔偿的具体规定（试行）》来进行，这样一方面能够使得国内对于死亡赔偿金数额的计算方法趋于统一，另一方面又能够使得我国立法与国际接轨。具体而言，失业或者未就业的成年人和就业者的死亡赔偿金数额依照如下公式进行："死亡赔偿金＝（年实际收入-年个人生活费）×死亡时起至退休的年数+退休收入×（平均寿命-退休年龄）"。退休者的死亡赔偿金数额依照如下公式进行："死亡赔偿金＝（年退休收入-年个人生活费）×（平均寿命-死亡年龄）"。其中，死者的年个人生活费按照死者的年个人收入的25%～30%来予以确定。此外，在经过上述计算之后，为了防止得到的死亡赔偿金数额过高，笔者认为可以设置一个最高赔偿限额来对死亡赔偿金的数额进行一定的限制，以防止因为贫富差距过大而导致死亡赔偿金数额差距过大。

结 论

立足于我国现行法律法规，本文分析了我国现行死亡赔偿金计算模式存在的问题，并对学术界关于死亡赔偿金计算模式的主要观点进行了综述。在对死亡赔偿金计算模式的思路构架、计算基础标准以及具体数额的确定等三方面进行思考的基础上，可以得出一个基本的结论：死亡赔偿金计算模式应以继承丧失说为理论基础，采用类型化的计算模式，以死者死亡时的年龄和生前工作性质为双重标准将人群归为未成年人、暂时失业或未就业的成年人、就业者、退休者、无劳动能力者五类，并对这五类人群死亡赔偿金数额的计算方法分别进行确定。其中，未成年人的死亡赔偿金，可以直接在全国确定一个统一的数额。暂时失业或未就业的成年人、就业者、退休者原则上以生前实际收入作为死亡赔偿金的计算基础标准，如果当事人无法举证，或者生前实际收入低于全国人均可支配收入的，以后者作为计算基础标准，在确定计算基础标准之后，扣除生活费，适用余命计算法来对其死亡赔偿金的具体数额进行确定。

我国合伙企业合伙人除名制度的思考

中国政法大学法学院 2015 级 3 班　徐晓婷

指导老师：中国政法大学民商经济法学院教授　吴日焕

摘　要　《中华人民共和国合伙企业法》规定了除名制度以解决合伙企业内部的重大矛盾，该制度无论对合伙企业还是被除名的合伙人都有重大影响。但法律之规定相对粗疏，理论上对该制度又缺乏足够关注，从而导致司法实践中对该制度的适用多有分歧。为此，本文从学理上对该制度的含义、特征与性质加以剖析。从比较法角度，通过从要件与法律效果两方面与大陆法系无限公司和英美法系合伙企业的除名制度进行比较，可以发现我国合伙企业合伙人除名制度的特色。最后，通过对大量案例判决进行分析，总结该制度在司法实践中存在的问题，并以学理分析为基础对实践分歧提出处理意见。

关键词　合伙企业　除名制度　学理　实务

序　言

除名制度是《合伙企业法》自 1997 年颁布实行以来便有的制度。然而，一直以来备受学界关注、研究甚至大力呼吁的是公司法中的股东除名制度，学界对合伙企业的合伙人除名制度以及其在立法确立后 20 年来的实务应用情况却缺少关注。但是这绝不意味着合伙企业合伙人除名制度没有研究意义，在实务适用中也不存在争议。通过笔者在中国裁判文书网与北大法宝进行检索的结果分析，该制度在实务应用中实际上存在不少分歧，判决就该问题呈现不同意见。因此本文拟对我国合伙企业合伙人除名制度加以学理解读，并结合司法判例进行实务分析，以期该制度能在合伙企业事务处理中发挥更大效用。

一、合伙企业合伙人除名制度解读

1997 年的《合伙企业法》将合伙企业合伙人除名制度规定在第 50 条，2007 年起施行的修订后的《合伙企业法》将该制度规定于第 49 条。现行《合伙企业法》第 49 条规定："合伙人有下列情形之一的，经其他合伙人一致同意，可以决议将其除名：（一）未履行出资义务；（二）因故意或者重大过失给合伙企业造成损失；（三）执行合伙事务时有不正当行为；（四）发生合伙协议约定的事由。对合伙人的除名决议应当书面通知被除名人。被除名人接到除名通知之日，除名生效，被除名人退伙。被除名人对除名决议有异议的，可以自接到除名通知之日起三十日内，向人民法院起诉。"下文将以上述法律规定为依据，对该制度进行解读。

（一）含义及特征

学界对合伙企业合伙人除名制度的含义没有十分明显的分歧，只是对个别要素的归纳取舍有所不同，例如，"（合伙除名，笔者注）就是不问其本人意愿如何，而由其他合伙人作出决议，取消其合伙人资格"[1]，"除名则是多数合伙人因某一合伙人的某种过错而解除与其合伙关系的强制行为"[2]。第一种定义着重强调了"不问其本人意愿"，而第二种定义则还强调了被除名人的过错要素，但是这些定义都没有完整体现该制度的所有要点。根据实定法规定并结合立法目的，合伙企业合伙人除名制度的含义的完整表述是：在合伙企业中，由于某个（些）合伙人违反法律或约定之严重事项，在无视其本人意愿的情况下由其他合伙人一致决定通过某种程序解除其合伙人身份的行为。

---

[1]　徐永前主编：《合伙企业法辞解》，企业管理出版社 2008 年版，第 263 页。
[2]　卞耀武主编：《合伙企业法》，中国财政经济出版社 1997 年版，第 159 页。

了解一项制度，需要明确其特征如何，方能知晓其要点并与其他制度相区分。根据以上定义，可以归纳得出该制度具有四个主要特征：第一，单方性，也即强制性。当特定除名事由发生，只需其他合伙人一致达成除名决议并通知被除名人，除名决议即生效。在整个除名过程中，不顾被除名人本人的意愿如何，而仅仅取决于其他合伙人对除名的态度。被除名人只在事后享有异议起诉的救济权利。第二，人身性。除名决议的效力仅仅是解除了被除名人的合伙人身份，而在财产方面仍然需要对合伙企业的财产状况进行结算，退还被除名人的财产份额，即除名不对其固有财产产生任何消极影响。第三，程序性。根据法条之规定，除名决议的得出需要其他合伙人一致同意。更甚，作出的决议必须以书面形式通知被除名人，否则除名决议无法生效。第四，最后性。历史上，罗马法中的合伙人之间的关系被类比为兄弟之间的关系[1]，且最初的合伙被限定于一定的血缘关系之内[2]。而即使是在当今的非熟人社会，合伙企业相关重要事务的决策仍然需要得到合伙人的一致同意。由此可见，合伙人之间的关系相较其他企业形式更具紧密性。立法上规定的各项除名事由均是严重损害了合伙企业以及其他合伙人的利益的行为，暗含立法者认为非严重事项除名并非首选。因此无论是从历史源流[3]还是法律规定来看，作为强制将某个合伙人驱逐出合伙企业的除名制度是不得已之选择，故其自然具有除解散合伙外最后适用的特征。

（二）性质

对于除名制度的性质，学理上存在着争议。[4]争议源于从不同角度对除名制度的性质进行了解读，即从合伙企业的角度与其他所有合伙人的角度予

---

〔1〕 ［英］巴里·尼古拉斯：《罗马法概论》，黄风译，法律出版社2010年版，第201页。转引自王梦依："规范合伙人除名制度的法律思考与建议——以《合伙企业法》第四十九条为核心的研究"，载《北方经贸》2016年第12期。

〔2〕 高富平等：《合伙企业法原理与实务》，中国法制出版社1997年版，第3页。

〔3〕 此外，在德国第一个涉及除名的案例中，法院没有支持除名主张，而是判决解散。参见赵德勇：《基于法律行为的股东资格变动研究——以有限责任公司为中心》，中国政法大学出版社2014年版，第213页。

〔4〕 学理上讨论的多为股东除名制度的性质与法理基础，但笔者认为同为除名制度，两者在性质与学理基础上无太大差异。

以解读。从合伙企业与被除名人间关系的角度来看，除名的本质是合伙企业的单方法律行为。如果类比于"公司将股东除名实质上是在行使公司作为社团组织所享有的一种对作为社员的股东纪律性权能"[1]，那么在合伙企业中可将其视为合伙企业对作为社员的合伙人的一种"制裁"。除名决议一旦生效，被除名人作为合伙人的身份便被解除，即除名的效果是结束合伙企业与被除名人之间的关系。而根据前述对除名制度的特征分析，除名具有单方性、强制性，只需合伙企业的单方意思表示即可，完全符合单方法律行为的本质。按照《民法总则》第102条规定，合伙企业作为非法人组织，能够以自己的名义从事民事活动，除名作为合伙企业的单方法律行为也完全符合法律之规定。

另一种观点从其他合伙人与被除名人间关系的角度出发，除名实际上是被除名人根本违约后须承担的违约责任。该观点来源于有限公司股东除名制度中的"公司合同"理论。"公司合同"包括公司章程，甚至可以涵盖公司内部规章、股东协议等体现股东自治理念的规范性文件。[2]而在合伙企业中，无论是法定的还是约定的除名事由均为被除名人事先所明知，可以视为所有合伙人就除名事由所规范的某些行为达成了协议，而除名后果正是根本违反该协议的违约责任。作出除名决议的过程正是该协议的其他当事人判断确定被除名人是否存在根本违约的行为，又是否应当承担被除名这一根本违约的违约责任的过程。

笔者认为，以上两种观点从不同主体间关系的角度揭示了除名制度的性质，是对同一制度在不同当事人关系维度上的解读，均具有合理性。

（三）法理基础

合伙企业合伙人除名制度，在几乎不考虑被除名人的意愿的情况下解除被除名人的合伙人身份，这对被除名人来说事关重大，因此必须有其确立的法理基础。从法定的除名事由可以看出，被除名人受到除名的前提是其行为

---

[1] 戴中璧："试论有限责任公司股东除名制度的理论基础"，载《扬州大学学报（人文社会科学版）》2013年第5期。

[2] 戴中璧："试论有限责任公司股东除名制度的理论基础"，载《扬州大学学报（人文社会科学版）》2013年第5期。

严重损害了合伙企业与其他合伙人的利益，完全打破了合伙人之间的合作信任关系。虽然合伙最初被限定在一定的血缘关系之内，但是不得不承认的是如今在市场经济中合伙人之间的关系不再具有血缘关系的特殊性，维系合伙关系的更为重要的基础是契约关系。当被除名人违反契约的约定作出严重损害其他合伙人利益的行为并导致其他合伙人所不能忍受之不利益时，作为理性经济人选择不再维持与被除名人的合伙关系是当然的选择。而失去合伙人身份也是被除名人根本违约之时应当承担的违约责任。但是如果企业发展良好，解散企业绝对是最不经济的一种选择。因为其他合伙人虽然结束了与被除名人的合伙关系，却同时也失去了继续从合伙企业中获利的机会。那么在忍受与丧失信任之人继续合伙与解散合伙之外的第三个选择就是将违约合伙人除名。确立除名制度，可以在对企业造成最小波动的前提下解决合伙企业内部的矛盾冲突，避免合伙企业继续遭受损害。而作为解散制度的替代选择，除名制度也完全符合商法上的"企业维持"理论。因此，合伙企业合伙人除名制度的理论基础是"企业维持"理论之要求，是解决因个别合伙人违反合伙契约导致合伙企业内部严重矛盾冲突的经济性机制。

二、合伙企业除名制度比较法分析

合伙企业除名制度并非我国之独创，无论是大陆法系[1]还是英美法系对此均有所规定。作为大陆法系之代表，德国商法对除名制度的规定体现在其商法典第 131 条、第 133 条、第 140 条。[2]按照其法条之规定，无限公司股东除名的前提是在一个股东身上发生导致公司解散的重大事由（《德国商法典》第 133 条），例如私吞财产、有理由相信存在不诚实的行为，也包括无过错的状态，如疾病。[3]除除名事由外，前提条件还要求所有的其余股东提起除名之诉（《德国商法典》第 140 条）。当除名生效之后，被除名股东即丧失其在公司财产上的份额，但是他对此享有补偿请求权，也就是说德国无限公

---

[1] 由于我国合伙企业相当于大陆法系之无限公司，故此处指大陆法系之无限公司对除名制度的规定。

[2] 《德国商法典》，杜景林、卢谌译，中国政法大学出版社 2000 年版，第 56~57 页。

[3] [德] 格茨·怀克、克里斯蒂娜·温德比西勒：《德国公司法》，殷盛译，法律出版社2010 年版，第 222 页。

司股东除名也具有人身性。与我国合伙企业除名制度相比，在除名效果上两者不存在差别，在除名事由上我国的法定除名事由都属于被除名人存在过错的情形，而德国无过错的状态也可作为除名事由。在行使方式上两者存在巨大差异，我国仅需其他合伙人一致同意得出决议并通知被除名人即可产生除名效果。但因为这一变动对于被除名的股东和无限公司来说如此重要，故德国法传统上要求所有的其余股东提起一个除名之诉以得到法院确定性的形成判决。我国合伙企业法对除名制度的程序规定更为灵活，德国法则更为谨慎。而日本公司法仅规定除名是无限公司的法定退股原因，若参考其民法典关于合伙人除名的规定（《日本民法典》第679条、第680条、第681条），日本法上的除名制度与我国合伙企业除名制度并无差异。

英美法系中无论是《美国统一合伙法》还是《英国合伙法》都对合伙企业的除名制度加以规定，只是规定相对概括，将更多的事项交给合伙人利用合伙协议自由决定。《英国合伙法》第25条规定："除非合伙人之间有协议明确授权，即使多数合伙人同意也不能将任何合伙人除名。"因此，英国法仅仅强调了合伙人除名需要有合伙协议的明确授权，也即需要按照所有合伙人事前对此的约定，而未对除名事由、行使方式等加以规定。至于除名效果根据第42条推断可知，除名后合伙企业需要对退出的合伙人之间的账目结算清楚。[1]《美国统一合伙法》（第31条）同样将这种除名的权利视为合伙协议的授予，而未对除名事由、权利行使方式及程序作任何规定。[2]但是该条款将除名作为自愿解散合伙的事由之一，因此理论上除名事由应当足够严重以至达到与合伙企业解散事由的相同程度。虽然该条将合伙人被除名作为按照合伙协议自愿解散合伙的事由，但是此种意义上的解散可谓是广义的解散，即仅指按照原来的合伙协议组成的联合体当然解体，并不意味着没有新的联合体随之产生。合伙企业解散后并不自动导致合伙的清算，余下的合伙人可以选择继续营业，被除名人可以在解除合伙责任后从合伙中以现金方式请求

---

〔1〕 如商号任何合伙人去世或不再是合伙人，而其余还在的合伙人或继续经营的合伙人以该商号资本或资产继续经营而未把商号与退出的合伙人或其遗产间的账目结算清楚，如没有相反协议，该退出合伙人或其遗产可经由其本人或代理人选择，有权分享自合伙解散以来法院裁定运用他所占合伙资产部分而取得，或有权取得他所占合伙资产份额以每年5%计的利息。

〔2〕 该条规定，"因根据合伙人之间协议授予的权利善意地将任何合伙人从营业中除名而解散"。

合伙财产，此种情况与我国合伙人除名并无差异。除名后的另一种选择是按照合伙协议之约定发生解散并正常清算，再无新的合伙联合体产生。而且法条着重强调了"善意"要素，这也就意味着在不符合除名情况时，被除名人同样可以将其推翻。因此，和英美法系相比，两者在除名效果上几乎相同，只是在除名要件上英美法规定得更为宽松，将决定权几乎完全赋予合伙人之间达成的合伙协议，法律不加以严格干涉。

由此可以看出在除名制度的要件设计上，我国《合伙企业法》选择了一条区别于大陆法系与英美法系的中间道路，相较大陆法系更为宽松，但又比英美法系更加谨慎。而在除名制度的效果规定上，不论是与大陆法系或是英美法系相比，都没有本质上的明显差异。但在除名事由的立法技巧上，我国将引起除名的典型情况予以列举，并以"发生合伙协议约定的事由"作为兜底的方式似乎更值得赞许。因为此种方式更能发挥立法对商事行为的指引功能，也更利于保障司法的精确性与公平性。

三、合伙除名制度的实证分析

虽然合伙除名制度应当作为除解散合伙外解决合伙企业内部矛盾纠纷的最后选择手段，但是在实践中由此产生的诉讼纠纷并不少。笔者在中国裁判文书网选择民事案由，以《合伙企业法》第49条为法律依据进行检索，共得到162个结果。同样，在北大法宝以"退伙纠纷"为案由、"除名"为关键词进行检索，共得到17个检索结果。笔者以前述检索结果为样本进行梳理总结，发现该制度在实践中确实得到了应用，但尚存在不足之处。

（一）诉讼主体不清晰

当被除名人在对除名决议存在异议并向人民法院起诉时，应该将谁列为诉讼被告呢？无论是《合伙企业法》还是民事诉讼法相关法律均未对此进行规定。法律未明确规定进而导致的后果就是司法实践的不统一，司法实践中的被告选择呈现两种做法：将合伙企业列为被告[1]或将作出除名决议的其他

---

[1] 如王子君与北京民生物证科学司法鉴定所除名纠纷案、邓有生与嘉鱼县兴发围栏养殖场合伙协议纠纷案等。

所有合伙人列为被告[1]。甚至在有些除名纠纷中合伙企业认为适格被告应当是其他合伙人，并将此作为其上诉理由之一。[2]而这两种做法的差异来源正是前文所述的合伙企业除名制度的性质争议。如果将除名行为视为合伙企业的单方法律行为，被告自然应该是合伙企业；而如果将除名行为视为其他所有合伙人通过一致决议的方式决定要求被除名人承担违约责任，则被告就应该是其他所有合伙人。但是关于合伙企业除名制度性质的争议并无通说，因此导致了实践做法之不统一。

（二）二人合伙是否适用除名制度

我国《合伙企业法》规定，设立合伙企业的条件之一是"有两个以上合伙人"，也即二人合伙是被法律所允许的，而现实中确实也存在二人合伙。但是在适用除名制度时二人合伙却似乎遇到了困境：其中一个合伙人是否可以将另一合伙人除名并通知对方？甚至实践中还发生了一方向另一方寄送"除名通知"，另一方在30日期间内并未因有异议向法院起诉而是同样向对方寄交"合伙除名通知"的情况。[3]

（三）"损失"或"不正当"之标准界定

《合伙企业法》第49条第1款列举的除名事由包含"因故意或重大过失给合伙企业造成损失"与"执行合伙事务时有不正当行为"，由此在实践中产生的争议是合伙人因故意或者重大过失给合伙企业造成何种程度、性质的损失，或者执行合伙事务时有何种不正当行为才可成立除名的事由。而除名事由之存在是除名制度启动的前提条件，因此判断此处的"损失"及"不正当"之标准具有重要意义。但是法律并未给出清晰界定，学理上对此也未形成一定的判断标准。

（四）超期起诉问题

《合伙企业法》第49条第3款规定，"被除名人对除名决议有异议的，可

---

[1] 如魏铭雯与渠文珊合伙纠纷案，陆道宏与王应琼、李毅合伙协议纠纷案等。
[2] 参见广东深君联律师事务所与欧茂初退伙纠纷案二审判决书。
[3] 参见魏铭雯与渠文珊合伙纠纷案二审判决书。

以自接到除名通知之日起 30 内，向人民法院起诉"，也就是说法律规定被除名人的起诉期限是 30 日。如果被除名人超过 30 日才向法院起诉，法院是不予受理，还是受理但因为超过起诉期限而直接驳回诉讼请求？又或是仍然进行实质审查，如果符合实质要件则驳回诉讼请求，不符合实质要件则忽视超起诉期限的事实仍然判决除名决议无效呢？实践中此类案件虽然不多，但是法院的态度却并不清晰。有的法院在判定除名事由不存在之后仍然强调"起诉符合法定期限的要求"〔1〕才对除名决议无效的主张予以支持，这是否意味着如果超期限起诉，即使除名决议事实上无效，法院也不会支持原告的主张。而有的案件中被除名人确实超期起诉，但是法院仍然受理并审查了除名决定是否正当。〔2〕这又是否意味着超过了起诉期限，当事人并未失去诉权，仍然可以得到法院的实质审查。而若超期起诉但经实质审查发现除名要件不符时，法院又该如何处理？这一系列的实务问题，学理上对此并无任何研究。

四、合伙企业合伙人除名制度之完善

我国的合伙企业除名制度对于除名事由采用列举加合伙协议约定的方式，虽不及英美法系国家或地区完全自治，但是以立法对除名事由举例并加以引导的方式符合立法目的以及实践操作，也给予合伙人适用的灵活性。对除名制度的程序规定以及异议解决方式的规定，使得除名这一事关重大的事项的操作更为规范。这种立法方式值得肯定。但是根据以上实证分析可知，在实务中这一制度在某些问题上仍然存在分歧。因此有必要基于理论分析对其实践之完善提出一些建议。

（一）异议解决程序设计

关于异议诉讼主体的问题，笔者认为上文所说的两种实践方式从学理角度分析均有其合理性。但于实践操作而言，列合伙企业为被告更为合适，因

---

〔1〕 参见天津市立创恒通科技发展有限公司与东升映像（天津）文化传播合伙企业、张加贝等合伙协议纠纷一审民事判决书，天津东方高圣股权投资管理有限公司与天津东方高圣诚金股权投资合伙企业，云南圆通投资有限公司，石林正和成商业管理有限公司合伙企业纠纷一审民事判决书。

〔2〕 参见张来荣与西固青石砂厂合伙协议纠纷案一审民事判决书。

为法律上既然将合伙企业作为法律主体，那么其同时也就具备了诉讼法上的主体资格。虽然其他合伙人作出一致决议的共同法律行为结果上可被视为一种违约责任，但是除名通知一般以合伙企业的名义发出，则其他合伙人作出除名决议的行为只是合伙企业对被除名人意思表示的内部意思形成过程。而且从实践操作便利的角度考虑，列合伙企业为被告操作性更强。因为虽然合伙企业的一般合伙人比公司股东要少，但是不排除合伙人众多的情况，因此将合伙企业列为被告并由合伙企业委派的合伙人参加诉讼更为便利，更利于诉讼的进行。而除名决议是由其他合伙人一致作出的，因此由合伙企业对外表达其一致意见也并无不妥。

此外关于被除名人对除名决议的异议行使方式，法律明确规定向人民法院起诉。这也意味着如果全体合伙人在合伙协议中约定发生争议时请求仲裁委员会仲裁解决，仲裁方式也不能替代起诉作为除名争议解决方式。司法实践中也正是严格按照法律这一规定进行判决的。[1]比较法上，德国因为有专门的"除名诉讼"，故不存在此问题，而英美国家则对此根本不加限制。实际上在这种情况下选择仲裁并无不当，同时仲裁具有不公开等特性往往更符合商业活动中如保密等的需要，法律没有理由作出特殊规定要求"向人民法院起诉"，即不应该限制约定仲裁这一争议解决方式的适用。

（二）二人合伙仍可适用除名制度

司法实践中有判决以"我国合伙企业法第 14 条规定了合伙企业应当具有两个以上合伙人的条件，如果在仅有两个合伙人的合伙企业中，允许一方对另一方作出除名决定，则只剩下一方投资主体在经营，该企业将丧失合伙的法律特征"[2]而认为除名制度适用三人以上合伙。理论上也有学者认为该制度"难以适用于全部普通合伙企业"（即二人合伙不适用）。[3]但是笔者认为如果一方确实存在除名事由，另一方难以忍受其损害合伙企业与自己的利益

---

[1] 参见上海鼎汇通股权投资管理有限公司诉湖州共恒实业有限公司其他合伙企业纠纷案上海市第一中级人民法院民事裁定书。

[2] 参见钟吉成与陈家华合伙协议纠纷一审民事判决书。

[3] 王梦依："规范合伙人除名制度的法律思考与建议——以《合伙企业法》第四十九条为核心的研究"，载《北方经贸》2016 年第 12 期。

但是又不想解散合伙之时，其完全可以将存在除名事由的合伙人除名。至于除名决议虽然只有一个合伙人同意，但并未违反法律之规定。而剩下的一个合伙人可以另行寻找合适的合伙人，只是如果在除名后 30 日内仍然无法满足二人以上的条件时再按照《合伙企业法》第 85 条第 4 项的规定解散即可。[1]而至于上文所提到的互相除名的例子，其实在僵局中必定会有理性的一方提起诉讼寻求法院的审查从而解决问题，这并非无法解决的真正困境。因此，按照现行法之规定，二人合伙适用于除名制度并无不妥。相反，如果特殊规定二人合伙不适用除名制度，这种不"一视同仁"的做法，反而会造成现实中大量存在的二人合伙在解决合伙纠纷途径上的不公。

（三）"损失"及"不正当"以丧失信任为标准

虽然除名的退伙纠纷往往因是否存在"因故意或重大过失给合伙企业造成损失"与"执行合伙事务时有不正当行为"而产生，但笔者认为立法没有对合伙人因故意或者重大过失给合伙企业造成何种程度、性质的损失，或者执行合伙事务时有何种不正当行为作出明确界定是合理的。因为合伙企业作为人合性质的组织，其在运行过程中更加注重维持合伙人之间的信任和合作，因此对损失与不正当行为的认定，应当更多尊重合伙人之间的一致意见，故在其他合伙人一致认定该合伙人的某种行为造成损失或不正当破坏了合伙人之间的信任关系且确实具有一定事实基础时，除名的标准一般就已经达到。

在被除名人"因故意或重大过失给合伙企业造成损失"的客观事实存在时，此时再结合丧失的结果标准，基本上可为法官提供裁判思路。但是对于"执行合伙事务时有不正当行为"的情形，如果仅仅依据丧失信任的结果标准，可能对合伙事务执行人的商业判断权形成束缚，使之执行事务时小心谨慎、如履薄冰。因为商业行为往往存在较大风险，倘若执行人的商业判断给合伙企业或其他合伙人造成不利影响，此时往往会导致信任的丧失。一旦丧失信任，执行人的先前行为十分容易被其他合伙人认为是不正当的，从而导致对执行合伙事务的合伙人完全"结果归责"。因此"不正当"这一概念存在极大的模糊性与极强的主观色彩，有必要予以进一步解释。

---

〔1〕《合伙企业法》第 85 条第 4 项规定，"合伙企业有下列情形之一的，应当解散：……
(4) 合伙人已不具备法定人数满三十天"。

根据《合伙企业法》起草修订工作组对该条文的解读，"不正当行为"是指合伙人在执行合伙事务过程中，侵害合伙企业或其他合伙人的权益，牟取个人私利的行为。[1]虽然起草修订工作组的解读性质上是非官方解释，但是该解读却为目的解释提供了依据。可见对于"执行合伙事务时有不正当行为"情形下，须满足被除名人有侵害合伙企业或其他合伙人的权益的客观不当行为，主观上有牟取私利的目的，并达到了使得其他合伙人丧失信任的程度。通过对被除名人主观目的的限制，即可将执行合伙事务的合伙人造成不良后果的正当商业判断行为排除，以避免造成对合伙人执行合伙事务的束缚。

（四）30 日后实体权利灭失

如果被除名人在自收到除名通知之日起超过 30 日才向法院起诉，笔者认为受理法院首先应当审查是否超期限起诉，如果超过 30 日则不必再进行实质审查。此处的"异议"在性质上应当与"单方解除合同情形下的异议"一致，而关于此种"异议"的权利性质学界则众说纷纭。但是，不管"异议"的权利性质为何，由于除名决议在通知到被除名人时立即生效，被除名人意在使除名决议无效的诉讼权利与撤销生效合同的诉讼权利并无二致。相应地，此处的 30 日也应当与单方解除合同情形下的异议所要求的 3 个月期限一样是除斥期间，一旦超过 30 日，被除名人的实体权利即灭失。鉴于除斥期间是法律规定民事实体权利存在的期间，被除名人在程序上的诉权并未消失，因此法院仍应当受理，只是超出 30 日则不再进行实质审查。

超过 30 日即灭失实体权利可能确实会导致实体上的巨大不公。但是被除名人作为理性人应当明白除名对其意义重大，其没有理由躺在权利上睡觉而不在 30 日内采取积极措施并按照法律之规定寻求权利救济，即使有不公也是其所必须承受的。此外，商业活动比一般的民事活动更为追求时效性和稳定性，30 日虽然较一般的除斥期间短，但也符合商事活动之特性。

五、结　语

我国合伙企业合伙人除名制度实行 20 年来，作为解散合伙的替代纠纷解

[1]《合伙企业法》修改起草工作组：《〈中华人民共和国合伙企业法〉（修订）条文释义》，上海财经大学出版社 2006 年版，第 195 页。

决方式在维持企业良性发展与保障合伙人合法财产与人身权益方面发挥了相
当大的作用。虽然在具体制度规定上与外国立法例有些区别，但其具体化、
合理化的法律规定还是值得肯定的。如能在诉讼主体、异议解决方式等程序
问题上加以改进以统一司法实践，则更有利于纠纷的顺利解决。而对于实践
中关于除名制度能否适用于二人合伙企业，个别除名事由认定标准如何，超
期起诉如何处理等分歧，本文只是浅显地提出了一些看法，还需要学理上的
进一步讨论以得出统一意见。

参考文献

一、著作类

[1] 卞耀武主编：《合伙企业法》，中国财政经济出版社 1997 年版。

[2] 曹德斌、张晓奕主编：《新合伙企业法实用手册》，中国工商出版社 2007 年版。

[3] 《德国商法典》，杜景林、卢谌译，中国政法大学出版社 2000 年版。

[4] 高富平等：《合伙企业法原理与实务》，中国法制出版社 1997 年版。

[5] ［德］格茨·怀克、克里斯蒂娜·温德比西勒：《德国公司法》，殷盛译，法律出版社
2010 年版。

[6] 王保树主编：《最新日本公司法》，于敏、杨东译，法律出版社 2006 年版。

二、期刊类

[1] 戴中璧："试论有限责任公司股东除名制度的理论基础"，载《扬州大学学报（人文
社会科学版）》2013 年第 5 期。

[2] 潘华仿："美国统一合伙法"，载《比较法研究》1989 年第 2 期。

借名买房之法律问题分析

中国政法大学法学院 2016 级 2 班　燕　超
指导老师：中国政法大学民商经济法学院教授　翟远见

摘　要　借名买房是限购令政策等原因促使下愈发出现的一种现象。借名人因为不能或不便直接购买房屋而借出名人出名购买房屋并将房屋登记于出名人名下，但实际出资人实为借名人。我国台湾地区所讨论的借名登记的相关理论值得我们吸收借鉴。关于借名合同，我国台湾地区主流学说认定为无名合同，类推适用委托合同。从现行规定来看，依照房屋类型认定借名合同的效力更为清晰。并且，不应认定借名人为房屋实质所有权人，更有利于此类纠纷问题的解决和法律关系的简化。若出名人擅自处分该房屋，本文支持"折中说"，一般人仅依据登记效力认定权利归属，即使出名人违反借名合同，仍应以有权处分看待之，但相对恶意时，为兼顾借名人之利益，应采用无权处分之规定处理。

关键词　借名买房　借名登记　所有权归属　无权处分

引　言

随着"限购令"等政策的提出，借名买房的纠纷问题愈发严重，其中往往会涉及许多法律关系，当出名人擅自处分房屋，还会有无权处分和第三人利益保护之问题，本文将着重讨论与此相关的法律问题。

一、借名买房问题的提出

借名买房在我国大陆地区是在限购令等政策颁布后大量出现的一种现象，而我国台湾地区的学者在"借名登记"范畴内讨论此问题，已有较为深入的研究，下面进行相关问题的介绍：

（一）借名买房概念及比较

借名买房是指一方当事人（借名人）由于某些原因不能或者不方便以自己的名义购买房屋，遂通过协商经另一方当事人（出名人）同意，以出名人的名义购房并将房屋登记于出名人名下，相关购房的所有费用由借名人进行出资。有些协议中双方会约定一定期限后或者时机成熟后由出名人将房屋过户登记给借名人。所以，借名人为实际出资人，出名人为名义登记人。现今房屋买卖已经逐渐转变为一种日常交易，国家政策也着重解决房价上涨、居民住房这类问题，比如北京等一线城市还出台"限购令"的政策，亦或是推出安居房等保障性住房，等等，都加剧了近几年借名买房纠纷的迅猛出现。

对比我国台湾地区对于该问题的相关研究，不论学说还是实务方面，都在借名登记的范围内进行研究分析。[1]实际上借名登记的范畴要大于本文涉及的借名买房，因为借名买房的相关法律纠纷必须要涉及房屋买卖。参考我国台湾地区的法院判决中关于借名登记的定义：借名登记，指当事人约定，一方（借名人）将自己之既有财产或未来财产，登记于他方（出名人）名下，他方就该财产允为出名人之契约。[2]从定义可看出，借名登记不必然与房屋买卖联系在一起。可见本文所研究的借名买房可以被包含于借名登记之中，所以对于借名买房的认定，我国台湾地区的研究思路非常值得吸收借鉴和对比。

---

〔1〕 参见我国台湾地区"最高法院"1996 年度上字第 249 号、2000 年度上字第 572 号、2000 年度上字第 1119 号等民事判决。转引自马一德："借名买房之法律适用"，载《法学家》2014 年第 6 期。

〔2〕 詹森林："借名登记出名人之无权处分及借名人回复登记之请求权基础兼论出名人之不法管理责任'最高法院'99 年度台上字第 1114 号判决评析"，载《台湾法学杂志》2011 年 10 期。

（二）借名买房中的法律关系

在借名买房的纠纷中，往往会涉及多种法律关系。其中就借名人与出名人之间订立的借名合同而言，有该协议的效力有待认定的问题，理论上尤其是我国台湾地区对此有诸多变化和争议，主流学说最终还是趋向于无名合同，类推适用委托合同。还有出名人与出卖人之间的房屋买卖合同，还可能会有出名人与银行之间的借款合同及担保合同。这些合同关系，涉及了买卖关系，还似乎有间接代理的适用，包括之后借名人与出名人之间的过户登记，出名人若未经借名人同意擅自将房屋出卖给第三人，又将会涉及多方的利益，法律关系更加复杂，所以对于其中的合同的性质和效力作出合适的界定，将更有利于解决这一纠纷问题。

（三）借名买房的目的

2010 年 5 月 1 日北京市"限购令"开始生效，通过中国裁判文书网在线案例公开数据库进行检索统计，为了更加清晰地反映借名买房纠纷现象，将日期设定为 2010 年 5 月 1 日到 2018 年 11 月 18 日，其中将地区限定为"北京市"，关键词设定为"借名买房"，案由设定为"民事"，检索得到了 1340 个结果。可以看出，自从 2010 年限购令等政策实施以来，加之多种因素的影响，借名买房相关案件数量日益增加，尤其是近几年的案件数量非常之多，并且在案件案由的组成中，合同、物权、婚姻继承三方面的纠纷占绝大多数。在归纳法院的司法实践现状的过程中，发现借名买房的原因主要有以下几种情形：

1. 规避限购、限贷政策

规避限购资格是借名买房中最常见的情形。因为随着社会经济的发展，某些城市往往会出台"限购令"或是其他政策来限制不具备购房资格的公民购置房屋，而借名人即实际出资人没有资格购买，于是借名买房便成为借名人借用出名人购房资格之名来规避购房资质政策的方法。比如，政府曾为解决中低收入居民的住房问题，推出了经济适用房等限价房。根据《经济适用房管理办法》第 2 条规定："本办法所称经济适用住房，是指政府提供优惠政策，限定建设标准、供应对象和销售价格，向低收入住房困难家庭出售的具有保障性质的政策性住房。"而很多人并不具有购房的资质又有购房意愿，于是只能选择借名买房。

同时借名人借名买房往往是因为年龄或者个人征信方面的限制不能向银行申请贷款。比如，从银行贷款买二手房对年龄是有严格限制的，申请人的年龄加上贷款年限，不能超过 65 年，某公民因为年龄太大不符合条件，便用儿子或他人的名义贷款买房。[1]基于此种原因而出现借名买房现象的情形也时有发生。

2. 转移财产、躲避债务

当债务人债务到期不履行时，债权人有权请求法院对债务人以其所有的动产或不动产进行强制执行来偿还债务。根据《最高人民法院关于人民法院民事执行中查封、扣押、冻结财产的规定》第 7 条规定："对于超过被执行人及其所扶养家属生活所必需的房屋和生活用品，人民法院根据申请执行人的申请，在保障被执行人及其所扶养家属最低生活标准所必需的居住房屋和普通生活必需品后，可予以执行。"此时如果债务人有两套以上房屋，则必然会被用来抵债。所以，债务人通过借名买房便可以达到转移财产，避免将来债权人可能申请法院进行的强制执行的目的。

对于借名人为逃避债权人之强制执行，而与出名人通谋虚伪的意思表示，订立买卖或互易合同，将前者财产所有权移转于后者，或者双方做出通谋虚伪的意思表示，订立抵押合同的行为，我国台湾地区詹森林教授认为，此时借名人与出名人都无缔结合同的真实意思，所以两者之间订立的与买卖、互易、抵押相关的债权和物权合同，皆为无效。[2]

3. 简化手续、避免纳税

早在 2004 年《遗产税暂行条例（草案）》就已出台，虽然还未实施，但是许多父母仍然为了逃避将来可能开征的遗产税，直接以子女的名义购置房产，由此就可以在日后避开纳税这一环节。当然未来遗产税是否征收还是未知数，但是父母去世后还会牵涉到子女继承不动产的问题，牵扯到公证、产权过户等手续，而且需要相应手续费完成相关程序，如果父母直接基于身份关系考虑以孩子名义购置房屋，便会避免这一问题的发生。

〔1〕 李媛辉、杨帆："借名买房的法律实务分析"，载《江苏警官学院学报》2007 年第 6 期。
〔2〕 詹森林："借名登记契约之法律关系"，载《台湾法学杂志》2003 年第 2 期。

但父母借孩子名义买房的情形较为特殊，与其说规避纳税，更不如说父母欲将房屋赠与子女，根据我国台湾地区学者詹森林教授的观点，因为借名登记契约是借名者就属于自己现在或者将来之财产，以出名者之名义，登记为所有人或其他权利人。换言之，借名者仅仅是借用出名者的名义，但无将该财产赠与给出名者的意思；而父母借子女名义买房则有赠与子女财产的意思，所以借名登记不是赠与，[1]在这个层面上，法律也不必过多地苛责和干预。当父母以赠与之意借子女名义买房，不宜纳入借名买房之问题探究，应将其归属于赠与行为，但实践中若借名人仅仅是出于分散所得财产来避免纳税等原因，则应纳入借名买房的范畴。

二、借名买房合同的性质

关于"借名登记契约"性质的认定，实务上，我国台湾地区法院早期认为借名登记属于信托行为，也有一些观点认为其属于脱法行为，近年来无论实务还是理论上的主流学说，都认定借名登记契约属于无名契约，[2]因为其着重双方之信任关系，且出名人亦有为借名人处理事务之本旨，特别与劳务契约中的委托契约类同，所以法律效果应类推适用委任契约之规定。

（一）借名合同与信托

信托行为，我国台湾地区"信托法"对其定义为，指当事人约定，一方（委托人）将财产权移转或为特定目的，管理或处分信托财产之关系。在信托法公布施行之前，我国台湾地区"最高法院"的相关判例认为，所谓信托行为，是指委托人授予受托人超过经济目的之权利，而仅就许可其于经济目的的范围内行使权利之法律行为而言。[3]

所以我国台湾地区法院早期将借名登记认定为信托行为的理由大致为："信托合同中受托人就信托财产承受权利人之名义"，而借名登记中，出名人要承受借名人委托购房之名义，与信托合同外观相似，但是"受托人须就信托

---

〔1〕 詹森林："借名登记契约之法律关系"，载《台湾法学杂志》2003 年第 2 期。

〔2〕 陈聪富："脱法行为、消极信托及借名登记契约——'最高法院' 2005 年度上字第 362 号民事判决评释"，载《月旦法学杂志》2005 年第 123 期。

〔3〕 参见我国台湾地区"最高法院" 1977 年度上字第 42 号判例。

财产依信托契约之内容为积极管理或处分，倘信托人仅将其财产在名义上移转于受托人，而有关信托财产之管理、使用或处分悉仍由信托人自行为之，是为消极信托"。[1]在我国台湾地区法院的判决中，也曾有过这种观点，但应注意，我国台湾地区"最高法院"称其为"消极信托"，即是认为当事人之间并无合法之信托契约关系存在。[2]所以借名合同并不符合信托合同的构成要件。

（二）借名合同与脱法行为和通谋虚伪

还有一种观点认为借名登记是脱法行为，是当事人将强行法规禁止之事项，以其他合法方式迂回达成不法目的之行为。然而，将所有借名登记行为一概视为脱法行为，并认为这种脱法行为依据法律规定归于无效并不合适，况且并非脱法行为都会因违反法规和公序良俗无效，当借名人与出名人双方意思表示真实的情况下，也很难认定双方为通谋虚伪而使得借名登记归于无效。比如上文中提到的，甲如果为了为躲避债务，防止自己的房屋被强制执行而与乙订立借名买房合同转移财产，此时双方构成通谋虚伪的意思表示，双方均无订立合同之真意，故归于无效。只有当双方有缔结合同的真实意思，不构成通谋虚伪的，此合同才可认定有效。

（三）借名合同与赠与

在上文关于借名买房的目的中，也有提及借名买房中，如果父母是以赠与子女房屋财产的意思表示来借子女名义购房，此时并不符合借名买房的构成要件，因为借名买房中借名人并无将该财产赠与出名人的意思表示，所以借名买房并不是赠与行为，反之，赠与合同中，赠与人会有履行赠与行为的义务，这也是与借名买房现象的不同之处。

当然也有观点认为借名合同和房屋买卖合同可以参考《合同法》第402条和第403条关于间接代理的规定，但是借名买房会涉及不动产登记的问题，如果适用间接代理的规则，则会使得法律关系更为复杂而难以适用。

---

〔1〕 参见我国台湾地区"最高法院"2000年度上字第572号、2003年度上字第1054号、2005年度上字第362号等民事判决。转引自马一德："借名买房之法律适用"，载《法学家》2014年第6期。

〔2〕 詹森林："借名登记契约之法律关系"，载《台湾法学杂志》2003年第2期。

近年来我国台湾地区的主流学说将借名登记契约认定为无名契约：因借名登记契约，与劳务契约性质相近，但与民法设有明文之雇佣、承揽、委任等典型劳务契约又有差异，故在现行法下，借名登记契约为无名契约，在解释适用时可以类推适用委托合同。

三、借名买房中相关法律关系的效力

借名合同中的法律关系有借名合同、房屋买卖合同及贷款和担保合同关系，下面将从多角度进行效力分析。

（一）借名买房合同的效力

对于借名买房合同的效力将从《合同法》和购买房屋类型两个角度来进行分析。

1. 从《合同法》第 52 条进行分析

首先第 1 款规定一方以欺诈、胁迫的手段订立合同，损害国家利益。实践中借名买房合同往往发生于亲友之间，基于信任关系订立合同，所以借名人与出名人出现欺诈、胁迫情形，然为利益出卖情谊之情形也会时有发生，但是也不可因此直接认定借名合同无效，因为损害国家利益非常难判断。在我国的审判实身中，以"损害国家利益"为由认定合同无效的案例极为少见，且法院必须结合"以合法形式掩盖非法目的"规定才能作出审判。因此，有学者也认为，本项"损害国家利益"的规定实际上仅有宣示意义，无法作为认定合同效力的根据，也不宜用来认定借名合同的效力。[1]

第 2 款规定恶意串通，损害国家、集体或者第三人利益。一般来说，借名人与出名人的真实意思表示就是订立买房合同从而取得房屋，虽看似有"串通"表象，但是很少有以此来损害出卖人利益的事实发生，只有在确实存在损害第三人利益之时，才能据此来否定买房合同的效力。

第 3 款规定以合法形式掩盖非法目的。对此学说上主要有以王利明、杨立新教授为代表的隐藏行为说："行为人利用一个合法的民事行为掩盖一个非

---

[1] 马一德："借名买房之法律适用"，载《法学家》2014 年第 6 期。

法的民事行为。"[1]本文比较赞成梁慧星教授主张的规避行为说："以合法形式掩盖非法目的，是通过使用不直接违反禁止性规定的手段，在实质上实现法律所禁止的内容。"[2]即以是否通过违反禁止性规定的手段而实质上实现法律所禁止的内容，来判断借名合同的效力。比如限购令和一些其他政策房并不属于法律禁止性规定，所以借名人借名买房并不为法律所禁止，此条款就难以得到适用。况且"限购令"的目的多在于控制房价和禁止炒房，在很多法院审判的案件中借名人买房的目的在于居住，虽然规避了政策和身份资格，但是难以直接用此条款来否定此情形下的借名合同的效力。

第4款规定损害社会公共利益，其中的公共利益在私法中主要体现为公序良俗，是公权力干预私法的一种体现。比如借名人借名购买经济适用房时，由于这类政策房本就是为保障低收入家庭住房而推出的，具有极强的社会公益性，此时若承认借名合同的效力，将会严重损害原本享有购房资格的低收入家庭的利益。

最后第5款规定违反法律、行政法规的强制性规定。理论和实务上自然承认对于确实违反法律、行政法规的效力性强制性规定的合同，应认定为无效。但在实务中，法院在判决时，部分法院会依据《经济适用住房管理办法》来否认借名合同的效力，这一判决依据值得商榷。因为《经济适用住房管理办法》属于部门规章，不在该条款的范围之内，因此不能用来否定借名合同的效力，而依据上文所述的第4款规定，从公共利益角度来否定其效力更为妥当。

2. 从借名购买房屋的类型进行分析

近年来随着借名买房纠纷案件的增多，许多法院都针对此现象作出了相应的意见。结合这些规定进行梳理，从借名人通过借名合同购买的房屋类型进行分类分析更加清晰。

首先是购买普通商品房的情况，法院一般认定为借名合同有效。《北京市高级人民法院关于审理房屋买卖合同纠纷案件适用法律若干问题的指导意见（试行）》第15条第1款规定："当事人约定一方以他人名义购买房屋，并将

---

[1] 马强：《合同法总则》，法律出版社2007年版，第58页。

[2] 梁慧星：《中国民法典草案建议稿附理由·总则编》，法律出版社2004年版，第148页。

房屋登记在他人名下，借名人实际享有房屋权益，借名人依据合同约定要求登记人（出名人）办理房屋所有权转移登记的，可予支持。但是，该房屋因登记人的债权人查封或其他原因依法不能办理转移登记，或者涉及善意交易第三人利益的除外。"除此以外，还有《北京市高级人民法院关于审理房屋买卖合同纠纷案件若干疑难问题的会议纪要（2014）》有关于借名买房的认定和处理的规定："借名人以出名人（登记人）为被告提起诉讼，要求确认房屋归其所有的，法院应当向其释明，告知其可以提起合同之诉，要求出名人为其办理房屋过户登记手续。"根据上述规定，当借名人购买普通商品房，除非涉及善意第三人或是借名人恶意躲避债务，法院一般认定借名合同是有效的。

借名人购买保障性住房或拆迁安置用房时，就借名人购买保障性住房而言，法院一般都会因为其损害社会公共利益等原因否定借名合同的效力，而对于拆迁安置用房，法院一般认定为有效。相应的规定有《北京市高级人民法院关于审理房屋买卖合同纠纷案件适用法律若干问题的指导意见（试行）》第16条："借名人违反相关政策、法规的规定，借名购买经济适用住房等政策性保障住房，并登记在他人名下，借名人主张确认房屋归其所有或者依据双方之间的约定要求登记人办理房屋所有权转移登记的，一般不予支持。"此规定说明了法院一般认定不具购房资质的借名人购买经济适用房等保障性用房的借名合同无效。现实情况中有些经济适用房规定满5年后可以上市交易，于是有学者主张这种情况下可以将借名合同解释为一种附较长履行期限的买卖合同。[1]这种分析固然有理论上的意义，但是其实这种借名购买保障性用房所被禁止的原因在于保护低收入家庭的利益，涉及社会公共利益，而如果政策允许5年后可以交易，那么借名人便可以具备购房资格，附较长履行期限的合同没有太大意义；而且不能确定出卖人在期限内是否会恶意出卖房屋，这种理论上的解释涉及第三人利益的保护之时可能不利于善意第三人的保护。而《北京市高级人民法院关于审理房屋买卖合同纠纷案件若干疑难问题的会议纪要（2014）》规定："当事人签订合同将房屋（包括拆迁安置用房等）的购买指标转让给他人，当事人一方主张转让合同无效的，一般不予支持，但当事人转让经济适用住房等政策性保障住房购房指标的除外。"从此项规定

---

〔1〕 杨代雄："借名购房及借名登记中的物权变动"，载《法学》2016 年第 8 期。

中可以看出法院在一定程度上区别看待拆迁安置房和经济适用房，借名购买拆迁安置房的合同一般可以认定为有效。

当借名人通过借名合同规避限购、限贷政策时，不同的法院存在着不同的态度。比如《广东省高级人民法院关于审理房屋买卖合同纠纷案件的指引（2017）》第 7 条规定："当事人以房屋买卖合同存在下列情形之一为由主张合同无效的，不予支持：……（八）违反政府房地产市场调控政策，但不违反法律、行政法规效力性强制性规定或者公序良俗的。"广东省高级人民法院认为只要不违反公序良俗，一般认定为有效。而对比《浙江省高级人民法院民一庭关于审理受房地产市场调控政策影响的房屋买卖合同纠纷案件的若干意见（试行）》第 8 条规定："实际买受人为规避限购、禁购政策，以他人名义与出卖人订立合同并办理房屋权属证书后，以其系实际买受人为由，请求确认其为房屋产权人的，不予支持，但调控政策重新调整并准许其取得产权的除外。"相比之下，浙江省高级人民法院对于借名购买限购限贷房屋的合同效力往往认定为无效，除非政策调整后借名人获得购房资质。其实对于此类情形，只要借名人没有因为购买房屋而损害社会公共利益或者原本具有购房资质的人的利益，不应直接判定为无效。

（二）房屋买卖合同、贷款和担保合同效力

出名人与出卖人订立的房屋买卖合同应当是有效的，即便借名人与出名人都是为了规避政策或是其他一些原因，但其双方都作出了真实的意思表示，并不构成通谋虚伪，且在房屋买卖合同中，出名人确有购房资格，因此不应认定房屋买卖合同无效。同时，在购房过程中需要办理借款或贷款时，往往是出名人出面与银行签订按揭贷款合同，包括在出名人取得所有权之后用房屋给银行设定一个抵押权时，也应该认定为有效，因为出名人具有合法的资格。

因为借名买房不止涉及借名人与出名人的内部关系，还会涉及外部和出卖人之间的房屋买卖合同效力和银行之间的借款和担保合同的效力问题。即便是从简化法律关系的角度出发，将房屋的所有权认定为出名人而不是借名人，也是有利的。因为借款合同是出名人与银行签订的，则出名人拥有按期还款的义务，当出名人逾期未还款，银行则可以直接对出名人名下的房屋进行强制执行，如果认定房屋的所有权实质上属于借名人，那么房屋的借款和抵押在执行方面就会出现问题：因为借款合同债务人仍为出名人，但是抵押的房屋的所有权实质上被认定为借名人，那么借名人似乎可以提出执行异议，这样的话就会对银行和出名人的利益都造成损害。

四、房屋所有权归属问题

(一) 内部借名合同无效

当借名人与出名人的内部借名合同无效时，显然房屋的所有权应归出名人所有，借名人此时实际占有房屋的话，出名人可以请求借名人返还房屋。根据《北京市高级人民法院关于审理房屋买卖合同纠纷案件适用法律若干问题的指导意见（试行）》第16条"借名人违反相关政策、法规的规定，借名购买经济适用住房等政策性保障住房，并登记在他人名下，借名人主张确认房屋归其所有或者依据双方之间的约定要求登记人办理房屋所有权转移登记的，一般不予支持"的规定可知，此时借名人以借名合同约定来主张自己权利的，法院不会支持。

(二) 内部借名合同有效

1. 我国法律相关规定

根据我国《物权法》第14条"不动产物权的设立、变更、转让和消灭，依照法律规定应当登记的，自记载于不动产登记簿时发生效力"，第16条"不动产登记簿是物权归属和内容的根据。不动产登记簿由登记机构管理"和第17条"不动产权属证书是权利人享有该不动产物权的证明。不动产权属证书记载的事项，应当与不动产登记簿一致；记载不一致的，除有证据证明不动产登记簿确有错误外，以不动产登记簿为准"的相关规定，我国对于不动产房屋所有权归属的认定是通过登记簿来推定的。即我国对于不动产所有权归属的判定以登记生效主义为主。当出现实际出资人和名义登记人不一致时，往往推定名义登记人为房屋所有人。但是一味地无条件保护登记权利人而忽视实际出资人的利益，对于实际出资人可谓有违公平正义，毕竟不动产登记簿的效力也仅仅为推定效力，不能将这种推定力绝对化。

涉及具体问题中，当借名人与出名人订立合同时构成通谋虚伪的意思表示，则适用《民法总则》第 146 条："行为人与相对人以虚假的意思表示实施的民事法律行为无效。"当出名人擅自处分房屋时，则涉及无权处分的规定，适用《合同法》第 51 条："无处分权的人处分他人财产，经权利人追认或者无处分权的人订立合同后取得处分权的，该合同有效。"

2. 法律物权和事实物权的冲突

借名买房涉及出名人和借名人，也就涉及法律物权和事实物权的冲突问题。根据不动产物权变动规则，在基于法律行为取得物权的情形中，当事人只有经登记才能取得不动产物权，该不动产登记具有公示、权利正确性推定及善意保护（公信力）等效力。[1]依据孙宪忠教授的观点，法律物权与事实物权的区分，是在物权法中贯彻公示原则后客观存在的。由法定公示方式（即登记或占有）表征的物权，为法律物权；而真正权利人实际享有的物权为事实物权。[2]比如孙宪忠教授认为借名买房应该属于事实物权，与其向来主张物权行为理论有关。又比如孙宪忠教授认为，不动产交易即便未进行登记，如果权利凭证已经交付，就已经产生了物权变动。但是现阶段，大多数学者并不赞成物权行为理论。并且，因为事实物权没有法定公示方法，无法推定权利是否正确，因此权利人往往负有更多积极的举证责任，保护条件更加严格，当房屋涉及第三人利益时，若使用事实物权理论，第三人信任利益，此时就难以得到法律的保护。

3. 出名人处分不动产房屋

对于出名人在取得名义上的房屋所有权后，未经借名人同意而就房屋进行处分的行为性质，在我国台湾地区学说上有王泽鉴等人支持的无权处分说，依照借名登记契约之约定，出名人没有处分权，当出名人处分该房屋于第三人时，买卖契约虽然有效，但是属于无权处分，第三人只能在善意时依靠善意取得制度保护自己。[3]还有吴从周、卓心雅等人支持的有权行为说，认为土地登记簿之公示外观效力理应得到较强之贯彻，以免立法者之价值判断失衡。还有学者提出折中说：相对人恶意时，应认定为无权处分，相对人为善

---

〔1〕 孙宪忠："论不动产物权登记"，载《中国法学》1996 年第 5 期。

〔2〕 孙宪忠、常鹏翱："论法律物权和事实物权的区分"，载《法学研究》2001 年第 5 期。

〔3〕 王泽鉴："民法总则在实务上的最新发展"，载《台湾本土法学杂志》2003 年第 52 期。

意时，不宜认定为无权处分。[1]

本文认为，结合我国对于不动产登记的相关规定分析，折中说对于利益衡量和立法价值的判断更加准确。毕竟借名人和出名人之间的借名合同，仅仅是双方之间具有"债权"性质的合同，不能直接产生物权效力，而且难以被外部第三人知悉。即使第三人亲自查看房屋发现被他人占有，若出名人作出相应的解释使第三人有理由相信其拥有所有权，此时对于第三人如果继续苛责过多的义务，未免不妥。况且登记的公示公信效力确实理应具有更强的效力。所以在出名人处分房屋时，纵然其违反借名合同的约定，但是仍应以有权处分看待，况且借名人在通过借名合同购置房屋时，应该提前预知这种方式存在一定的风险，从而能够使其尽到更多的注意义务，而不会基于信任关系与出名人随意订立借名合同，甚至没有字面协议。但在相对人为恶意时，其利益保护就失去了必要性，为了兼顾借名人的利益，则应依照无权处分的规定处理。

结　论

如今生活中借名买房现象频频发生，其中会涉及多种法律关系，借名人与出名人之间的借名合同，对其性质的认定在学说上有多种观点，尤其是我国台湾地区经讨了一个逐渐发展的过程，现今的主流学说将借名登记契约认定为无名合同，类推适用委托合同。而关于借名合同的效力方面也有多种学说，而本文认为吴从周等学者支持的"折中说"更加有利于利益的衡量和法律关系的简化。还有出名人与出卖人之间订立的房屋买卖合同以及出名人与银行订立的贷款、担保合同，对于这些合同，应当认定为有效，因为出名人确实有订立合同的资格，当出卖人与银行订立的贷款合同到期未履行时，按照上述理论不将房屋实质所有权归属于借名人，也更有利于这些法律问题的解决和法律关系的简化。

而在判断借名合同是否有效时，根据我国现在的相关规定或指导意见，从房屋性质区分借名合同效力更有利于效力的判断，借名购买普通商品房一般判定为有效。而借名购买保障性住房往往被认定为无效，因为经济适用房

---

[1]　詹森林："借名登记契约之法律关系"，载《台湾法学杂志》2003 年第 2 期。

等保障性住房具有极强的公益性，涉及低收入家庭的利益保护，当借名人借名购买此类房屋时因其极易损害公共利益而被认定为无效。而借名买房是为了规避限购政策、限贷政策性买房合同，不能因为违反相关政策而被直接判定无效，应该综合是否侵害社会公共利益来判定其有效性，仅仅违反限购、限贷政策的借名买房合同，应当认定为有效。

在内部借名合同无效时，房屋直接归属于出名人，出名人有权请求借名人返还房屋。当内部借名合同有效的前提下，其合同仅发生债权效力，不直接发生物权效力，借名人有权请求出名人配合自己进行过户登记，而在涉及第三人之时，按照本文支持的折中说，出名人的处分行为为有权处分，第三人可以依据善意取得制度来保护自己的利益，当然第三人属于恶意时，其权益便难以得到法律的保护，而更应保护借名人的利益。

防御性紧急避险的适用范围及限度

中国政法大学法学院 2016 级 3 班　张燕宾
指导老师：中国政法大学刑事司法学院讲师　曾文科

摘　要　主张防御性紧急避险的学者将正当防卫的防卫状况——"不法侵害正在进行"拆解为"不法侵害"和"正在进行"，并逐一否定作为防御性紧急避险的避险状况。本文从防卫人角度出发，认为任何对法益造成紧迫危险的法益都可以被评价为"不法侵害"，在危险来源者缺乏行为性、缺乏行为无价值的情形均可适用正当防卫，只有在不法侵害尚未正在进行但存在一种持续性危险的场合应当适用防御性紧急避险。防御性紧急避险以法益保全和法益衡量作为正当化依据，其避险限度宽于攻击性紧急避险而严于正当防卫，《刑法》第 21 条第 2 款规定的"不应有的损害"在防御性紧急避险中指的是避险行为所避免的损害与所造成的损害不成比例。

关键词　防御性紧急避险　正当防卫　不法侵害　持续性危险　避险限度

一、概念及前提

我国刑法理论通说承认的紧急避险，指的是攻击性紧急避险，强调避险对象必须是与危险来源及行为人无关的第三者，[1]这一点也被认为是正当防

---

〔1〕　参见高铭暄、马克昌主编：《刑法学》，北京大学出版社 2017 年版，第 140 页。

卫与紧急避险的区别之一。[1]而在刑法理论中，还存在以危险来源者作为避险对象的紧急避险，即防御性紧急避险。

（一）防御性紧急避险的概念

防御性紧急避险的概念最早出自《德国民法典》第228条对于紧急避险的规定，该条规定：为使自己或他人免于遭受他人的物所引起的急迫危险而毁损或毁坏他人的物的人，如毁损或毁坏对于避开危险来说是必要的，且损害并非与危险不相当，则不是不法地实施行为。[2]而《德国民法典》第904条又单独规定了损害无辜者的紧急避险。[3]德国刑法学者比照德国民法典中的规定，认为在刑法理论中也存在防御性紧急避险的概念，即所谓的"由自然人所引起的防卫性紧急状态"。[4]由于正当防卫、攻击性紧急避险及防御性紧急避险都属于在紧急状态下法律例外承认行为人有权以符合构成要件的行为进行法益保全，有学者将三者同时纳入"紧急权体系"中。[5]为进一步厘清紧急避险的概念，还需考察学者所提出的紧急避险所能适用的案件。

罗克辛教授认为防御性紧急避险可以适用于下列四种案件：一是通过"不行为"产生危险。如汽车借助不可抗力被甩到逆行车道，而其他车辆驾驶人进行反击以保护自身安全的行为。二是通过一种"非违法"行为产生危险。如一个谨慎行驶、遵守了全部交通规则的司机对一名没有看见的行人所产生的危险，而他人或行人本人为避免危险进行的反击行为。三是所谓的"穿颅术"案件。如新生儿在出生过程中给母亲造成了危险，此时为了保护母亲的生命，而杀死处在生产过程中的孩子。四是预防性防卫的情形。此时缺乏正在进行的不法攻击，但仍存在危险，行为人采取预防措施避免危险。[6]

---

〔1〕 参见冯军、肖中华主编：《刑法总论》，中国人民大学出版社2016年版，第283页。

〔2〕《德国民法典》，陈卫佐译注，法律出版社2015年版，第78页。

〔3〕《德国民法典》，陈卫佐译注，法律出版社2015年版，第339页。

〔4〕[德] 克劳斯·罗克辛：《德国刑法学总论》（第1卷），王世洲译，法律出版社2005年版，第489页。

〔5〕 参见陈璇："结果无价值论与二元论之争的共识、误区与发展方向"，载《中外法学》2016年第3期。

〔6〕 参见 [德] 克劳斯·罗克辛：《德国刑法学总论》（第1卷），王世洲译，法律出版社2005年版，第489页。

　　山口厚教授将防御性紧急避险的适用范围总结为三类：一是欠缺行为性的场合，二是欠缺行为无价值的场合，三是欠缺侵害紧迫性的场合，出于结果无价值论的立场，他本人仅对在第三种情形中适用防御性紧急避险表示支持。[1]应当说山口厚教授的总结可以覆盖罗克辛教授主张的四种情形。

　　我国学者中，陈璇教授主张对无责任能力者，如精神病人的攻击之反击行为可构成防御性紧急避险；[2]长期遭受家暴的妇女为防止再次被伤害而对丈夫实施预防性防卫的行为也构成防御性紧急避险；[3]对于"危险共同体"型案例中的部分情形，如只有一根安全绳相连的两个协同登山者，由于自然力导致在下者跌落山崖，给在上者带来危险，而在上者割断绳索以求自保的情形，亦可适用防御性紧急避险。[4]笔者看来，陈璇教授的主张大致也可归入山口厚教授所总结的三种情形中。

　　可以说，防御性紧急避险处于正当防卫到攻击性紧急避险的过渡地带。一方面，学者主张适用防御性紧急避险的案件，多是将正当防卫的要件进行拆解，缺一即适用防御性紧急避险。正当防卫要求"不法侵害正在进行"，故防御性紧急避险中，或无不法侵害，或不法侵害未正在进行。另一方面，上述案例的主张者都认同防御性紧急避险在避险限度上较攻击性紧急避险要更宽松，所造成的损害可以略大于要保护的损害，[5]但同时又比正当防卫严格。

　　然而，学者们主张的适用防御性紧急避险的情形是否都能成立？防御性紧急避险的限度应如何理解？这是本文主要探讨的问题。不过在此之前，先要阐明本文的基本前提。

　　（二）本文的基本前提

　　德国刑法理论引入到我国，必须考虑我国的本土因素，与德国法律有所不

　　〔1〕　参见［日］山口厚：《刑法总论》，付立庆译，中国人民大学出版社2011年版，第146~147页。

　　〔2〕　参见陈璇："结果无价值论与二元论之争的共识、误区与发展方向"，载《中外法学》2016年第3期。

　　〔3〕　参见陈璇："家庭暴力反抗案件中防御性紧急避险的适用——兼对正当防卫扩张论的否定"，载《政治与法律》2015年第9期。

　　〔4〕　参见陈璇："生命冲突、紧急避险与责任阻却"，载《法学研究》2016年第5期。

　　〔5〕　参见［德］克劳斯·罗克辛：《德国刑法学总论》（第1卷），王世洲译，法律出版社2005年版，第489页。

同，我国民法中并未明确规定防御性紧急避险，对紧急避险也未进行定义，[1]甚至在解释民法中的紧急避险时，可能还需要参考刑法的规定。防御性紧急避险欲适用到中国，还是要与我国刑法及刑法理论相协调。在笔者看来，防御性紧急避险作为违法阻却事由，其在我国刑法中的定位最好是《刑法》第21条，而不能是超法规的违法阻却事由。一方面《刑法》第21条没有规定紧急避险所造成损害必须小于所避免的损害，[2]也没有规定紧急避险的对象必须为无辜第三者，为防御性紧急避险提供了合适的容身空间。另一方面，将防御性紧急避险作为超法规的违法阻却事由将导致其几乎难以得到适用，我国司法实践对法定的违法阻却事由之适用尚且采用极为严格的标准，更何况超法规的违法阻却事由。而若将防御性紧急避险纳入《刑法》第21条的文义之中，自然导致其要件必须受该条约束。

《刑法》第21条规定的紧急避险的客观要件有三：第一，危险正在发生，这包含两个递进的概念，即危险与正在发生的危险。第二，不得超过必要限度造成不应有的损害。第三，补充性要件，紧急避险行为必须是不得已而实施的，只有不存在其他可安全避免危险的损害更小的手段时才能阻却避险行为的违法性。

本文将首先通过区分"危险正在发生"与"不法侵害正在进行"，对防御性紧急避险的适用范围进行限缩，接着梳理防御性紧急避险的正当化依据，以之为基础并结合相关案例对要件二——"不应有之损害"进行合理解释，从而解决防御性紧急避险的限度问题。

二、防御性紧急避险适用范围的初步限缩

如前所述，学者主张适用防御性紧急避险的情形，或无不法侵害，或不法侵害未正在进行，前一种情形适用防御性紧急避险在本文看来是不合适的，下文将详述。后一种情形存在适用的空间，但是需要解决的是对"危险正在进行"的解释问题。

---

〔1〕 我国《民法总则》第182条规定，因紧急避险造成损害的，由引起险情发生的人承担民事责任。如危险是由自然原因引起的，紧急避险人不承担民事责任，可以给予适当补偿。
〔2〕 《刑法》第21条规定，避险过当时使用的表述是"造成不应有的损害"，存在解释的空间。

(一) 危险与不法侵害

无论是德日还是我国刑法理论都认可攻击性紧急避险中的危险不必具有"行为无价值"，也不必具有行为性，自然灾害和非属于刑法意义上行为之人的身体动静，只要对法益产生威胁都可以构成"危险"。在防御性紧急避险中，危险则不能被规范评价为不法侵害，否则应当适用正当防卫。于是问题就转化为：正当防卫中的不法侵害是否要求具有行为性？是否要求具有行为无价值？行为无价值论者往往主张不法侵害必须是违反义务的行为，不仅要求具有行为性，还要求具有行为无价值。而结果无价值论者均主张不法侵害不必具有行为无价值。至于是否需要行为性，则需要探讨。

笔者主张不法侵害不需要具有行为性。前田雅英教授举了这样的例子：Y将第三人 A 撞向 X，突然袭来的 A 对 X 来说属于 Y 的不法侵害行为的一部分，故 X 对 A 也可成立正当防卫。[1] 在此案中，倘若认为 A 没有任何实施行为，对 X 难以构成不法侵害，则 X 对 A 只能实施防御性紧急避险，而防御性紧急避险需要满足补充性要件，故 X 只有在不得已之时才能实施反击，且反击时必须注意不能造成不成比例之伤害。一方面，这将极大束缚 X 作为受侵害者的防卫权利，另一方面，会出现这样的结论：当侵害者使用一般工具攻击时，受侵害者可以实施正当防卫，当侵害者使用人体作为工具时，受侵害者不可径直反击。这将助长侵害者使用人体当工具以限制受侵害者反抗的行为。

反对意见也许会说，本案中还是存在 Y 的不法侵害行为，A 的非行为才可以成为 Y 的不法侵害行为的一部分，从而也能被评价为不法侵害，如果 A 是因为非行为，如不可抗力，被甩到了 X 面前，X 在本可安全躲避的情况下当然应该首先选择躲避，而不能对 A 实施反击伤害的行为，否则将导致防卫权的滥用。但是，这样的说法其实是站在被害人 A 的视角来评价其是否应当遭受正当防卫，认为 A 不该受到正当防卫的说法是出于 A 既没有实施一种有意识的"行为"，本身也没有主观过错，A 的"身体动静"甚至不符合刑法规定的构成要件，A 当然不应该承受正当防卫的攻击。

〔1〕 参见〔日〕前田雅英：《刑法总论讲义》，曾文科译，北京大学出版社 2017 年版，第234 页。

笔者认为，反对意见最大的问题就在于赋予了正当防卫评价侵害人可归责性的功能，某种意义上是将正当防卫当作了刑罚或行政处罚。诚然，遭受正当防卫者通常都会实施符合构成要件的行为，但这是构成要件的违法指示机能，而正当防卫作为一种违法阻却事由，其制度功能是解决行为人所实施的符合构成要件的行为是否应当被评价为违法。换言之，认定正当防卫中的不法侵害应当站在防卫人的视角，当某一危险来源对法益造成急迫危险，面临危险之人即刻就会承受利益损失之时，此时就可以认为出现了正在进行的不法侵害，危险来源者就可以被规范评价为不法侵害者。

可以参考这样的例子：当 A 的狗（价值 5000 元）由于不可抗力而突然发狂对 X 的狗（价值 3000 元）发动侵袭，如果站在 A 的视角则会认为，由于 A 没有实施任何行为，X 如果可以带自己的狗安全躲避，则他必须进行躲避，以保护 A 的财产法益，否则其行为将具有违法性。但是，这样显然加重了 X 的义务，按照持反对意见者的逻辑，此时不存在正在进行的不法侵害，则 X 不可进行正当防卫，同时由于不满足补充性要件，也不可以适用紧急避险，若 X 出手反击，打死了 A 的狗，则该当构成要件且违法，甚至在不存在责任阻却事由之时还要承担刑事责任，这是难以令人接受的。事实上，一般人都会认为 X 可以选择直接攻击 A 之狗以保护自己的狗。同理，在人体由于不可抗力对他人的身体或生命安全造成急迫危险时，也应当认为遭受危险者可以不必履行躲避义务，而直接实施防卫行为。更何况很多时候在紧急状态下，行为人往往难以辨认紧迫侵害之中是否有人体参与，[1]若不将之一体评价为不法侵害，则会导致防卫权的严重受限，违背了正当防卫的制度功能。

故此，只要是给行为人法益造成紧迫危险的法益，都可以被评价为正当防卫中的不法侵害，致险法益的主人都可以被认为是不法侵害人，可以在必要限度内对其进行正当防卫。如果致险的是公共法益，即使不能认定国家或社会为法益的抽象主人，也应当准用正当防卫的规定，在与正当防卫同样的范

---

[1] 如恐怖分子劫持的飞机与无人的空机在外形上是完全一致的，内中有人的铁桶与内中只有物品的铁桶也难以分辨出来。

围内阻却违法。[1]基于此立场，本文认为缺乏行为和缺乏行为无价值的场合都可以直接适用于正当防卫而不必适用防御性紧急避险。[2]

（二）"不法侵害正在进行"与"危险正在发生"

当不存在正在进行的不法侵害时，是否可以认为存在正在发生的危险从而肯定防御性紧急避险呢？在此问题上，德国和日本学者的意见不一。

日本学者多认为，对紧急避险要件中的危险的现实性与正当防卫中侵害的急迫性应当做相同理解，对于由人引起的危险，如果不存在正在进行的不法侵害，那亦不存在现实的危险。[3]而德国学者对于现时的危险则有不同见解，认为如果根据当时的情况，法益极有可能遭到损害，就可以说法益遭到了危险，而如果必须立即采取措施以回避危险，就可以认为危险是现时正在发生的。因此现时危险的概念比即刻就会发生利益损害的现时侵害概念更宽。不仅包括了即刻就会发生利益损害的"迫在眉睫"的情形，也包括了一种已经存在的随时都可能引发损害的持续的危险，如因暴风，树木随时可能被吹倒砸到花园的房屋上。[4]再比如，某人惯常性地对某一固定目标法益施加侵害，在两次侵害的空档期，由于不会即刻发生利益损害，所以不存在正在进行的不法侵害，但是由于侵害的惯常性，该人随时可能施加侵害，此时认为一种持续性的危险正在发生，典型的例子就是长期遭受家暴的妇女所处的状态。又比如一个偏远客栈的老板听到住店的客人们在商议，晚上打烊之后要来抢劫他，因为他自己无法对付这些人的攻击，所以他在给他们的啤酒中下了麻醉药（会致身体伤害）。[5]此时客人们还未发起攻击，不存在正在进行

---

〔1〕 参见［日］山口厚：《刑法总论》，付立庆译，中国人民大学出版社2011年版，第116页。

〔2〕 举重以明轻，行为人在侵害缺乏行为性的场合可以进行正当防卫而阻却违法，那么在侵害有行为性而缺乏行为无价值的场合更可以进行正当防卫了。

〔3〕 参见［日］前田雅英：《刑法总论讲义》，曾文科译，北京大学出版社2017年版，第153页。

〔4〕 参见［德］乌尔斯·金德霍伊泽尔：《刑法总论教科书》，蔡桂生译，北京大学出版社2015年版，第181~182页。

〔5〕 参见［德］克劳斯·罗克辛：《德国刑法学总论》（第1卷），王世洲译，法律出版社2005年版，第492页。

的不法侵害，而由于他们随时可能发起攻击，而等到攻击之时进行防卫则显然会面临极大的风险，此时应当认定一种持续性的危险正在进行，允许老板在限度内进行防御性紧急避险。

笔者认为德国学者的见解可资借鉴，在上述存在持续性危险的状态下，如果不允许行为人实施防御性紧急避险，将导致其失去避免危险的可能，这就意味着行为人失去了最后一根安全的救命稻草而只能将自己置身险境，准备与随时可能到来的侵害博弈。反对意见者可能会认为此时可以进行正当防卫，因为不法侵害开始的判断时点与犯罪行为的着手时间点并不完全相同，较之"着手"限定可罚性范围的功能而言，不法侵害的开始存在着扩张理解的倾向，其范围应广于"着手"。对此，陈兴良教授指出，"在个别情况下，不法侵害虽然还没有进入实行阶段，但其实施却已逼近，侵害在即，形势十分紧迫，不进行正当防卫不足以保护国家、公共利益和其他合法权益。在这种情况下，可以实行正当防卫"。[1]还有学者认为有效防卫的最后时点为不法侵害的开始时点。[2]笔者认同将不法侵害的开始做一定程度的扩张理解，但是反对利用各种管道对其进行无限扩张。对于不法侵害开始之时点的认定应立足于现实个案，判断法益受损的危险是否紧迫，是否有必要允许防卫人进行防卫。在家暴的案例中，[3]受虐妻子的最后有效防卫时间当然是丈夫睡觉的时间，如果认为此时丈夫的不法侵害已经开始，由于正当防卫不要求补充性要件，就会使得丈夫承受过度风险，"容易造成以'正当防卫'的名义趁侵害人睡觉时，随意侵犯其合法权益，甚至是生命法益，不免使得国民生活于恐惧之中"。[4]但如果认为只有丈夫的暴力即将落到实处，即拳头即将落下或工具即将接触到妻子身体之时不法侵害才开始，则没有给防卫人留出必要的防卫时间，就会使得此类案件中的受侵害者根本无法通过正当防卫有效保护自身法益。遂应当认为，在丈夫开始使用暴力相威胁，或开始寻找工具之时，妻子的人身安全就已经陷入紧迫危险之中，不法侵害就已经开始了。再如入

---

〔1〕 陈兴良："正当防卫：指导性案例以及研析"，载《东方法学》2012年第2期。

〔2〕 参见黄荣坚：《基础刑法学》（上），中国人民大学出版社2009年版，第150页。

〔3〕 丈夫长期对妻子实施家暴，会找各种莫名的理由对妻子拳打脚踢，在丈夫清醒状态下，妻子难以正面对抗或攻击丈夫，而丈夫睡觉之时是妻子最容易袭击得手的时候。

〔4〕 王俊："反抗家庭暴力中的紧急权认定"，载《清华法学》2018年第3期。

室盗窃，通常窃贼入室之后就可以认为不法侵害正在进行了。[1]因为窃贼在入室后即刻就开始搜寻财物，主人的财产法益就处于紧迫危险之中，而如果将窃贼到目标家门口侦查留下暗记时作为不法侵害开始的时点，则过于提前，会使防卫权被滥用，造成对侵害人权益保护不利。

（三）"持续性危险"与"侵害一时中断"

当然，在某些场合中，正在进行的不法侵害出于某种原因而暂时停止了，此时如果认为不法侵害已经结束，而否定防卫状况的存续，则过于限制了正当防卫的防卫条件，不利于受侵害者进行有效的法益保全。而本文主张存在持续性危险的场合缺乏正在进行的不法侵害，故有必要对二者进行区分。

从时间上来看，侵害一时中断的发生时点在不法侵害开始后、结束前，因此停止之时才可以认定为不法侵害仍正在进行，受侵害者仍然可以进行正当防卫。而本文所主张的持续性危险的存续时间则有两种：一为初始不法侵害开始前，如客栈老板案。二为旧的不法侵害结束后，新的不法侵害开始前。侵害一时中断的场合产生于不法侵害开始后，主要应与第二种情形区分，不法侵害的开始时点前文已经有论述，这里主要的问题在于不法侵害的结束时点。

陈兴良教授主张实质性地认定侵害是否结束，主张危险排除说，即以不法侵害的紧迫危险得以排除作为其结束的客观标志。[2]有观点认为不法侵害的结束是指这样的时刻：不法侵害已经停止或侵害结果已经出现，实施防卫无益于阻止结果发生或挽回损失，不实施防卫也不会导致危害结果发生或扩大。[3]两种观点异曲同工，可以认为后一种观点是对前一种观点的"紧迫危险得以排除"所做的具体化阐述。笔者支持这样的观点，两个时间节点共同决定了侵害正在进行的时间段，确定不法侵害的开始与结束时点理应遵循同样的原理，既然不法侵害的开始以紧迫危险的发生为标志，不法侵害的结束当然以紧迫危险的排除为信号。由此，当侵害已经开始，但由于某种原因而停止之时，需要判断的是此次侵害的紧迫危险是否已经被排除，如果是则本次侵害已经结束，否则就只是一时的停止，不法侵害仍然正在进行，受侵害

---

[1] 参见陈兴良："正当防卫：指导性案例以及研析"，载《东方法学》2012年第2期。

[2] 参见陈兴良：《本体刑法学》，中国人民大学出版社2017年版，第260页。

[3] 参见冯军、肖中华主编：《刑法总论》，中国人民大学出版社2016年版，第266页。

者恰恰可以在这一时刻进行正当防卫。

笔者管见，在故意侵害的场合，判断紧迫危险是否被排除可以考虑以下三个因素。

其一是两次侵害举动的间隔时间之长短。如两次侵害举动的间隔十分短暂，则往往中间的停止只是一时中断而非结束，若受侵害者根据当时的情景合理判断出下一次侵害举动将会很快来临，其法益仍然处于紧迫危险之中，其可以趁此机会实施防卫行为。如两次侵害的间隔时间较长，则多数情况下前一次侵害举动的停止可以被认为是一次不法侵害的结束。例如，家暴案中，当丈夫对妻子施暴之时，因为妻子的求饶而暂停手中动作，并大声辱骂妻子，此时，妻子可以合理地认为丈夫的下一次侵害举动即将来临，法益的紧迫危险仍然没有排除，不法侵害仍在进行之中，则妻子可以趁其不备进行防卫。而如果丈夫在殴打妻子之时因为被邻居叫去打麻将而停手，同时告诉妻子"回来再修理你"，这样两次侵害举动之间的时间间隔比较长，妻子在较长一段时间内不会遭受紧迫危险，应该认为一次侵害已经结束。

其二是本次侵害意图是否断绝。两次侵害举动的间隔时间可以作为判断侵害是否一时中断的形式上的参考因素，但更实质的因素是侵害人的侵害意图在停止之时是否断绝。因为侵害人的侵害意图在很大程度上影响了其是否会在短时间内恢复中断的侵害。判断侵害人的侵害意图是否断绝则需要结合具体情景，可能参考的因素包括但不限于：（1）侵害人目标的实现度。一般情况下，侵害人会因侵害目标得到很大程度的实现而停止侵害，这意味着其本次侵害意图已经断绝。（2）侵害人停止侵害的原因与继续侵害的关联性。若侵害人停止侵害的举动是为了更加有力地实施侵害或排除继续侵害的阻碍因素，则不能认为其侵害意图已经断绝，若侵害停止是为了与继续侵害无关之因素，则侵害的停止可被视为本次侵害意图的断绝。

其三是侵害人的侵害能力，如侵害人的停止是因为侵害能力的丧失，虽然侵害意图没有断绝，但此时侵害人在客观上已无法实施侵害，不法侵害可以被视为已经结束。

当然，在非故意侵害的场合，考察侵害意图是否断绝就失去了意义，但仍然可以通过第一点和第三点来进行判断。

综上所述，如果不法侵害停止，按照上述考量因素判断出旧的不法侵害因紧迫危险的排除而结束，新的不法侵害因不存在紧迫危险而尚未发生，即出现了新旧不法侵害的空档期，此时才有存在前述第二种持续性危险的可能性，否则就只是侵害的一时停止，不法侵害仍然正在进行。

三、防御性紧急避险的限度

前文将防御性紧急避险的适用范围限缩到了存在持续性危险而没有正在进行的不法侵害的场合，是对避险状况的解释，配合补充性要件共同解决的是在何时可以进行防御性紧急避险的问题。《刑法》第 21 条第 2 款规定，紧急避险不能造成不应有之损害，否则就是避险过当，这是对避险后果的约束。于攻击性紧急避险而言，其所造成的损害应小于所避免的损害。而于防御性紧急避险，通说认为避险行为造成的损害可以略大于所避免的损害。为何可以这样主张？其背后的理由是什么？"不应有的损害"该如何合理解释？回答这些问题，就需要寻找防御性紧急避险得以正当化的依据，并按照该依据解释避险限度问题。防御性紧急避险处于正当防卫与攻击性紧急避险的过渡带，寻找其正当化依据离不开对后二者的正当化依据进行讨论。笔者拟从正当防卫与攻击性紧急避险背后的实质理由中权衡选出适合我国刑法的防御性紧急避险的正当化依据。

（一）正当防卫的正当化依据

德国刑法通说中正当防卫的正当化依据为个人保全原理与法确证原理。[1]个人保全原理，是指法律允许个人采取各种必要的防卫性保护措施。张明楷教授根据我国刑法中关于保护公法益的正当防卫之规定，认为个人保全原理在我国可以被调整为法益保全原理。[2]法确证原理，是指由于法秩序本身禁止对个人法益的侵害，故对不法侵害行为的防卫，可以进一步表明法秩序对侵害行为的禁止，同时使不法侵害者知道法的机能，进而维护法秩序的稳定。[3]

日本学者中有人主张社会相当性说，认为正当防卫是历史形成的社会生

---

〔1〕 参见 ［德］乌尔斯·金德霍伊泽尔：《刑法总论教科书》，蔡桂生译，北京大学出版社2015 年版，第 158 页。

〔2〕 参见张明楷："正当防卫的原理及其运用——对二元论的批判性考察"，载《环球法律评论》2018 年第 2 期。

〔3〕 参见张明楷：《外国刑法纲要》，清华大学出版社 2007 年版，第 155~156 页。

活秩序内的社会相当行为，但这种说法仍然难以说明正当防卫的本质。[1]有人主张正当防卫的正当化依据为侵害人法益阙如，认为正当防卫乃国家出现之前人的自然权利，在行使自然权利之时，侵害一方的法益已然全部或部分消失。[2]也有人主张正当防卫的正当化依据在于法益衡量原理，在正当防卫中，由于正义无须向不法让步，故防卫行为所保护的利益具有"质"的优越性，出于冲突法益的比较衡量，保护优越法益具有正当性。[3]

我国学者中支持德国通说者与法益衡量者皆有。[4]陈璇教授主张采取侵害人法益的值得保护性下降作为正当防卫的正当化依据，认为侵害人违反义务进行不法侵害的行为，导致了防卫人无须遵守本应对其履行的不侵犯义务，从而使得侵害人法益值得保护性有所下降。[5]笔者管见，陈璇教授的主张当属于法益衡量的一种，只不过是从侵害人法益降低视角做出的衡量。对法益衡量与德国通说持批评意见者中也有主张所谓"法益悬置说"，认为涉及生命法益时不可进行衡量，主张在侵害人实施不法侵害时，其法益根据侵害强度的大小而被法律采取相应程度的悬置。[6]这种说法继承了日本学者中法益阙如思想的核心内容。

综上可以看出，正当防卫的正当化依据大致有四种：其一为法益保全原理；其二为法确证原理；其三为法益衡量原理，包括侵害人利益的降低与防卫人法益的本质优越地位；其四为法益阙如说或法益悬置说。[7]各国刑法理论往往根据本国需要采用其中的一种或两种。

---

〔1〕 参见张明楷：《外国刑法纲要》，清华大学出版社 2007 年版，第 156 页。

〔2〕 参见 [日] 松宫孝明：《刑法总论讲义》，钱叶六译，中国人民大学出版社 2013 年版，第 102 页。

〔3〕 参见 [日] 山口厚：《刑法总论》，付立庆译，中国人民大学出版社 2011 年版，第 114 页。

〔4〕 前者如劳东燕："防卫过当的认定与结果无价值论的不足"，载《中外法学》2015 年第 5 期；后者如张明楷：《刑法学》，法律出版社 2016 年版，第 198 页。

〔5〕 参见陈璇："侵害人视角下的正当防卫论"，载《法学研究》2015 年第 3 期。

〔6〕 参见魏超："法确证利益说之否定与法益悬置说之提倡——正当防卫正当化依据的重新划定"，载《比较法研究》2018 年第 3 期。

〔7〕 张明楷教授认为法益阙如说属于法益衡量的一种，但二者还是有细微差别的，法益阙如说主张侵害人在遭到必要限度内的防卫时，其法益被法律悬置起来，可以认为防卫当时并不存在侵害人的法益，故防卫行为自然属于正当行为，而法益衡量说主张在正当防卫时，侵害人法益与防卫人法益都存在，但防卫人法益较侵害人更加优越，法益冲突之下，保护优越法益具有正当性。

(二) 攻击性紧急避险的正当化依据

关于攻击性紧急避险的正当化依据，也众说纷纭。[1]

其一是放任行为说。由于攻击性紧急避险发生于正当对正当关系之间，一般不能认为是合法行为，应该将其视为被法律所放任的行为而可以阻却违法。在放任行为说内部，有主张所有的行为都是放任行为，也有主张为保护较大法益而损害较小法益是合法行为，而为保护与损害的法益等值时是放任行为。[2]这种说法类似于法外空间说，法律的放任即表示系争的行为处于"无法律评价"的法外空间之中，[3]法律对其不加禁止，而合法行为指的是行为不违法，故系争行为阻却违法。

其二是以功利主义为基础的法益权衡说。在发生紧急危险之时，出现法益冲突，损害较小的法益而保护较大的法益，使得社会整体上获得更大的利益，可以实现最大多数人的最大利益，从而具有正当性。[4]法益权衡说为日本及我国的诸多学者所主张。[5]

其三是社会连带说，或社会团结义务说。此说认为人们在风险社会中生存，互相达成一项团结互助的契约，在不得已时可以通过损害他人的较小法益来保护自己较为重要的法益，而受损一方之所以负有承受风险的义务，是因为他也可能成为将来不得不实施避险行为之人。有学者从罗尔斯正义理论中的"无知之幕"对其进行了论证，认为理性人被无知之幕遮住，只拥有一般社会知识，而对与自身有关的如身份、地位、能力等特殊事实则毫不知情，出于自身利益最大化考虑，理性人希望当自己处于弱势时可以通过损害他人

---

[1] 由于此处讨论的正当化依据是为了从中遴选防御性紧急避险阻却违法的根据，故只讨论与阻却违法有关的理由，而不再梳理与阻却责任有关的理由。

[2] 谢雄伟：《紧急避险基本问题研究》，中国人民公安大学出版社2008年版，第28页。

[3] 王钢："法外空间及其范围——侧重刑法的考察"，载《中外法学》2015年第6期。

[4] 王钢："美国刑事立法与司法中的紧急避险——对功利主义模式的反思"，载《清华法学》2016年第2期。

[5] 如 [日] 大谷实：《刑法总论》，黎宏译，法律出版社2003年版，第225页；[日] 山口厚：《刑法总论》，付立庆译，中国人民大学出版社2011年版，第139页；[日] 前田雅英：《刑法总论讲义》，曾文科译，北京大学出版社2017年版，第252页；黎宏："紧急避险法律性质研究"，载《清华法学》2007年第1期；高铭暄、马克昌主编：《刑法学》，北京大学出版社2011年版，第136页；张明楷：《刑法学》，法律出版社2016年版，第217页。

利益来保全自身法益，而在自己成为被损害者的时候又不愿意自身重大法益受损。因而以社会连带说为根据的紧急避险要求所保护的法益明显大于所损害的法益。[1]

上述三种学说也不一定单独存在，也有学者主张将法益权衡说和社会连带说都作为攻击性紧急避险的正当化依据。[2]

（三）筛选防御性紧急避险的正当化依据

1. 攻击性紧急避险的理由均难以援用

放任行为说难以支持防御性紧急避险。一方面，防御性紧急避险作为违法阻却事由，需要通过其阻却违法的行为一定符合刑法分则规定的构成要件，符合构成要件的行为，刑法难以置之不理，不予评价。另一方面，从行为人角度，当遭遇法益冲突的时候，正是需要法律给出行为指引之时，此时法律的沉默是不恰当的。[3]

社会连带说和以功利主义为基础的法益权衡说也不能作为防御性紧急避险的正当化依据。防御性紧急避险的避险人可以造成比所避免的损害更大的损害，社会连带说难以支持这样的观点。而以功利主义为基础的法益权衡说从社会整体利益出发，亦要求行为所避免的损害要大于、至少是等于所造成的损害。

2. 法确证说、本质优越说及法益悬置说的缺陷

支持法确证说的学者主张利益衡量而反对法益衡量。[4]而本质优越说者恰恰主张法益衡量，二者看似对立，却基于一个共同的前提，即所谓"正义不得向不法让步"，故而二者均被用来为对抗不法侵害的正当防卫提供正当化依据。而在本文主张的可能适用防御性紧急避险的场合下，不法侵害尚未正在进行，在对危险来源实施反击行为之时，不存在正义对抗不法，危险来源者还不能被规范评价为不法侵害者，此时法律不会允许行为人代替国家确证

---

[1]　王钢："对生命的紧急避险新论——生命数量权衡之否定"，载《政治与法律》2016年第10期。

[2]　[德] 乌尔斯·金德霍伊泽尔：《刑法总论教科书》，蔡桂生译，北京大学出版社2015年版，第180页。

[3]　王钢："法外空间及其范围——侧重刑法的考察"，载《中外法学》2015年第6期。

[4]　劳东燕："法益衡量原理的教义学检讨"，载《中外法学》2016年第2期。

法秩序，也不会认同行为人的本质优越地位。

法益悬置说的问题在于，其作为正当防卫之依据时就难以说清法律为何悬置侵害人的法益？若基于侵害人之不正义属性则同法确证说和本质优越说一样存在缺陷，若基于人之行使防卫之自然权利，则其本质应该是法益保全。

3. 法益保全和法益衡量说的结合

首先可以肯定的是，无论对正当防卫、攻击性紧急避险还是防御性紧急避险来说，法益保全都是其背后的理由之一。所谓法益，顾名思义为受法律保护的利益，紧急状态下，公民的法益或者公共法益受到紧迫威胁，而国家不能及时救助，为保护法益，法律应当承认公民有权利实施自我保全或维护公共法益的行为。[1]

然而单纯的法益保全原理难以解决法益冲突的问题，为保护自身法益为何可以损害他人法益？法益衡量说正好可以为此提供解决思路。[2]紧急状态下，发生法益冲突之时，法律的态度不能放任之，更不能全部放弃，必须从中择一保护。保护更加优越的法益自然是唯一的选择，问题就在于，在防御性紧急避险中，为何避险人的法益更加优越。

如前所述，防御性紧急避险的避险人不具有本质优越地位，因此法益值得保护性提高不成立，那是否存在危险来源者法益降低的可能呢？笔者管见，这种可能性是确实存在的。根据罗克辛教授的说法，危险来源者是法益冲突的造成者，当危险来源者对避险人的法益产生危险之时，无论其是否对此种危险负责，法律都不能认为遭受危险之人负有容忍义务，[3]故此时应对危险来源者的法益价值做降低评价。陈璇教授还以宪法中的自由平等原则为此做论述，即认为人人皆自由而平等，一方行使自由权利不得不顾平等，损害他

---

〔1〕 为叙述简洁，下文只讨论个人法益，公共法益同理。

〔2〕 需要澄清的是，本文主张的法益衡量说与功利主义法益权衡说是有本质区别的。功利主义法益权衡说从社会整体利益出发，进行抽象法益衡量，认为只要避险行为所保护的法益在抽象价值上大于所损害法益，社会整体利益就没有受损，避险行为也得以正当化。而本文主张的法益衡量说首先对产生冲突的双方法益进行评价，对抽象法益价值进行或升高或降低的"改造"，再进行衡量，选择保护优越法益。换言之，在所避免的损害小于所造成损害的场合，根据功利主义法益权衡说，由于损害了抽象价值更高的法益，不会认为此时的防御性紧急避险符合社会整体利益的要求，而根据法益衡量说，则有可能认为保护了优越利益。

〔3〕 参见〔德〕克劳斯·罗克辛：《德国刑法学总论》（第1卷），王世洲译，法律出版社2005年版，第490页。

人的自由权利，当一方无正当根据对他人自由造成威胁之时，他方不负有容忍义务。[1]当然，需要说明的是，在危险来源者自身是攻击性紧急避险人的场合，无论是基于功利主义的法益权衡说还是社会连带说，法律都认可被避险人有不反击的义务，自然不存在危险来源者法益价值降低的问题。

（四）"不应有损害"的合理解释

法益衡量原理决定了防御性紧急避险的限度。在正当防卫中，法益衡量说承认防卫人具有本质优越地位，同时由于不法侵害使得防卫人处于紧迫危险之中，侵害人法益价值也严重下降。[2]在综合比较之下，防卫人一方法益的值得保护性大大高于侵害人，故防卫人可以造成看似不成比例的伤害，在特殊防卫的场合，行为人实施防卫行为危及侵害人的生命也不会被视为防卫过当。而在本文主张的防御性紧急避险的场合，由于危险来源者给他人法益造成了一定的危险，其法益也受到降低评价，故避险行为所造成的损害可以大于所避免的损害，但由于行为人实施避险行为的当时，不存在正在进行的不法侵害，则防卫人一方不具有本质优越地位，其法益值得保护性没有升高，而持续性危险对法益的威胁程度又弱于急迫的不法侵害，故其法益值得保护性下降的程度也要小一些。所以不允许避险行为造成不成比例的损害。

在具体判断损害是否为"不应有"时，有两点需要注意：

第一要注意的是，法益的位阶。一般认为，人身法益大于财产法益，人身法益中，最重要的是生命法益，其次是身体法益，再次是人身自由。[3]因此大致可以认为：

其一，为保护财物而对人身造成重大损害或危害生命安全是不成比例的，但为保护财物而限制危险源之人身自由或造成轻伤及以下伤害可能会被认为是"应有的损害"。[4]例如，A系一78岁高龄的惯偷，盗窃成瘾，经常偷盗

---

[1] 参见陈璇："生命冲突、紧急避险与责任阻却"，载《法学研究》2016年第5期。

[2] 笔者主张正当防卫的正当化根据为法益衡量说，由于篇幅所限，本文不再详加论述。

[3] 参见谢雄伟：《紧急避险基本问题研究》，中国人民公安大学出版社2008年版，第171~172页。

[4] 值得讨论的是人格尊严法益的位阶问题。本文初步认为人格尊严法益可以与人身自由法益同位阶，从侮辱诽谤罪的法定刑与非法拘禁罪的法定刑相同似乎也可以看出这一点。因此，在防御性紧急避险中，为保护财物而损害危险来源的人格尊严也可能不是不成比例的。

价值几百元的财物，多次被抓但屡教不改，由于 A 年龄较大且身体有病，一般不会以盗窃罪判处实刑，达到刑拘条件时也只能对其采取监视居住，而警方因警力不足又难以派专人看守，其子 B 为防止老父再次出去行窃，无奈之下，B 将 A 锁于房内，按照正常生活需要进行照料。[1]此案中，由于 A 偷盗成瘾，随时有可能出去行窃，随时都有令公私财物受损的可能性，在 A 尚未开始行窃之时可以认定为存在一种持续性的公私财物受损之危险，符合防御性紧急避险的状况条件，而因 A 之年龄及身体状况，导致国家机关无法介入来阻止 A 的行为，B 没有其他可避险损害之方式，满足补充性要件，可以实施防御性紧急避险。而为保护财物而限制 A 之人身自由的行为，未导致 A 的身体受到较大损害，没有超过必要限度，A 的行为构成防御性紧急避险而阻却违法性。

其二，为保护身体免受轻伤以下伤害而造成重伤害甚至损害生命也是不成比例的，而为避免受重大身体伤害而损害危险源生命的场合不是不成比例的。[2]在刘栓霞案中，被告人刘栓霞从 1991 年 10 月开始第一次遭到丈夫殴打，之后便频繁遭受严重的家庭暴力。自 2001 年以后，刘栓霞被打的次数越来越多，理由也越来越不可思议。其丈夫张军水能想得到摸得着的东西几乎都可以成为他行凶的工具。2003 年快过年时，刘栓霞再次被张军水持斧头追砍，如果不是邻居帮助，很有可能会命丧当场。两天后，刘栓霞把老鼠药掺在杂面糊里，欲与张军水同归于尽，张军水先食用后中毒身亡。[3]由于被害

---

〔1〕 本案改编自腾讯新闻："78 岁老扒手令警方为难，无法关押，无法监视居住"，载 ht- tps://zhidao.baidu.com/question/107448742.html，最后访问日期：2018 年 10 月 30 日。其中老扒手之子系笔者虚构。

〔2〕 不少学者主张生命法益冲突之时不能肯定紧急避险，其实指的是攻击性紧急避险。而如本文所述，攻击性紧急避险的正当化依据——无论是功利主义法益权衡说还是社会连带说，决定了避险行为所造成的损害必须小于所避免的损害，而生命法益在抽象价值上处于最高位阶，故不允许对生命实施紧急避险。而本文所主张的防御性紧急避险以法益衡量说为正当化依据，在生命冲突的场合，当对危险来源者的生命法益做了降低评价之后，为保护优越法益而损害相对劣等法益自然不存在这样的障碍。主张不能对生命实施攻击性紧急避险的观点，可参见陈璇："生命冲突、紧急避险与责任阻却"，载《法学研究》2016 年第 5 期；王钢："对生命的紧急避险新论——生命数量权衡之否定"，载《政治与法律》2016 年第 10 期。

〔3〕 参见赵凌："杀夫：悲凉一幕"，载《南方周末》2003 年 7 月 3 日，转引自王俊："反抗家庭暴力中的紧急权认定"，载《清华法学》2018 年第 3 期。

人长期对被告人实施家庭暴力，且施暴越来越频繁，暴力程度也逐渐升级，甚至曾出现过危及生命的暴力（斧头追打），基于此客观情况，可以认为被告人处于持续性的危险之中，且该危险至少是重大的身体伤害。在难以向警察及他人求助，或求助后得不到有效救助的情形下，采用投毒方法杀掉被告人，属于为保护身体免受重大损害而损害危险源生命，没有超过必要限度，可以被认定为防御性紧急避险。

第二要注意的是，对所避免的损害的认定应该结合具体的情景，如可能爆发的侵害强度、当时的客观环境等因素，客观判断持续性危险可能造成的法益损害，而不能单凭行为人对损害后果的预感。在吴某、熊某杀人案中，吴某、熊某长期遭受熊某某（吴某的丈夫、熊某的父亲）的虐待、殴打。吴某曾多次向被害人所在单位、街道等求助，但熊某某反而变本加厉。案发前两个月，吴某在家中发现了剧毒氯化钾。2005 年 3 月 19 日晚，被害人因被告人熊某学业又辱骂两被告。12 时许，熊某某突然进入二被告人睡觉的房间，惊醒二被告人后又回到自己房间睡觉。吴某据此及近几个月来被害人的种种异常表现，预感自己和儿子处于生死险境之中。次日凌晨 2 时许，吴某、熊某分别持铁锤、擀面杖，趁被告人熟睡之机，朝其头部、身上多次击打，又用毛巾勒其颈部，致其机械性窒息死亡。[1]此案中熊某某对二被告人的家庭暴力是长期持续的，一种持续性的危险是存在的，但危险程度需要根据案情客观判断，对于熊某某的怪异表现可以分具体情况讨论：如果存在异常程度的暴力伤害，可以认为在案发当时存在的危险至少是威胁身体法益的，避险行为不过当。但如果仅仅是行为举止异常，在一般人看来爆发高强度侵害的可能性不大，则不能仅凭被告人对所谓"生死险境"的预感认定有极高可能性爆发生命侵害，这种情况下被告人的行为存在避险过当。

（五）小结

法益衡量原理决定了笔者主张的以持续性危险为避险状况的防御性紧急避险之限度宽于攻击性紧急避险而严于正当防卫，在客观判断危险源之危险

---

[1] 参见辽宁省大连市中级人民法院刑事判决书，（2005）大刑初字第 203 号，《人民司法·案例》2008 年第 6 期，转引自王俊："反抗家庭暴力中的紧急权认定"，载《清华法学》2018 年第 3 期。

程度的基础上，不造成不成比例之损害，就可以认为没有超出必要限度，造成"不应有的损害"。

结　语

在一种不法侵害尚未正在进行，但存在持续性危险的场合，适用防御性紧急避险是十分有必要的。从期待可能性、被害人过错等角度出发，对行为人减轻或免除处罚固然也可行，但是责任阻却或责任减轻事由的适用意味着行为符合构成要件且违法，表明法律对行为人做了负面评价，于行为人的意义是不同的。本文对于防御性紧急避险限度的讨论仍是概括性的，更加精细的标准应该在理论和实践中发展起来。

从"邦联"到"联邦"

——论麦迪逊联邦主义对孟德斯鸠邦联思想的发展

中国政法大学法学院 2017 级 4 班　史家鸣

指导老师：中国政法大学法学院副教授　赵雪纲

摘　要　孟德斯鸠在《论法的精神》中，创造性地提出了邦联共和国的构想。由于美国国情的需要，美国"宪法之父"麦迪逊在孟德斯鸠邦联思想的基础上进行了一系列理论创新，发展出联邦主义理论。本文主要讨论了麦迪逊联邦主义对孟德斯鸠邦联思想的两种主要的理论发展，即联邦主权和多元主义。阐述了这些理论相较于孟德斯鸠邦联理论的创新之处以及背后的逻辑内容，并简析了麦迪逊进行理论发展的原因。

关键词　联邦　共和　孟德斯鸠　麦迪逊

绪　论

麦迪逊的联邦主义思想在美国政治体制设计和实践中具有不可或缺的作用。在《联邦党人文集》中，麦迪逊赞扬了孟德斯鸠理论的启发意义。很多学者在研究这一问题时，都提出了孟德斯鸠思想对美国联邦共和政体的重要影响作用。研究孟德斯鸠对美国宪政思想的影响成果最多的要数保罗·米勒尔·斯伯林。他直接称，美国在 1760~1801 年间的政体构想为"孟德斯鸠在美国"，并从政治社会学的角度总结了孟德斯鸠理论对于美国政体架构无可否认的政治影响。他直言，被尊为宪法哲学家的麦迪逊是孟德斯鸠最为虔诚的追随者。在对于符合共和国的设想、中央与州的自由、权力的分立与平衡等问题上，孟德斯鸠有着无可辩驳的地位。戴蒙德对《联邦党人文集》中的联邦制作出了经典的界定，认为联邦制的基本特性是关于成员国与中央政府之间的政治权力划分，联邦体制把在一定范围内以邦联形式保留主权的国家与在另一个范围内以单一国家的形式拥有主权的中央政府结合了起来，并认为联邦党人所追求的是通过最低程度的联邦来使联邦制变得更好，即类似邦联的联邦。后世凡涉及这类话题的学者如亚历山大·马克、文森特·奥斯特罗姆几乎都对他的界定作出了不同的讨论。前者是完整联邦思想的倡导者，后者则反对了孟德斯鸠对于共和国规模的结论，认为这一结论适合于单一制共和国，而复合共和国能够避免这一问题。因为复合共和制意味着全国性政府直接面对公民个人，而不是封建制式的"分级管理"。莫瑞在其著作《权力制衡》中也得出了相似的结论。克里斯托弗·沃尔夫则以《联邦党人文集》中汉密尔顿和麦迪逊的第九篇、第十篇文章为基础，认为孟德斯鸠理论对于解决当时的美国问题具有理论上的缺陷和现实的不可行性。我国学者对于麦迪逊和孟德斯鸠理论关联的讨论并不多，李子昂、余丹讨论了联邦党人对孟德斯鸠小共和国到扩展共和国理论的发展。张国栋、史彤彪曾讨论过麦迪逊联邦主义在形成过程中受到的孟德斯鸠思想的影响。

孟德斯鸠在《论法的精神》中全面系统地阐释了他的法哲学和法政治思想，其思想成为近现代宪政文明的理论基础。麦迪逊曾这样评价，"在立宪问题上，自始至终被我们倾听和援引的，是著名的孟德斯鸠。"[1]学界也普遍认为，在麦迪逊的宪政理论中，孟德斯鸠的影响不可小觑。同时，在被视为"政治地位仅次于《独立宣言》和宪法本身"[2]的《联邦党人文集》中，被引用次数最多的作者恐怕就是孟德斯鸠了。而受孟德斯鸠影响最深、对美国政治体制与宪法设计贡献最大的国父当属麦迪逊。因此本文选取国父中最具代表性的麦迪逊的角度来与孟德斯鸠的思想进行讨论。

---

〔1〕〔法〕路易·戴格拉夫：《孟德斯鸠传》，许明龙、赵克非译，商务印书馆1997年版，第1页。

〔2〕〔美〕亚历山大·汉密尔顿、约翰·杰伊、詹姆斯·麦迪逊：《联邦党人文集》，张晓庆译，九州出版社2007年版，前言第3页。

一、孟德斯鸠的邦联理论名称之阐释

在《论法的精神》中，孟德斯鸠创造性地提出以各邦的联合作为共和政体国家谋求安全的手段。"联邦共和国的政体形式是一个协议，依据这个协议，若干政治实体同意成为一个较大国家的公民。它把若干实体联合成为一个新的实体，这新实体可能因新成员的加入而扩大……在这种共和国中，企图篡权者几乎不可能获得全体联邦成员国的同等拥护。如果他在某成员国中拥有过多权力，其他成员国就会感到恐慌。如果他征服了某一部分地区，那么其他的自由地区就会用未被他篡夺的力量与他抗衡，并在他完全稳固之前将他击败。"[1]这种复合政体的形式既保持了共和政体的内在优势，又拥有了由联合所带来的如同君主制国家的强大的对外力量。但由于理论的不完备、语言的复杂性和模糊性，加之各语言之间转换的困难，孟德斯鸠的这种理论在各个译本中的说法不尽相同，有"联邦共和""邦联共和"等译法，不一而足。

孟德斯鸠列举了他理想中的"联邦共和国"范式，"同样因为这种联盟，荷兰、德意志以及瑞士同盟被视为是永恒的共和国"。[2]但众所周知，这些历史上的联合体范式无一例外都是不甚成熟的松散的联合，是仅仅为抵御外侮而建立，并仅以一纸盟约作为基础的联合，类似我们所谓的"邦联"。

在提及联合共同体的分裂时，孟德斯鸠认为"这种国家一端倾覆时，另一端并不因此而惨遭同样的命运。邦联可以解散，而加盟国依然保持主权"，[3]显然孟德斯鸠完全将成员国与联合体的主权割裂为两个没有特殊关联的部分，而主权问题在复合联合体中占据重要乃至基础性的地位，对此将在下文中进行详细论述。从这个角度看，这种政体形式显然与美国的联邦理论相异，反而与我们如今称为"邦联"的松散的联合政体更为相似。

基于以上两点简要的分析，为便于区分，本文将以"邦联"理论来指代孟德斯鸠的邦联共和国理论。

---

〔1〕 ［法］孟德斯鸠：《论法的精神》，许明龙译，商务印书馆 2009 年版，第 140 页、第 141 页。

〔2〕 ［法］孟德斯鸠：《论法的精神》，许明龙译，商务印书馆 2009 年版，第 140 页。

〔3〕 ［法］孟德斯鸠：《论法的精神》，许明龙译，商务印书馆 2009 年版，第 140 页。

二、联邦主权理论的明确化

在国家政治体制中最为关键的基础性概念是主权，这种最高的、独立的统治权的归属者和行使者决定了国家权力的分配和行使对象，进而决定了国家的政体形式。因此，麦迪逊进行联邦体制创新的困难根源在于主权理论的创新。

但传统的主权理论并不能完全解决美国的问题，这使得麦迪逊对主权理论的创新成为必要。传统的霍布斯式的主权理论认为每一位主权者都有独享的、无限的、不可剥夺的、不可分割的统治权，如果以这样的单一主权观为基础，则不可能建立一个允许地方自治存在的国家。在这种主权理论基础上建立的联合体往往会滑向两个极端：专制和邦联。前者过于集权，毋庸置疑地会被美国民众的民主观念所排斥；后者过于松散和无力，仅仅是多个有着完整主权的成员的联合，中央政府的权力会受到极大的限制，这种体制的缺陷，在《邦联条例》签署数年后广受诟病的情况中也可见一斑。

除了财政、关税、商贸问题和无力抵御各州的侵犯外，对于邦联的弊端，麦迪逊还特别强调了各州的弊病对邦联的影响。麦迪逊指出，"在阐释合众国政治制度的弊病时，不仅应考虑在各州内发现的弊病，如州法律存在的立法繁多、朝令夕改和有失公正等问题。在提出一个完整的匡正方案时，不能忽视这些弊病，因为它们对邦联产生间接的影响"。[1]由于缺乏协调各州的权力，邦联政府脆弱不稳，受制于敌对党派和利益团体的对抗和法令的变动。这种对抗依靠多数人的强大力量压制少数人和公众的利益，背弃公正原则。因此，中央政府与各州政府的权力划分亟待解决。这便是麦迪逊对政府性质理论进行发展的现实原因。

孟德斯鸠在提出邦联共和国的构想时，对主权理论的讨论极不充分。显然，他在提出这个粗略的政体设想时，并没有清晰地意识到主权理论是它的基础。孟德斯鸠认为，"可能同时有不只一个政府运作，以致一个按共和原则组

---

〔1〕 转引自梁红光：《联邦制理念与美国早期的国家构建》，上海三联书店 2013 年版，第156 页。

织起来的民主社会也许既和一个小的政府单位又和大的政府单位有关"。[1]实际上，这样的邦联理论——即各个主权国家联合而成的另一国家——更像是一种"主权中的主权"的叠加结构。麦迪逊形式上虽继承了孟德斯鸠复合共和国的概念，但他指出理想中的联邦政体既不是"各自享有主权的州的邦联（confederation）"，也不是"各州的合并（consolidation）"，[2]由此将这种联邦理论与无限的单一主权政府区分开来。而后他从政府与权力来源、行使、范围及修宪权角度分析得出，政府之性质既不是单纯的联邦性质，也不是单纯的国民性质。因此，我们可以得知，行使有限主权的国家政府与行使有限主权的各州共同构成了麦迪逊联邦理论的重要特征，既不是单一无限之主权，也不是叠加的"主权之主权"。

三、麦迪逊的多元主义理论

在谈及共和之弊时，麦迪逊提出了扩展共和国以及抑制党争的思想。尽管麦迪逊没有进行明确说明，但这两点大致可以归结为以同一思想——多元主义——为基础的理论。对人性的悲观主义使得麦迪逊的联邦思想不同于汉密尔顿的联邦政府集权思想，因为他不完全相信政府，也不同于杰斐逊的议员人数扩张说，因为他不完全相信人民。这种矛盾而折中的联邦理论，以多元主义思想作为依据。

多元主义之于联邦的意义之重大，关乎联邦共和国的稳定性与民主性。政府权力的多元主义表现为三权分立与制衡，人民权力的多元主义表现为各州利益的差异与平衡，以及由多元而产生的规避"多数人对抗少数人"局面的效果。多元主义以这些路径来维护联邦的稳定与民主。

在谈及权力制衡原则时，麦迪逊这样写道，"在这个问题上，我们常常要请教孟德斯鸠，引用这位著名哲人的话。政治学上这个宝贵原理或许不是他首创的，但是他的功劳至少是最有效地揭示了这个原理，并引起了人们对于这

---

〔1〕 ［美］文森特·奥斯特罗姆：《美国联邦主义》，王建勋译，上海三联书店2003年版，第84页。

〔2〕 ［美］亚历山大·汉密尔顿、约翰·杰伊、詹姆斯·麦迪逊：《联邦党人文集》，张晓庆译，九州出版社2017年版，第493页。

个原理的关注"。[1]可见麦迪逊的权力制衡思想深受孟德斯鸠的启发。多元主义思想亦然。"相比之下,孟德斯鸠阐明了通过以权力制约权力以维持自由共和国的基本结构。麦迪逊通过主张一个民治政体的宪法仰赖一个'人类事务的整个制度'的原则表达了同样的原理,该原则扩展到'人类事务的整个制度',包括'国家的最高权'。"[2]我们有理由认为,二者并非彼此完全割断、毫无联系。

(一) 从小共和国到扩展共和国

在提及共和国政体时,孟德斯鸠指出,"共和国的领土应该狭窄;否则,它就不能经久长存……小国应按共和体制治理。要保持既成政体,国家就应该维持各自原来的规模,任何缩小或扩大疆域的行为都将改变国家的精神"。[3]

"孟德斯鸠景慕鼎盛期古代共和国之情,溢于言表。"[4]古代共和国具有小国寡民的特征,从而构成了一个"面对面"的社会。在这样的微型社会中,社会分层模糊,公民利益较为单一趋同,利益冲突不多也并不激烈,因此对于美德和公德的内涵就容易达成共识。而在一个狭小的共和国中,正是美德和公德观念发挥了极大的作用,邻里相互监督行为与道德就可以达到一定的社会整合目标。小国寡民的另一个优点在于直接民主带来公民利益诉求来迫的畅通高效。同时,公民之间利益诉求的差异不多,公民与国家利益的对立也不多。虽地域狭小,资源有限,但因利益的集中也使得资源浪费较少,因此节俭成为共和国的美德。所以,在孟德斯鸠的眼中,"古代共和国的公民似乎更高贵,更有爱国情操、对他们所居城市的公共价值观更为尊重"。[5]而近代幅员广阔的国家似乎并不适合采用共和政体。"在一个大的共和国里,公共

---

〔1〕 [美] 亚历山大·汉密尔顿、约翰·杰伊、詹姆斯·麦迪逊:《联邦党人文集》,张晓庆译,九州出版社 2017 年版,第 627 页。

〔2〕 [美] 文森特·奥斯特罗姆:《美国联邦主义》,王建勋译,上海三联书店 2003 年版,第 44 页。

〔3〕 [法] 孟德斯鸠:《论法的精神》,许明龙译,商务印书馆 2009 年版,第 113 页。

〔4〕 [英] 约翰·麦克里兰:《西方政治思想史》,彭怀栋译,中信出版社 2014 年版,第 341 页。

〔5〕 [英] 约翰·麦克里兰:《西方政治思想史》,彭怀栋译,中信出版社 2014 年版,第 342 页。

的福利成了各方考虑的牺牲品，既受制于各种各样的例外，又取决于多种偶然因素。在一个小共和国里，公共福利能更好地被感知、被了解。"[1]

在孟德斯鸠共和国幅员理论的背后，是他对共和的定义。在他眼中，共和意味着全体人民或仅仅一部分人民握有最高权力的政体："当共和政体的最高权力为全体人民掌握的时候，这便是民主政治……掌握有最高权力的人民应该亲自做他们能做好的一切事情。"[2]可以看出，孟德斯鸠古典共和理论与直接民主之间并没有明确的界限。也因此，他认为共和国的幅员应当足够小，最好半径小到人民可以亲自从居处赶来参与公民大会的距离，"而一个庞大的国家只能依靠专制政体的专制权力来弥补一个决定所需要传达的遥远距离"。[3]麦迪逊则将共和定义为代议制的政体，而非参与式的共同体。"它摒弃了对统治者人数的关心，关注与人有关的事务（公共事务）。民主的焦点是人，共和的焦点是物。"[4]因此，共和国的疆域不必确保每一个公民能够直接地表达自己的利益诉求。这便是二者关于共和国疆域的分歧之根源。

另一方面，美国的现实国情也促使麦迪逊提出扩展共和国的理论。正如汉密尔顿所言，孟德斯鸠期待中的小共和国的典型范例是吕西亚同盟，它的国土比任何一个州的地域还要狭小很多。因此如果按照孟德斯鸠的理论，"美国要么立刻寻求君主政体的武力庇护，要么把自己分裂成无数个彼此嫉妒、彼此冲突和彼此喧嚣争吵的很小的共和国，成为持续冲突的悲惨温室和普遍怜悯或者藐视的可怜对象"。[5]麦迪逊则从选举中的混乱和垄断的角度，阐述了大共和国更容易选举出"公共福利的合适保护人"。"与小共和国相比，大国的每个代表所代表的人数更多，所以那些不合适的候选人采用在选举中通常用的那些不道德的手段来获得胜利，就会更加困难。"[6]可以看出，麦迪逊正

---

〔1〕 [法] 孟德斯鸠：《论法的精神》，许明龙译，商务印书馆 2009 年版，第 130 页。
〔2〕 [法] 孟德斯鸠：《论法的精神》，许明龙译，商务印书馆 2009 年版，第 15 页。
〔3〕 [法] 孟德斯鸠：《论法的精神》，许明龙译，商务印书馆 2009 年版，第 132 页。
〔4〕 刘军宁：《共和·民主·宪政》，载刘海涛编：《我们共和——中国学者的共和省思与制度探究》，清华大学出版社 2013 年版，第 107 页。
〔5〕 [美] 亚历山大·汉密尔顿、约翰·杰伊、詹姆斯·麦迪逊：《联邦党人文集》，张晓庆译，九州出版社 2007 年版，第 107 页。
〔6〕 [美] 亚历山大·汉密尔顿、约翰·杰伊、詹姆斯·麦迪逊：《联邦党人文集》，张晓庆译，九州出版社 2007 年版，第 129 页。

是利用了扩展共和国民意的多元特征，来保障意见表达的自由。这一点，在他的党争理论中有着同样的考量。

(二) 关于党争的理论

在《联邦党人文集》第十篇中，麦迪逊指出，民主政体最为主要的威胁之一是暴力党争。党争引起的公众会议中缺乏安定和公正的行为及混乱的状态，往往是民主政体频频灭亡的致命弊端。

在孟德斯鸠倡导的小共和国中，不会出现这样的问题，因为这样的人民利益和价值单一趋同的政体恰恰符合麦迪逊提出消除党争的方式之一——"给予每个公民同样的判断、同样的热情和同样的利益"。[1]

但这样的解决方案显然无法在美国成功适用。其一，建立联邦共和国是必要的。一片有着同样语言、同样历史、同样信仰，曾为了同一个共同的独立的目标而并肩奋战的，处在一整片相连大陆上的地区，有着割舍不断的相连血脉，这便是联合的历史基础。同时，建立联邦共和国也是抵御外国侵略的需要，以达成孟德斯鸠所言的"既有共和政体的所有内在优越性，又有君主政体的外部力量"。[2]然而，这样一个有着广泛联合基础的联邦共和国如果允许公民的自由存在，就不可能达到利益诉求的一致和趋同。一片东西横跨868英里，连接了太平洋与大西洋的广阔疆域，必然会产生巨大的情感和利益差异，进而产生无数个具有相同利益诉求或相同情感的小团体，即党派。

"为什么重要的政府事务应当由州一级的政府单元来处理？在反联邦党人看来，它主要是一个规模问题。较大的、多元化的州中，为了行政一致，条件、利益和习惯上的许多重大差异必须要加以忽略。"[3]反联邦党人的这种观点显然脱胎于孟德斯鸠，选择将各个联合体成员的规模最小化，从而尽量将差异最小化。但这种思路显然在现实中的美国可能会适得其反。而麦迪逊反而利用了这种差异。他认为，"如果从联邦整体来看，大邦小邦在伸张各自利

---

[1] [美] 亚历山大·汉密尔顿、约翰·杰伊、詹姆斯·麦迪逊：《联邦党人文集》，张晓庆译，九州出版社2007年版，第119页。

[2] [法] 孟德斯鸠：《论法的精神》，许明龙译，商务印书馆2009年版，第139页。

[3] [美] 赫伯特·J. 斯托林：《反联邦党人赞成什么——宪法反对者的政治思想》，汪庆华译，北京大学出版社2006年版，第26页。

益时发生的斗争也可以恰当地称之为党争，因为它们争的都是局部的偏私利益，而不顾整体的长远利益"。[1]但在一个广阔而极为多元的联邦共和国中，局部的偏私利益尽管忽略了长远的公共利益，却也并无不妥和危险，反而起着重要的平衡作用。

麦迪逊这样论述多元主义在党争中的作用，"社会越小，独立的党派和利益集团越少，大多数人建立同一党派就越频繁，就越容易协调一致地行动，进行那些压迫人民的行为。吸收更多种类的党派和利益集团，就使全体中的多数人产生共同动机去侵犯其他公民的权利的可能性变小了，或者说，即使这种共同的动机存在，所有怀有这种动机的人要形成他们的力量，相互之间采取协调一致的行动，就更加困难了"。[2]麦迪逊认为，既然不能寄希望于遇到一个开明政治家来协调党派之间以及党派和公众利益之间的冲突，那么通过多元的利益群体来塑造一个相对平衡的、不需要过多政治干预的联邦政治生态就是最佳的解决办法。

可以说，麦迪逊的多元主义理论是对孟德斯鸠权力分立制衡理论的普遍化。这样一种延伸后的理论，如同在孟德斯鸠原有基础之上新增了数个力的支点，织成一张足以托起一个现实中的广阔的国家的大网。而美国此后的立宪实践中，这种理论也被证明兼具理论的正确性和现实的可行性。

结　语

麦迪逊的联邦理论以孟德斯鸠的邦联思想为理论原型，结合美国现实状况进行了一系列的理论创新。麦迪逊对联邦政府的性质进行了明确，即明确了主权的架构，阐明了联邦与州的关系和权力分配。而后在孟德斯鸠的古典共和理论的定义中，他抽去了由于理论不完备而造成的共和与直接民主的混淆，而直接将共和定义为代议制，进而推翻了孟德斯鸠关于共和国规模的观点，认为对共和国的疆域不必局限，从而消解了人们由于联邦共和国疆域过大而犹豫各州是否应当联合的担忧。随后针对联邦疆域过大产生的党争问题进行多元主义的阐述，表明了孟德斯鸠古代共和国方案的不可行性和疆域扩

---

[1] 霍伟岸："党争及其克服——从柏拉图到麦迪逊"，载《学术月刊》2017年第2期。

[2] [美] 亚历山大·汉密尔顿、约翰·杰伊、詹姆斯·麦迪逊：《联邦党人文集》，张晓庆译，九州出版社2007年版，第131页。

大对限制暴力党争的益处。

麦迪逊为美国设计了联邦主义的基本政治框架,这种框架基本上保障了美国的宪政稳定。为了宪法中所言的生命、自由和追求幸福的权利,麦迪逊提出了联邦主义思想。这种思想也并非是乌托邦式的幻想,而是有着孟德斯鸠邦联思想的基础和历史现实的检验。但由于本文仅仅讨论了麦迪逊联邦主义的部分内容,因此对麦迪逊联邦主义全局性的审视未免有所疏忽。至于麦迪逊联邦共和理论之于美国国情的不适之处,或是麦迪逊理论是否适用于除美国之外的其他地区,则留待后证了。

参考文献

著作类:

[1] [美] 丹尼尔·J. 伊拉扎:《联邦主义探索》,彭利平译,上海三联书店 2004 年版,第 15 页。
[2] [澳] 菲利普·佩蒂特:《共和主义——一种关于自由与政府的理论》,刘训练译,江苏人民出版社 2012 年版,第 198 页。
[3] [法] 托克维尔:《论美国的民主》,吴睿译,群言出版社 2015 年版,第 34 页。
[4] [美] 文森特·奥斯特罗姆:《复合共和制的政治理论》,毛寿龙译,上海三联书店 1999 年版,第 11 页。
[5] [美] 詹姆斯·麦迪逊:《辩论:美国制宪会议记录》,尹宣译,辽宁教育出版社 2003 版,第 33 页。

期刊类:

[1] 华尔特·墨菲、张千帆:"宪政主义",载《南京大学法律评论》2000 年第 2 期。
[2] 李子昂、余丹:"由小共和国到'扩展共和国'——美国联邦党人对孟德斯鸠共和政体理论的发展",载《学理论》2017 年第 9 期。
[3] 蒲慧、叶松竹梅:"读《联邦党人文集》有感——联邦党人对孟德斯鸠思想的继承与发展",载《华商》2007 年第 22 期。
[4] 张国栋:"麦迪逊的联邦主义理论——形成、转变及其内在不稳定性",载《政治思想史》2015 年第 1 期。
[5] 赵晓力:"以共和反对民主:《联邦论》解读",载《清华法学》2010 年第 6 期。

［6］ Thomas Pangle, *The Spirit of Modern Republicanism*, The University of Chicago Press, 1987, pp. 28-39.

［7］ Paul Merrill Spurlin, *Montesquieu in America*, 1760-1801, Louisiana State University Press, 1940, pp. 60-80.